教育部人文社会科学研究规划基金项目"青少年认识信念发展模式与作用机制研究"（16YJA880071）成果

聊城大学学术著作出版基金资助

青少年认识信念发展模式与作用机制

周琰 ◇ 著

科学出版社

北京

内 容 简 介

认识信念作为个体对知识性质和学习过程所持有的直觉和潜在的认识，对青少年的认知过程、情感体验和学习行为等存在诸多影响。

本书立足于认识信念研究的最新进展，综合采用多种研究方法，利用眼动追踪等技术手段，对我国青少年认识信念的发展模式及其对学习、思维、阅读等的作用机制进行了系统研究，内容涵盖一般认识信念、特殊认识信念和主题认识信念等各个层次，力求展示青少年认识信念的全貌。本书揭示了我国青少年认识信念有别于西方学生的典型特点，考察了青少年认识信念的发展历程，剖析了认识信念的作用机制，构建了认识信念的层次模型，探讨了认识信念的提升路径，为青少年认识信念的干预工作提供了科学实证依据。

本书适合心理学、教育学及相关专业师生阅读，对教育管理者和中小学教师亦有一定的参考价值。

图书在版编目（CIP）数据

青少年认识信念发展模式与作用机制 / 周琰著. —北京：科学出版社，2023.11
ISBN 978-7-03-076940-4

Ⅰ.①青⋯　Ⅱ.①周⋯　Ⅲ.①青少年-思想政治教育-研究-中国　Ⅳ.①D432.62

中国国家版本馆 CIP 数据核字（2023）第 215914 号

责任编辑：朱丽娜 / 责任校对：何艳萍
责任印制：徐晓晨 / 封面设计：有道文化

科学出版社 出版
北京东黄城根北街 16 号
邮政编码：100717
http://www.sciencep.com

北京建宏印刷有限公司 印刷
科学出版社发行　各地新华书店经销

*

2023 年 11 月第 一 版　开本：720×1000　1/16
2023 年 11 月第一次印刷　印张：16 3/4
字数：280 000
定价：99.00 元
（如有印装质量问题，我社负责调换）

前　言

认识信念（epistemological beliefs）是一个古老而又现代的话题。千百年来，哲学家对认识论进行了长期的思辨研究。随着教育心理学的研究范式从脱离情境的"冷认知"到关注情境的"热认知"的转变，认识信念成为当代教育心理学家研究的热点问题。本书立足于当代心理学领域认识信念研究的最新进展，以青少年认识信念的结构为基础，将理论分析与实证研究相结合，对中国青少年认识信念的发展趋势与作用机制进行了系统研究。全书内容共分六章，主要框架体系如下。

第一章介绍了认识信念研究的缘起。本章对认识信念的研究历史进行了较为系统的梳理，梳理了从哲学研究中的认识论到心理学研究中的认识信念的演变历程，阐述了认识信念研究的理论意义和实践价值。

第二章探讨了认识信念的结构。本章介绍了国内外学者关于认识信念结构的理论探讨，提出了中国青少年认识信念结构的理论构想，进而通过大样本的实证研究验证了理论构想的合理性，揭示了中国青少年认识信念结构的独特之处。

第三章考察了认识信念的发展模式。本章介绍了认识信念发展模式的理论研究，通过大样本的实证研究揭示了中国青少年认识信念的发展趋势，剖析了中外认识信念发展模式的共性和差异。

第四章探讨了认识信念的作用机制。本章内容涵盖认识信念对青少年的认知过程、情感体验和学习行为等诸多因素的影响，系统探讨了认识信念对网络学习投入、学习幸福感和其他学习变量，以及批判性思维倾向、创造性思维倾向等的作用机制，采用眼动追踪技术揭示了认识信念对阅读过程的影响，梳理了认识信念转变的理论模型和实证研究，为认识信念的干预研究提供了理论指导和实证依据。

第五章关注最新的主题认识信念研究。本章梳理了从一般认识信念到主题认识信念的演进历程，修订了主题认识信念问卷，介绍了多文本阅读理解的理论模型与实证研究，探讨了主题认识信念对多文本阅读理解的影响，采用问卷调查和眼动实验揭示了阅读任务、认知情绪、阅读策略、阅读动机等因素在主题认识信念影响多文本阅读理解中的作用机制。

第六章聚焦学科认识信念研究。本章围绕语文认识信念、数学认识信念、英语认识信念和科学认识展开实证调研，既关注青少年特殊领域认识信念的发展现状，也分析了特殊领域认识信念的作用机制，尤其是对青少年学业情绪、学业成绩、数学问题解决、学习焦虑及交际意愿等的影响路径进行了分析。

本书得到教育部人文社会科学研究一般项目"青少年认识信念发展模式与作用机制"（16YJA880071）基金的资助，我的学生宗亚义、张燕、苏倩、丁大伟、牟志华、刘雯丽、董爽爽等参与了问卷调查和实验研究，她们与我一起在认识信念的研究领域中辛勤耕耘，在此对我的学生们表示衷心的感谢。科学出版社朱丽娜、冯雅萌编辑等给予了诸多支持和帮助，她们为本书的出版付出了辛勤的劳动，在此表达深深的谢意！

青少年的认识信念研究是一项颇具挑战性的工作。个体所持有的认识信念具有内隐性，加之认识信念的层次多样性和作用机制的广泛性与复杂性，使得研究工作充满艰辛和挑战。本书兼顾理论分析和实证研究，涵盖一般认识信念、特殊认识信念和主题认识信念等认识信念的各个层次，综合采用多种研究方法，利用眼动追踪等技术手段，力求展示青少年认识信念的全貌。但是，限于本人学识浅薄，本书内容上仍然可能挂一漏万，方法上可能失之偏颇，殷切期望能够得到读者的批评和指正。

周　琰

2022 年 12 月

目　　录

前言

第一章　认识信念研究的缘起 ·· 1
第一节　从哲学到心理学的转向 ·· 1
第二节　认识信念研究的意义 ··· 7

第二章　认识信念的结构 ··· 11
第一节　认识信念结构的理论探讨 ······································ 11
第二节　认识信念结构的实证研究 ······································ 19
第三节　中外认识信念结构对照 ··· 31

第三章　认识信念的发展模式 ·· 35
第一节　认识信念发展模式的理论研究 ································ 35
第二节　认识信念发展模式的实证研究 ································ 44
第三节　中外认识信念发展模式对照 ··································· 65

第四章　认识信念的作用机制 ·· 70
第一节　认识信念对网络学习投入的影响 ···························· 70
第二节　认识信念对学习幸福感的影响 ································ 82

第三节　认识信念对其他学习变量的影响 ………………………………… 88

　　第四节　认识信念影响学习过程的整体模式建构 ………………………… 96

　　第五节　认识信念对批判性思维倾向的影响 …………………………… 104

　　第六节　认识信念对创造性思维倾向的影响 …………………………… 113

　　第七节　认识信念影响阅读过程的眼动研究 …………………………… 119

　　第八节　认识信念的干预研究 …………………………………………… 129

第五章　主题认识信念研究 …………………………………………………… 145

　　第一节　从一般认识信念到主题认识信念的演进 ……………………… 145

　　第二节　主题认识信念问卷的修订及信效度检验 ……………………… 147

　　第三节　多文本阅读理解的理论模型与实证研究 ……………………… 152

　　第四节　主题认识信念和阅读任务对多文本阅读理解的影响 ………… 166

　　第五节　主题认识信念和动机策略对多文本阅读理解的影响 ………… 174

　　第六节　主题认识信念影响多文本阅读理解的眼动研究 ……………… 178

第六章　学科认识信念研究 …………………………………………………… 186

　　第一节　语文认识信念对学业情绪和学业成绩的影响 ………………… 186

　　第二节　青少年数学认识信念发展趋势的实证研究 …………………… 191

　　第三节　数学认识信念和工作记忆对解决不同类型数学应用题的影响 … 199

　　第四节　英语认识信念对学习焦虑和英语成绩的影响 ………………… 210

　　第五节　英语认识信念影响交际意愿的作用机制 ……………………… 215

　　第六节　科学认识信念的现状调查 ……………………………………… 220

参考文献 …………………………………………………………………………… 227

图 目 录

图 2-1　所有题目的因素分析碎石图 …………………………………………… 24
图 2-2　青少年认识信念问卷结构模型的验证性因素分析结果 ………………… 27
图 2-3　知识信念与学习信念两个子系统构想的验证结果 ……………………… 28
图 2-4　舒曼提出的认识信念结构 ………………………………………………… 31
图 2-5　霍弗和平特里奇提出的两级维度模型 …………………………………… 32
图 2-6　中国青少年认识信念结构 ………………………………………………… 33
图 3-1　不同年级青少年在知识确定性维度上的发展情况 ……………………… 46
图 3-2　不同年级青少年在知识简单性维度上的发展情况 ……………………… 48
图 3-3　不同年级青少年在知识的获得维度上的发展情况 ……………………… 48
图 3-4　不同年级青少年在学习的速度维度上的发展情况 ……………………… 50
图 3-5　不同年级青少年在学习的价值维度上的发展情况 ……………………… 51
图 3-6　不同年级青少年在学习的能力维度上的发展情况 ……………………… 52
图 3-7　不同年级青少年在知识信念系统上的发展情况 ………………………… 54
图 3-8　不同年级青少年在学习信念系统上的发展情况 ………………………… 55
图 3-9　不同年级青少年在认识信念系统上的发展情况 ………………………… 57
图 3-10　青少年知识信念和学习信念的总体发展趋势图 ……………………… 59
图 3-11　不同性别青少年知识信念的发展趋势 ………………………………… 60
图 3-12　不同性别青少年学习信念的发展趋势 ………………………………… 60

图 3-13　不同专业青少年知识信念的发展趋势 …………………………… 61

图 3-14　不同专业青少年学习信念的发展趋势 …………………………… 61

图 4-1　无动机和元认知调节策略在认识信念与网络学习投入中的中介
作用模型 ……………………………………………………………… 76

图 4-2　控制性动机和元认知调节策略在认识信念与网络学习投入中的
中介作用模型 ………………………………………………………… 77

图 4-3　自主性动机和元认知调节策略在认识信念与网络学习投入中的
中介作用模型 ………………………………………………………… 77

图 4-4　内外因素影响学习幸福感的作用机制 ……………………………… 86

图 4-5　认识信念影响大学生学习过程的整体模式 ……………………… 100

图 4-6　认识信念对学习方式的整体影响路径图 ………………………… 101

图 4-7　认识信念、认知需求与批判性思维倾向的关系结构模型图 …… 108

图 4-8　大学生表层方式在认识信念与批判性思维倾向间的中介效应 … 109

图 4-9　大学生深层方式在认识信念与批判性思维倾向间的中介效应 … 110

图 4-10　认识信念、自主性动机、创造性思维倾向的关系结构模型图 … 116

图 4-11　不同认识信念个体对熟悉材料与非熟悉材料的兴趣区的第二遍
阅读时间比较 ……………………………………………………… 124

图 4-12　认识信念的动态整合模型（Bendixen & Rule，2004） ………… 133

图 4-13　引导学生认识信念转变的教学干预程序流程图 ………………… 136

图 5-1　主题认识信念问卷结构模型的验证性因素分析结果 …………… 150

图 5-2　多文本阅读理解的 MD-TRACE 模型（Rouet & Britt，2011） … 156

图 5-3　多文本阅读理解的两步验证模型（Richter & Maier，2017） …… 157

图 5-4　主题认识信念、好奇与 InterVT 成绩的关系模型 ……………… 169

图 5-5 主题认识信念影响多文本阅读的作用模型 …………………… 176

图 6-1 语文认识信念和教师支持影响语文成绩的作用路径 ………… 189

图 6-2 不同年级被试数学认识信念发展趋势………………………… 195

图 6-3 英语认识信念影响成就目标定向、英语焦虑和英语成绩的路径图 … 213

图 6-4 在线教师支持、认识信念、外语愉悦与交际意愿的结构模型图 …… 218

表 目 录

表 2-1　所有题目的 CR 值分析结果 ·· 22

表 2-2　所有题目与问卷总分的题总相关 ·· 22

表 2-3　所有题目的共同度 ··· 23

表 2-4　青少年认识信念问卷转轴后的因素负荷矩阵 ···················· 24

表 2-5　青少年认识信念各维度内部一致性系数（$N=2762$）············· 28

表 3-1　反思判断发展阶段与水平的关系 ·· 40

表 3-2　认识信念的发展水平 ··· 41

表 3-3　认识信念的发展模型比较 ··· 43

表 3-4　知识确定性维度的年级差异分析 ·· 45

表 3-5　知识确定性维度年级差异的平均数多重配对检验 ············ 46

表 3-6　知识简单性维度的年级差异分析 ·· 47

表 3-7　知识简单性维度年级差异的平均数多重配对检验 ············ 47

表 3-8　知识的获得维度的年级差异分析 ·· 48

表 3-9　学习的速度维度的年级差异分析 ·· 49

表 3-10　学习的速度维度年级差异的平均数多重配对检验 ·········· 49

表 3-11　学习的价值维度的年级差异分析 ······································ 50

表 3-12　学习的价值维度年级差异的平均数多重配对检验 ·········· 50

表 3-13　学习的能力维度的年级差异分析 ······································ 51

表 3-14	学习的能力维度年级差异的平均数多重配对检验	52
表 3-15	知识信念系统的年级差异分析	53
表 3-16	知识信念系统年级差异的平均数多重配对检验	53
表 3-17	学习信念系统的年级差异分析	54
表 3-18	学习信念系统年级差异的平均数多重配对检验	55
表 3-19	知识信念与学习信念的总体发展情况对照	55
表 3-20	认识信念的年级差异分析	56
表 3-21	认识信念年级差异的平均数多重配对检验	56
表 3-22	青少年认识信念的学段差异分析	57
表 3-23	青少年认识信念学段差异的平均数多重配对检验	58
表 3-24	青少年认识信念的性别差异分析	59
表 3-25	青少年认识信念的专业差异分析	60
表 4-1	网络学习投入影响因素的相关分析	75
表 4-2	学习幸福感影响因素的相关分析	85
表 4-3	各测量变量的基本情况	98
表 4-4	认识信念与行动控制、学习动机、学习策略、学习方式的相关	98
表 4-5	认识信念对各变量的回归分析	99
表 4-6	认识信念对行动控制、学习策略、学习方式的直接或间接效应分析	101
表 4-7	高中生批判性思维倾向的描述性统计结果	106
表 4-8	大学生批判性思维倾向的描述性统计结果	107
表 4-9	认识信念、认知需求与批判性思维倾向的相关	107
表 4-10	大学生认识信念、学习方式与批判性思维倾向之间的相关	109
表 4-11	高中生创造性思维倾向的总体状况	114

表 4-12	高中生创造性思维倾向及其各维度的性别差异分析	115
表 4-13	高中生创造性思维倾向及其各维度的年级差异分析	115
表 4-14	认识信念、自主性动机和创造性思维倾向及各维度的相关分析	115
表 4-15	被试在阅读过程中的总阅读时间（$M\pm SD$）	123
表 4-16	被试阅读过程中的平均注视时间（$M\pm SD$）	123
表 4-17	被试对兴趣区的第一遍阅读时间（$M\pm SD$）	123
表 4-18	被试对兴趣区的第二遍阅读时间（$M\pm SD$）	124
表 4-19	被试对兴趣区的总注视次数（$M\pm SD$）	125
表 4-20	被试在阅读过程中的平均瞳孔直径（$M\pm SD$）	125
表 4-21	被试在不同类型阅读项目上的成绩（$M\pm SD$）	126
表 5-1	主题认识信念问卷的 CR 值	148
表 5-2	主题认识信念问卷的题总相关	148
表 5-3	主题认识信念问卷的因素负荷矩阵	149
表 5-4	主题认识信念与学习策略的相关	151
表 5-5	四种类型的阅读者在文本使用行为和文本处理结果的差异	160
表 5-6	各变量之间的相关分析	168
表 5-7	好奇和惊奇认知情绪的得分情况（$M\pm SD$）	170
表 5-8	学习策略的得分情况（$M\pm SD$）	170
表 5-9	InterVT 成绩的得分情况（$M\pm SD$）	171
表 5-10	主题认识信念、自主性动机、阅读策略与多文本阅读成绩的相关	176
表 5-11	四篇阅读材料的总注视时间（$M\pm SD$）	180
表 5-12	四篇阅读材料的总注视次数（$M\pm SD$）	181
表 5-13	文本来源眼动指标的总体情况（$M\pm SD$）	182

表 5-14　首段眼动指标的总体情况（$M\pm SD$）……………………………… 182

表 6-1　语文认识信念的总体情况……………………………………………… 187

表 6-2　语文认识信念、教师支持、学业情绪和语文成绩的相关分析 ……… 187

表 6-3　语文认识信念和教师支持对学业情绪影响的回归分析 ……………… 188

表 6-4　被试认同假设性情境是在做数学或用数学的人数百分比 …………… 193

表 6-5　不同年级和不同成绩被试认同假设性情境是在做数学或用数学的

　　　　差异比较………………………………………………………………… 194

表 6-6　被试在数学认识信念问卷各维度上的得分（$M\pm SD$）……………… 194

表 6-7　不同年级和不同成绩被试在数学认识信念问卷各维度得分的

　　　　差异比较………………………………………………………………… 195

表 6-8　不同条件下的被试人数………………………………………………… 203

表 6-9　不同数学认识信念和言语工作记忆被试在不同类型应用题上的

　　　　正确率得分（$M\pm SD$）………………………………………………… 204

表 6-10　不同数学认识信念和视空工作记忆被试在不同类型应用题上的

　　　　　正确率得分（$M\pm SD$）……………………………………………… 204

表 6-11　不同数学认识信念和中央执行功能被试在不同类型应用题上的

　　　　　正确率得分（$M\pm SD$）……………………………………………… 205

表 6-12　不同数学认识信念和言语工作记忆被试在不同类型应用题上的

　　　　　反应时得分（$M\pm SD$）……………………………………………… 206

表 6-13　不同数学认识信念和视空工作记忆被试在不同类型应用题上的

　　　　　反应时得分（$M\pm SD$）……………………………………………… 206

表 6-14　不同数学认识信念和中央执行功能被试在不同类型应用题上的

　　　　　反应时得分（$M\pm SD$）……………………………………………… 207

表 6-15 英语认识信念、成就目标定向、英语焦虑和英语成绩的相关分析 ···· 212

表 6-16 英语认识信念对成就目标定向、英语焦虑、英语成绩的直接或
间接效应分析 ·· 213

表 6-17 在线教师支持、认识信念、外语愉悦和交际意愿的相关分析 ········ 217

表 6-18 高中生科学认识信念的总体得分情况 ·· 222

表 6-19 科学观问卷得分的性别差异和年级差异情况（$M\pm SD$）··············· 222

表 6-20 不同成绩高中生科学认识信念差异分析 ·· 223

第一章
认识信念研究的缘起

第一节 从哲学到心理学的转向

一、哲学研究中的认识论

"认识论"（epistemology）最早属于哲学研究的范畴，epistemology 来源于希腊语 episteme（认识）与 logos（逻辑）的组合，主要研究人类知识的本质、知识的起源和知识的证实与判断等问题，其核心是关于知识和知识获得的认识（Buehl & Alexander, 2001）。千百年来，哲学家对认识论进行了长期的思辨研究。哲学家对认识论的探究主要涉及如下四类问题：一是知识的本质（什么是知识？）；二是知识的来源（知识来自哪里？）；三是知识的特性（知识是真实的吗？）；四是如何为知识"辩护"（知识何以可能？）（王晓朝，2011）。苏格拉底（Socrates）认为知识的获得只能依靠心灵，不能依靠感官经验，个人的感官经验只是为了唤起灵魂之中的记忆，知识是被捆绑在心灵中的真意见（刘烨，王劲玉，2007）。柏拉图（Plato）认为知识就是灵魂（认识的主体）对事物原型的一种理性把握，心灵上拥有这种原型，就能"把握永恒不变的事物"，就能"认识事物的理想实在"（柏拉图，2003）。以柏拉图为代表的西方古代认识论具有三个特征：一是将知识客体化的倾向，知识来源于客观、独立、真实的实在，是灵魂或心灵（认识主体）寻求这种实在的结果；二是其主流是先验主义的，柏拉图用灵魂回忆说对知识的来源加以阐述，认为人们通过学习活动获得的知识不过是对被尘世暂时埋没的灵魂知识的回忆，具有鲜明的先验特征；三是其主流是可知论的（王晓朝，2011）。柏拉图提出了认识论的基本问题，其对知识的阐述奠定了西方认识论的研究基础。

在西方传统认识论中，历来存在着经验论与唯理论之争，两者争论的焦点是真理性认识的起源问题，即人的真理性的认识从哪里来？经验论者的代表人物有培根（Bacon）、洛克（Locke）、休谟（Hume）等，他们认为一切真知都来源于感觉经验，没有感觉就没有认识，感觉经验是唯一可靠的来源。培根认为对客观事物的感觉是一切知识的源泉，真正的科学认识应该从感性材料出发，经过理性归纳逐步上升到真理性的知识。洛克提出了"白板论"，认为人的心灵如同一块没有写字的白板，上面的一切观念都来自经验。休谟也坚持"凡在理智之中的，无不先在感觉之中"这一经验论的基本原则（转引自：邓晓芒，赵林，2005）。唯理论者的主要代表人物有笛卡儿（Descartes）、斯宾诺莎（Spinoza）等，他们认为人的认识的普遍性是先天就有的，来源于感觉的知识是不可靠的，可靠的知识只能来自理性。笛卡儿提出"我思故我在""天赋观念论"，认为感觉得来的观念虽不是完全虚假的，但却是相当不可靠的，感觉不能为判断观念的真假提供证据，只有依靠理性才能获得真理性的知识。斯宾诺莎认为正确的知识只能来自直观和理性，对外在事物的感觉经验是虚妄和错误的根源，真理必须由自身的真观念加以衡量，不能通过外在事物来验证（转引自：邓晓芒，赵林，2005）。康德（Kant）的先验认识论调和了经验论和唯理论，试图把感性经验和理性思维结合起来（徐瑞康，1988）。康德区分了"经验知识"和"先验知识"。"经验知识"意指后天通过感觉经验形成的知识。"在时间上，我们没有任何知识先于经验，一切知识都从经验开始。"（康德，2004）"先验知识"是绝对不依赖于一切经验而发生的知识，"我把一切不研究对象，而是一般地研究我们关于对象的认识方式的知识称为先验的"，先验知识涉及的是与经验对象分离而又在逻辑上先于经验的知识（康德，2004）。康德区分了认识的内容与形式，提出了空间与时间两个感性直观和12个知性范畴，论证了其先验范畴体系。康德认为，感知所得到的经验材料与"先验自我"所产生的时空直观和知性范畴相结合，导致了普遍必然性的认识。在康德的主体认识结构理论中，他强调纯直观和知性范畴的先天性，只有是"先天的"，才有可能保证数学知识和自然科学知识的普遍必然性，这就使康德的认识结构理论带有浓重的思辨和唯理论天赋观念论的色彩（石向实，2006）。

二、心理学研究中的认识论

20世纪以后,关于认识论的研究出现了一些重要的转变,学者开始关注知识与认知的关系,詹姆斯(James)、杜威(Dewey)和怀特海(Whitehead)等在其著作里对知识与认知的讨论,标志着认识论向心理学方向的发展(任中棠,2008)。杜威(2019)的《民主与教育》、怀特海(2002)的《教育的目的》等均体现出认识论研究向知识和知识获得相关问题的心理学研究的转变,引起了人们对知识与教育之间关系的关注。

真正在心理学领域中对认识论进行的研究,最早可以追溯到皮亚杰(Piaget),皮亚杰从心理的发生发展来解释认识的获得(Hofer & Pintrich,1997)。皮亚杰关心的是"知识是如何变化的""随时间的推移,儿童是如何逐渐地具有各种不同的信念和判断",这其实是赋予了康德思想以历史和发展的意义(Vonèche,李其维,2000)。20世纪50年代,皮亚杰对儿童智力发展进行研究时,用"发生认识论"这一术语来描述个体知识的发生与发展。皮亚杰(1981)曾说:"在认识论哲学中居于支配地位的哲学家们,都是从逻辑分析与语言分析出发,而不是从心理学分析出发的,而发生认识论关心的则是概念与运演在心理上的发展,也就是概念与运演的心理发生。"皮亚杰把知识的发生与发展归纳为两个主要方面:①知识形成的心理结构(即认知结构);②知识发展过程中新知识形成的机制。皮亚杰反对传统的单向活动(刺激→反应,即S→R公式),提出了双向活动(刺激⇌反应,即S⇌R公式),后又进一步提出S→(AT)→R公式,意指一定的刺激(S)被个体同化(A)于认识结构(T)之中,才能对刺激(S)做出反应(R)(皮亚杰,英海尔德,1980)。皮亚杰认为知识既不是现实的复制也不是先验形式对现实的强加,而是两者间的中介。他反对经验论,也反对先验论,提出建构论(constructivism)。皮亚杰继承了康德的范畴论,抛弃了康德的先验论,直接从儿童的活动中研究图式的起源,用实验证实了图式不是先验地存在的,而是在个体生长成熟的过程中通过建构活动形成的。他曾明确指出,认识既不发端于客体,也不发端于主体,而是发端于联系主体、客体相互作用的动作(活动)过程之中。"认识既不是起因于一个有自我意识的主体,也不是起因于业已形成的、会把自己烙印在主体之上的客体;认识起因于主客体之间的相互作用,这种作用发生在主体和客体之间的中途,因而同时既包含着主体又包含着客体……""认识既不能看作是在主体内部结构中预先决定了的——它们起因于有效地和不断地建构；也不能看作是在客体的预先存在着的特性中预先决定了的，因为客体只是通过这些内部结构的中介作用才被认识的。"（皮亚杰，1981）。英海尔德（Inhelder）曾指出，皮亚杰的"认识论可称为建构主义的认识论，即认识既不是由客体（经验论），也不是由主体（先验论）预先决定的，而是逐渐建造的结果"（转引自：李其维，1999）。儿童在与环境的相互作用中，通过同化、顺应及平衡化作用，使得图式不断得到改造，认知结构不断发展，即新结构或新知识乃是连续不断的建构的结果。皮亚杰根据个体认知结构的不同水平，把个体心理的发展划分为四个阶段，即感知运动阶段、前运算阶段、具体运算阶段和形式运算阶段。

20 世纪 60 年代，佩里（Perry）受皮亚杰发生认识论的影响，关注个体在形式运算之后的认知发展状况，采用问卷法和访谈法对大学生进行了追踪研究，探讨了他们对知识本质和学习经验的解释，并提出了大学生智力与道德的发展理论。佩里提出大学生的认识信念存在着九种由低到高的状态（position）：基本的二元性（basic duality）、完全的二元主义（full dualism）、早期多元性（early multiplicity）、晚期多元性（later multiplicity）、情境的相对主义（contextual relativism）、前契约（pre-commitment）立场、契约（commitment）立场、对契约的挑战（challenges to commitment）、后契约（post-commitment）立场。这九种状态可以被进一步概括为四级水平：二元论（dualism）、多元论（multiplicity）、相对主义（relativism）、相对主义契约（commitment within relativism）（Hofer & Pintrich，1997；刘儒德，2002）。这四级水平是一个具有逻辑顺序的、连贯的认知发展过程。佩里的研究揭示出大学生认识信念的发展遵循从二元论到多元论，再到相对论的规律，即学生初期会以对或错、好或坏等两极观点解释外在世界；当觉察到人们对事物的看法存在多元角度时，原本相信绝对权威的想法开始动摇，转而持有多元论观点；最后逐渐了解知识是逐步建构、蕴含在整体关系之中、可变动的，进入成熟的相对论阶段（Hofer & Pintrich，1997）。佩里的研究工作揭示了大学生是如何理解知识本质和学习经验的，这启迪了后续的类似研究，开创了当代教育心理学中认识信念研究的先河。此后，当代认识论研究转向从心理学的视角探讨个体认识信念的发展和作用机制，研究方法也转为问卷法与实验法等实证研究方法，不再仅限于从单纯思辨的角度展开对认识论的探讨。

三、心理学研究中的认识信念

认识信念是教育心理学家从心理学的角度对个体的认识论进行研究时所使用的一个概念，主要是指学习者对知识、学习的看法，即研究个体如何看待知识和学习经验，如何看待知识的获取过程，如何使用知识认识世界，等等。

在当今的认识信念研究中，尽管从事同样的研究课题，但不同的研究者使用了不同的名词。从其英文名称来看，就有几种不同的表述形式，如学生的认识信念在英文文献的表述中就出现过如下几种形式：epistemological beliefs、epistemic beliefs、personal epistemology、epistemological view about learning、epistemic cognition、conception of learning 等。从目前的情况来看，学者在认识信念的概念表述上仍未能达成一致，其中以 epistemological beliefs 应用最多（Mason & Bromme，2010）。国内的一些学者在从事该领域的研究时，对其概念的表述也有所差异，一些学者称其为"个人认识论""认识论信念"，另一些学者称其为"学习观""学习信念""知识信念"。尽管存在概念表述上的差别，但研究者都强调认识信念的核心是个体对知识本质（the nature of knowledge）和知识获得的本质（the nature of knowing）所持有的信念，主要包括有关知识结构、知识本质的信念和有关知识来源、认识判断的信念。舒曼[①]（Schommer）的多维信念系统理论则认为学生的认识信念包括知识的信念系统与学习的信念系统两大子系统（Schommer，1990；Schommer-Aikins，2004）。其中知识的信念系统包括知识的来源维度（从知识来自权威、课本或教师到知识来自自己的经验和推理）、知识的结构性维度（从知识是孤立的、片断性的事实、概念到知识之间、知识与生活实际之间有内在联系）、知识的判断维度（从基于权威的判断到运用一定探究规律或专门知识的评价进行判断），学习的信念系统主要包括学习能力维度（从先天注定的到后天可以改善的）、学习速度维度（从学习是很快就完成的到学习是循序渐进的）。

需要说明的是，尽管个体认识信念的核心是个体对知识和知识获得所持有的信念，但心理学中研究的个体认识信念与哲学和教育学中的知识观还是存在一些

[①] 因作者发表文章时的署名不同，本书对 Schommer 和 Schommer-Aikins 不做统一，两者都指舒曼。

细微差别的（杨小洋，2006）。首先，哲学和教育学中的知识观的探讨对象主要是知识本身，即知识的性质、知识的分类、获取知识的过程等，而认识信念则更多地将研究指向于获取知识的个体，力求从人的心理发展特点的角度，来看待个体对知识和获取知识过程中的一些普遍看法和规律。其次，哲学和教育学中的知识观偏重于从静态的角度来看待知识本身的规律和特点，而认识信念则更偏向于从动态的角度来看待知识的发展、知识与知识之间的关系等内容，二者的着重点不同。最后，知识观的概念更多见于一些思辨性质的理论文章中，而认识信念则是从个体心理的角度来对认识论进行研究时使用的一个概念，因此从提出起就是与实地访谈、问卷调查等心理学的研究范式分不开的，例如，佩里编制了教育价值测查表（checklist of educational values，CLEV）（Hofer & Pintrich，1997），舒曼编制了认识信念问卷（Schommer's epistemological questionnaire，SEQ）（Schommer，1990），金(King)和基奇纳(Kitchener)开发的测量工具——反思判断访谈(reflective judgment interview)则包括口头访谈与笔试问卷两个部分（King & Kitchener，2002）。因此，尽管这两个概念之间的关系非常密切，但是认识信念与传统上的知识观概念仍然是有区别的。另外，国内该领域的研究最早由北京师范大学的学者展开，他们在研究中多把 epistemological beliefs 译为"学习观"，故而国内部分学习观研究其实是与本书中的认识信念的概念内涵相吻合的。但笔者个人认为，如果采用传统的"学习观"的译法，则无法突出关于知识的信念系统这一核心要素，仅能体现出舒曼的多维信念系统理论中关于学习的信念系统这一方面。

目前，认识信念研究主要包含三个方面：一般认识信念、领域特殊性认识信念、主题认识信念。国内研究者将一般认识信念定义为个体对知识、学习现象与经验所持有的直觉和潜在的认识（周琰，谭顶良，2011）。领域特殊性认识信念是指学习者在特定学科学习中对知识和知识获得所持有的信念。主题认识信念是学习者对特定主题知识本质以及知识如何获得所持有的信念。本书中将涉及一般认识信念、领域特殊性认识信念和主题认识信念三个层面的研究。为表述方便，按照本领域的惯例，在不与领域特殊性认识信念和主题认识信念一起出现时，把一般认识信念简称为认识信念；对于领域特殊性认识信念，则会对特定学科领域进行具体标注，如数学认识信念、语文认识信念、科学认识信念等；对于主题认识信念，则会在研究方法部分指明涉及的具体主题，如针对气候变化的主题认识信念。

第二节　认识信念研究的意义

一、理论意义

近年来，伴随着教育心理学研究从脱离情境的"冷认知"到关注学习者的态度、信念、价值观等情感因素的"热认知"的转变，认识信念成为当前教育心理学研究的热点问题。由于个体所持有的认识信念会对其学习策略（Bromme et al., 2010; Muis, 2008）、学习动机（Chen & Pajares, 2010）、思维方式（Chan et al., 2011; Phan, 2008c）、行动控制（周琰，谭顶良，2013）、学习投入（周琰，2018）、学业成绩（Chen & Pajares, 2010）等产生重要影响，国外的学术期刊 Contemporary Educational Psychology、Educational Psychologist、Educational Psychology Review、Learning and Instruction、Metacognition and Learning 等相继以专刊的形式报道了认识信念的相关研究成果。2004 年，美国的学术刊物 Educational Psychologist 出版了题为"个体认识论：理解学生对知识和认识的信念的各种范式"的专刊（Hofer, 2004a），另一本学术刊物 Contemporary Educational Psychology 则出版了题为"认识论发展及其对学业领域中认识的影响"的专刊（Schraw & Sinatra, 2004）。2006 年，美国的学术刊物 Educational Psychology Review 又以专栏形式刊发了关于认识信念研究的评论文章（Hofer, 2006a; Muis et al., 2006）。Learning and Instruction、Metacognition and Learning、Educational Psychologist 等学术期刊集中刊发了认识信念的实证研究及相关研究评论（Bråten et al., 2011; Bromme et al., 2010; Greene et al., 2010; Mason & Bromme, 2010; Richter & Schmid, 2010）。目前，国外的认识信念研究不论是在理论建构还是在实践应用方面都取得了一些成果，出版了三部认识信念研究的论著（Hofer & Pintrich, 2002; Khine, 2008; Bendixen & Feucht, 2010）。但该领域的研究依然存在一些问题，一个首要的基础问题就是对认识信念的概念内涵及结构探讨存在不一致之处。有些学者（如 Schommer）认为，认识信念应包括对知识的信念及对学习的信念两个大的方面，但也有些学者（如 Hofer 和

Pintrich)则认为认识信念只应包括对知识的信念,关于学习的信念最多只能是认识信念的外围延伸概念,相应地,对其结构的探索结果也存在着不一致。故而厘清认识信念的结构,是后续研究的基础,也是认识信念理论研究的迫切需要。

认识信念研究必须考虑社会文化因素的影响,东西方文化的差异会使东方学生形成和发展起与西方学生不同的认识信念倾向(Hofer, 2008; Li, 2003; Phan, 2008a; Tabak & Weinstock, 2008)。例如,东方学生所受到的文化熏陶可能使他们在学习过程中更重视与他人达成一致,更多地遵从教师或权威的观点,而对于通过独立思考判断提出自己观点的重视程度可能与西方学生有一定的差异。为此,目前该领域的研究特别强调跨文化研究的重要性,2008年出版的国外书籍 *Knowing, Knowledge and Beliefs: Epistemological Studies Across Diverse Cultures* 对此有大量论述。也正是由于认识信念对文化背景的敏感性,舒曼以美国学生为被试编制的认识信念问卷在亚洲国家施测时出现了某些维度上的不一致(王婷婷,2004; Chan & Elliott, 2002, 2004),国内学者编制的大学生认识信念问卷反映了中国大学生的认识信念有着不同于西方学生的典型特点(周琰,谭顶良,2016)。目前,国外学者提出了认识信念的各种发展模式,但由于国内尚未有研究者做深入系统的发展趋势研究,对于这些发展模式是否适用于国内学生还无法给出一个确定的答案。因此,系统地研究并揭示国内青少年认识信念的发展趋势,将有助于填补这一理论空白,丰富我国认识信念的研究现状。

二、实践意义

认识信念作为一种元认知知识,就像一只深藏在学生认知过程、情感体验、学业行为表现背后的无形之手,指引着学生的学习过程,影响着学生的学习结果。基于此,国内外的学者都强调认识信念研究在教育教学中的重要意义,指出青少年的认识信念研究对教师教学改革和学生自主学习的重要性。因为一方面,认识信念会对学生的学习动机、行为、策略以及成绩产生一定的影响;另一方面,学生的认识信念又是学习的结果之一,是在学校学习和教学经验的基础上形成的,并且随着学校经历的丰富、变化而不断发展。只有了解学生认识信念的现状、揭示认识信念的发展规律及其对学习过程和学习结果的影响,才能自觉地采取有效的措施，帮助学生形成正确的认识信念，从而促进学生学习过程的发展并使其取得良好的效果。正如贝里（Berry）和萨尔伯格（Sahlberg）所指出的，在建构主义教学框架内，了解学生的认识信念是非常重要的，学生对学习经验的理解与教师对学生学习过程的预测一样重要（Berry & Sahlberg，1996）。故而对青少年的认识信念进行系统研究，有助于我们深化对建构性学习过程的了解，有助于个体反省、调整自己的学习行为，有助于个体树立终身学习理念。

认识信念的形成与发展会受到内外两种因素的影响。从内部因素来看，认识信念的形成与发展受到个体学习经验、学习活动的影响。从外部因素来看，认识信念的形成与发展受到社会文化背景、学校文化风气、教师的教学方式、教师的认识信念等诸多因素的影响。舒曼在其嵌入系统模型（embedded systemic model）中提出至少有三个主要的因素会影响学习者的认识信念：家庭、同伴、教师（Schommer-Aikins，2004）。一些研究者则认为对学生的认识信念影响最大的莫过于教师与学生共处的教学环境（Maggioni & Parkinson，2008；Muis，2004）。教师的认识信念会对其教学理念、教学设计、教学行为、教学组织以及教学评价产生直接影响，同时又会通过教学过程将自己的认识信念传达给学生，对学生的学习产生间接影响（喻平，2007）。如果教师认同知识是孤立的、片断性的事实、概念和原理，那么他在处理教学内容时就会囿于学科内部，割断学科与学科之间、学科与现实生活之间的联系。如果教师认同知识是确定不变的，每个问题都有固定的解答程序和答案，那么在教学过程中就会把这些客观知识和解决问题的程序教给学生，整个教学是一种"结果式"范型。如果教师认同知识的不确定性和辩证性，就会积极引导学生探究知识的来龙去脉，使教学成为一种"过程式"范型（喻平，2007）。教师所持有的认识信念对学生认识信念的发展具有引领作用。一方面，教师的认识信念通过日常言行及课堂教学会对学生产生潜移默化的影响，教师的知识信念观会以缄默的知识形式传递给学生，使学生形成与教师相似的知识信念；另一方面，教师的教学方式也会影响学生的学习方式，如果教师经常引导学生进行自主学习、探究学习、合作学习，学生需要发展自己的思维来寻求问题的答案，需要在与同伴思想的交流碰撞中发展自己的观点，而非机械记忆老师给出的结论，这样学生对知识性质和学习过程就会有新的认识。受传统文化的影响，中国学生更多地崇拜权威，对教师的观点更倾向于全盘接收而非辩证接纳。为此，研究青少年认识信念的发展模式与作用机制，有助于教师明确自己的教学方式对学生信念发展的重要性，有助于教师认识到营造有助于学生表达自己观点的宽松民主的课堂文化氛围的重要性，同时，有助于教师明确自己要以热爱学习的态度和善于学习的能力，创造一种浸润学生、与学生积极互动的氛围，促进师生交流与生生交流，以利于学生认识信念的积极发展。总之，对青少年认识信念的研究，有助于教师改进自己的教学观，对当前的教育教学改革具有重要的实践意义。

第二章
认识信念的结构

第一节 认识信念结构的理论探讨

认识信念的结构问题是该领域研究中颇具争议的问题，也是该领域研究的基础问题和出发点。研究者对此进行了大量的理论探讨，提出了各种理论模型，其中以舒曼的四因素模型与嵌入系统模型，以及霍弗（Hofer）和平特里奇（Pintrich）的两级维度模型最具代表性。

一、舒曼的四因素模型与嵌入系统模型

舒曼早期提出个体的认识信念系统中至少包括五个维度，分别是知识的结构、知识的稳定性、知识的来源、学习的能力和学习的速度。为了对其认识信念模型进行验证，她以五维度的认识信念理论构想为基础，编制了包含63道题目的SEQ。SEQ由12个分量表组成，分别是学习的快速性（learning is quick）、不知道如何学（can't learn how to learn）、第一次学习（learn first time）、集中努力是浪费时间（concentrated effort is a waste of time）、成功和努力无关（success is unrelated to hard work）、避免模糊（avoid ambiguities）、寻求单一的答案（seek single answers）、避免整合（avoid integration）、依赖权威（depend on authority）、能力的天生性（ability to learn is innate）、不批驳权威（don't criticize authority）、知识的确定性（knowledge is certain）。舒曼通过对问卷调查结果进行因素分析，验证了自己提出的多维度的

认识信念系统模型，提出认识信念主要涉及四大因素，从不成熟的角度来讲，分别是知识确定性、知识简单性、能力固定性、学习快捷性，而知识的来源维度没有得到验证（Schommer，1990）。其中，知识确定性维度是指个体对知识的确定性与发展性方面的认识，低端倾向认为知识是绝对的、确定不变的，所有问题都有唯一的固定答案；高端倾向相信知识是可以变化的，是暂定的和不断发展的，有的问题可以有多种答案。知识简单性维度是指个体对知识之间、知识与现实生活之间的联系的认识，低端倾向认为知识是孤立的、片断性的事实、概念、原理等，与其他知识和生活实际没有内在联系；高端倾向则认为知识之间是高度互联的，即认同知识是一个复杂的、有广泛联系的有机体。能力固定性维度是指个体对学习能力的认识，低端倾向认为学习是由不可控的先天能力决定的，能力是固定不变的；高端倾向认为学习是由可控的后天形成的能力决定的，个体的能力是随着学习经历的丰富而不断提高的。学习快捷性维度是指个体对学习速度的认识，低端倾向认为学习要么是快捷完成的，要么就根本没有发生；高端倾向则相信学习是渐进发生的，不是一蹴而就的。

舒曼的开创性工作奠定了认识信念问卷测量的基础，到目前为止，SEQ 仍然是北美和欧洲认识信念研究领域使用最广泛的量表。当然，也有研究者在使用过程中对 SEQ 进行了修订。比如，杰恩（Jehng）把 SEQ 修订为 34 道题目，并用学习过程这个新维度取代知识简单性维度；希罗（Schraw）把 SEQ 修订为 32 道题目，其维度设置仍与舒曼的原始量表一致（转引自：Duell & Schommer-Aikins，2001）。但是，由于认识信念受社会文化因素的影响，以北美学生为被试编制的 SEQ 在亚洲国家施测时出现了某些维度上的不一致和较低的信效度指标。例如，陈（Chan）和艾利奥特（Elliott）在我国香港地区学生中试用 SEQ 的结果表明，从 SEQ 中只抽取出三个主因素，其中权威/专家知识（authority/expert knowledge）和努力学习/加工（learning effort/process）因素有别于 SEQ 中的因素，反映了香港学生认识信念的独特特点，而且 SEQ 的试用信度系数仅为 0.1~0.58（Chan & Elliott，2002）。王婷婷对 SEQ 在国内学生中的试用结果表明，从 SEQ 中抽取出了三个主因素，其中只有知识简单性这一维度与舒曼的原有构想一致（主因素 2），学习快捷性和能力固定性维度并没有被抽取出来，这两个维度的题目散落于主因素 1（与学习相关的因素）中，主因素 3 则较为复杂，包括舒曼构想中的用于测量知识确定性和知识外部来源的分测验，而且信度检验的结果表明：主因素 2 和主因素 3 的内部一致性系数都偏低（王婷婷，2004），这表明直接在中国文化背景下运用 SEQ 并不完全合适，需要编制符合中国实际的、本土化的认识信念测量工具。

舒曼在自己前期研究的基础上提出了认识信念的嵌入系统模型，认为个体的认识信念系统是与其认识方式、学习行为以及社会文化等多个系统相互作用的嵌入系统。舒曼认为，认识信念的实质是诸多信念所组成的信念系统，这一信念系统有六个特征：①强调学习信念；②区分了信念的种类；③认识到各信念之间具有相对独立性，不同信念的发展模式具有非同步性，即各维度的信念之间并不存在同步的发展速率；④承认平衡的必要性；⑤引进信念的结构，对不同信念进行特定命名；⑥引入量化评价法。

舒曼提出嵌入式认识信念系统至少与六个系统相互作用：①文化相关信念，主要指个体所处的文化背景中的相关信念，如独裁与民主、集体与个体等。相比之下，独裁文化中的学生更相信知识来自权威给予，集体文化背景下的个体更认同合作学习等。②认识方式信念，包括联系性认知信念和分离性认知信念。相比之下，倾向于分离性认识信念的个体在接受知识前常常会提出问题或质疑。③知识信念，包括知识的来源、知识的结构和知识的判断。④学习信念，包括学习的速度与学习的能力。⑤课堂行为表现，包括对合作学习或独立学习的喜好、是否喜欢提问等。⑥自我调节学习，包括个体自我调节学习过程中涉及的学习策略、阅读理解、元认知、批判性思维和问题解决等（喻平，唐剑岚，2007；Schommer-Aikins，2004）。

二、霍弗和平特里奇的两级维度模型

霍弗和平特里奇提出的两级维度模型认为，认识信念的核心结构涉及两大因素：知识的本质和知识获得的本质。知识的本质包括知识确定性（the certainty of knowledge）和知识简单性（the simplicity of knowledge）两个维度。知识获得的本质涉及知识的来源（the source of knowledge）和知识获得的证明（the justifications for knowing）两个维度（Hofer & Pintrich，1997）。每个维度都是一个连续体，个体的信念发展可能处于连续体的某一个点上。

霍弗和平特里奇提出的两级维度模型中，知识的本质维度与舒曼的认识信念维度相同，这一维度是大多数认识信念模型的基本成分。随着认识信念的发展，学习者对知识本质的理解逐渐从绝对主义知识信念转变到相对主义知识信念，再到情境化的建构主义知识信念。其中，知识确定性指学习者认为知识是固定不变的还是动态可变的，在这一连续体上，低端倾向承认真理的绝对性和知识的固定性，高端倾向承认真理的相对性和知识的暂定性与发展性。知识简单性是指学习者把知识看作分离的还是高度互联的，在这一连续体上，低端倾向认为知识是分离的、具体的事实，高端倾向认为知识是相互联系的、相对的和情境化的。霍弗和平特里奇提出，知识获得的本质也是认识信念的核心结构。其中，在知识的来源维度上，低端倾向认为知识独立于自身之外，来自外部权威；高端倾向认为自我就是一个积极的意义建构者。知识获得的证明维度涉及个体如何评价知识观点、如何使用证据、如何利用权威知识以及如何评价专家见解等。随着个体学会了评价证据、支持并证明自己的观点，他们就逐渐从低端倾向——二元论（非对即错）信念转变为接受多元观点，再发展到高端倾向——通过理性思考来证明信念。一般认为，霍弗和平特里奇的认识信念对知识信念的研究较为透彻，但缺乏对学习因素信念的思考（刘儒德等，2005）。

在两极维度模型的基础上，霍弗进一步提出将认识信念看作元认知的一部分，其中知识的本质信念（知识简单性和知识确定性）可以被纳入元认知知识范畴，知识获得的本质信念（知识的来源和知识获得的证明）可以被纳入元认知判断监控之中（Hofer，2004b）。

三、其他学者关于认识信念结构的探讨

布罗迪（Brody）从知识和认识的性质、学习的概念、权威感（教师和学习者的作用）等因素入手，把个体的认识信念倾向分为三种：传递倾向、处理倾向和转换倾向。在知识和认识的性质方面，传递倾向的个体认为知识是静态的、客观的，是由教师传递给学生的，认识是封闭的；处理倾向的个体认为知识是动态的、鲜活的，是学习者通过与环境的交互作用获得的，认识要依靠学习策略；转换倾向的个体认为知识是动态的、不断变化的，是由学习者建构的，认识是情境性的。在学习的概念方面，传递倾向的个体认为学习是将知识和技能从教师转移到学生；

处理倾向的个体认为学习是在合作活动、问题解决和思考过程中展开的；转换倾向的个体认为学习是学习者经验和价值的改变。在权威感方面，传递倾向的个体强调教师的教，持教师中心的观点，认为教师对学习结果负责，学习者依赖于教师的教；处理倾向的个体持学生中心的观点，认为学习要靠学习者与教师一起负责，教师不应是独裁者；转换倾向的个体持学习者社区的观点，认为明显的权威是不存在的，强调学习的复杂性、开放性和创造性（Berry & Sahlberg，1996）。

马尔顿（Marton）等从"学习是什么"和"怎么学"两个方面对大学生进行调查，归纳出大学生的六种认识信念水平：增加知识、记忆和复制、应用、理解、以多种方式看事物、人的改变（Marton et al.，1993）。持增加知识信念的个体认为学习就是知识的累积，就是增加事实性的知识，学习的方式就是拿过来、装进去、存起来，像海绵一样吸收知识。持记忆和复制信念的个体认为学习就是记住知识，并在需要（如考试）时复制出来，学习的方式是反复多次重复。持应用信念的个体认为学习就是应用某种知识和程序，发展应用能力，学习的方式是提取存储的信息并加以应用。持理解信念的个体认为学习是获得对事物的理解、获得意义，学习的方式是通过行动（如琢磨作者的观点）获得对事物的看法。持以多种方式看事物信念的个体认为学习是改变自己思考事物的方法，进而以不同的方式看待事物，学习的方式是通过知识的积累，培养个体从多种视角看待事物的方法。持人的改变信念的个体认为学习是发展对事物的新视角，以不同的观点看待世界，进而改变自己，学习的方式是自我的变化和能力的增长。其中，前三种信念与后三种信念存在很大区别。前三种信念假设知识是做好了的、给定的、存在于那里的东西，认为知识是离散的、外在的事实，不用转换就能被吸收，学习者只需去拿来、收容和存储，知识的意义是客观存在的，是不受学习者影响的。后三种信念更趋于建构倾向，强调知识意义的主观性，认为知识是复杂的、相互关联的、与情境相联系的，学习是个体从学习任务中提取意义的积极的信息加工过程，知识的意义是受学习者影响的。因此，前三种信念常被描述成量的观念（quantitative conception），关注学习内容的细节记忆，以便将来能有更大层面的量的产出，这一观点往往导致低水平的学习结果。后三种信念常被看作质的观念（qualitative conception），关注学习过程中的意义建构和质的提升，这一观点经常与复杂知识的学习结果相联系。

国内该领域的研究中尚无成熟的理论模型，但对认识信念的结构进行了有益的探索。杨小洋和申继亮（2009）提出认识信念的结构由五个一阶因素和两个二阶因素构成。一阶因素包括知识确定性、知识简单性、知识的来源、求知的论证性（知识是否需要论证）、表征多元（是否应当从多个角度看待同一问题）；二阶因素包括知识的本质和求知的本质，其中知识的本质包括一阶因素的前两个维度，求知的本质包括一阶因素的后三个维度。王婷婷和沈烈敏（2007）认为，认识信念主要包括四个方面的内容：①对知识本质的看法；②对知识获得的看法；③对学习的看法；④对能力的看法。围绕上述内容，她们编制了高中生认识信念问卷，探索性因素分析的结果表明，高中生认识信念由三个维度构成：整合-建构信念、离散-接受信念、能力信念。其中，整合-建构信念在知识的不确定性、知识的连续性、对知识获得的评价、知识来源的主观性和建构的学习观上有较大负荷；离散-接受信念在知识的确定性、知识的离散性、真理的不变性、权威的万能性和接受的学习观上有较大负荷；能力信念在能力的天生性和努力的有用性上有较大负荷。陈和艾利奥特（Chan & Elliott，2002）提出，中国香港学生的认识信念结构包括四个维度：天生/固定的能力、努力学习/加工、权威/专家知识、知识确定性。周琰和谭顶良（2016）的研究验证了认识信念包括关于知识的信念系统和关于学习的信念系统两个子系统，同时也发现中国大学生的认识信念有着不同于西方学生的典型特点。

四、国内青少年认识信念结构的理论构想

如上所述，认识信念的结构一直以来都是该领域研究中存在争议的问题。霍弗和平特里奇提出，认识信念的核心结构涉及两大因素：知识的本质和知识获得的本质。前者又包括知识确定性和知识简单性两个维度；后者则包括知识的来源和知识获得的证明两个维度。对于认识信念的核心结构应包括知识的本质和知识获得的本质这一提法，研究者的观点具有一致性，存在分歧之处主要在于是否应包括关于学习的信念这一结构层次。以舒曼为代表的学者提出学生的认识信念既包括知识的来源、知识的结构、知识的稳定性等维度，也包括学习的能力（人们获得知识的能力是先天注定的还是后天可以改善的）、学习的速度（知识的获得是一蹴而就的还是循序渐进的）等维度（Schommer-Aikins，2004）。而以霍弗等为代表的学者则提出只应包括知识相关维度，关于学习的信念最多只能是认识信念的

外围延伸概念。理由如下：其一，从认识论的哲学渊源来看，其最早探讨的即是知识方面的问题；其二，从概念界定的清晰性和研究的方便性来说，只选取知识方面将有利于研究的开展。而以舒曼为代表的认为认识信念应包括知识信念和学习信念的研究者则提出：首先，自认识信念成为教育心理学研究的内容，其关注点就已从哲学视野中对知识本身的思辨研究转向个体对知识和获取知识过程中的普遍看法与规律的探讨，而现代个体知识获取的过程与学习是密不可分的，这样对知识获取过程的看法就会与对学习的看法紧密相关，两者不可分割。其次，既然个体的知识信念和学习信念是一个不可分割的整体，就不能为了概念的清晰界定和研究的方便而只取其一。

  笔者的观点是倾向于同时包含知识信念和学习信念两个方面。首先，如前所述，当今认识信念的研究重点已与哲学视野中认识论的研究重点有所不同，已从原有的纯粹思辨角度探讨知识本身的性质转变为开始关注知识与认知、知识与教育的关系，关注于从个体的视角探讨学习者对知识与获取知识过程的一些普遍看法和规律。考虑到个体知识获取过程与学习过程的密不可分以及由此而产生的知识信念与学习信念的紧密关联，只取认识信念中的知识信念是不全面的，至少是不能从整体上系统、全面地反映个体认识信念的本质的。其次，认识信念包括知识的信念系统与学习的信念系统两个方面的观点得到了实证研究的支持。此观点的最早提出者舒曼，从研究之初就采取了把理论探讨与实证研究相结合的方式，编制了认识信念量表，验证了自己提出的结构构想。而且，此量表在世界各地被广泛用于对认识信念的测查，尽管在不同国家和地区测试时出现了维度调整与合并的状况，但其结构包括知识和学习两个方面这一点却始终未能改变。国内也有学者通过理论分析和实证研究提出，学习者的知识信念和学习信念是一套相互联系、具有整体性的观念系统（张建伟，孙燕青，1997；周琰，谭顶良，2016）。最后，从已有的国内外认识信念测量工具来看，不管研究者对认识信念的界定中是否包括学习信念，其测量工具中都包含与学习信念相关的测题。比如，舒曼的 SEQ 中就包括诸如"有些人的学习能力天生就很强，而有些人的学习能力却很有限""学习是一个缓慢的知识积累过程"等与学习能力或学习速度相关的测题。希罗等的认识信念量表（epistemological beliefs inventory，EBI）则包含诸如"学生的学习好坏取决于其聪明程度""有的人天生比较聪明""真正聪明的学生不努力也会取得好成绩"等与学习能力相关的测题。陈和艾利奥特（Chan & Elliott, 2002）以中国香港大学生为被试编制的认识信念量表包括四个维度：天生/固定的能力、努力学习/加工、权威/专家知识、知识确定性。其中的天生/固定的能力与努力学习/加工两个维度的测题均是关于学习信念的，如"学习的能力是天生/固定的"，"一个人天生的能力决定了其学习的深入程度"，"学习的收获取决于付出努力的程度"，"侧重于理解而非仅仅记忆事实会学得更好"，"聪明的学习者不是知道答案，而是知道如何寻找答案"。杨小洋（2006）从知识的本质与求知的本质两个二阶因素，以及知识的确定性、知识的简单性、知识的来源、求知的论证性、表征多元五个一阶因素出发，编制了中学生认识信念量表，在其测题中专门加入了与学习有关的陈述，如"作为学生，我无法评价自己对所学内容的理解"，"要成为专家，必须具有天生的才能"，"当我解难题时，经常怀疑自己是否有能力在学习上取得成功"，"当我学习时，常问自己：现在做得如何？并寻求适当的反馈"，等等，这些测题与学习的能力等学习信念紧密相关。王婷婷（2004）编制的高中生认识信念量表包括三个维度：整合建构信念、零散接受信念、能力信念。其中，能力信念明显属于学习信念的范畴，另外两个维度中也包含了诸多与学习信念相关的测题，如"学习最关键的是记住老师要求掌握的东西然后在考试中运用"，"学习时，应该用自己的方式获取信息，并通过自己的理解去解决问题"，"学习上有多少收获，取决于自己的主动性"，等等。也就是说，即便有的研究者在认识信念的概念界定中只提到知识信念，不提及学习信念，但所有认识信念的问卷测查题目均包含了学习维度的测题，并通过因素分析等统计方法验证了测题的合理性，这也从一个侧面反映出知识信念与学习信念的不可分割性。综上所述，笔者更认同认识信念应包括知识信念与学习信念两个大的方面。

另外，在学科认识信念的研究方面，除包含认识信念的上述维度外，不少研究者还把学习的价值与情感体验纳入认识信念系统中。比如，舍恩菲尔德（Schoenfeld，1989）提出学生的数学观念系统要包括对数学与自我学习的关系的认识。刘儒德和陈红艳（2004）提出，学生的数学认识信念要包括对自我数学学习和解题能力的认识、对自我与数学学习及应用之间关系的认识以及对自我数学情感体验的认识。黄秦安（2004）提出，数学观包括数学知识观、数学本质观和数学价值观，其中的数学价值观是在一定数学本质观念的基础上，对数学的科学价值、文化价值、社会价值、历史价值和其他价值的判断与认识。喻平（2014）提出的数学认识信念包括数学真理性的信念、数学价值性的信念、数学客观性的信念和数学知识结构性的信念，其中亦明确提出了包含数学价值性的信念。孙燕青和张建伟（2003）编制的中学生科学观问卷包括对科学的态度维度，即把学生对于做科学家或者从事需要科学知识与科学思维的工作的价值和态度纳入科学认识信念中。在一般认识信念的测查中，也有研究者把学习的价值纳入认识信念的维度之中（吴红顺，连榕，2005；王学臣，周琰，2008；周琰，王学臣，2010；周琰，谭顶良，2016）。

综合上述观点，笔者提出认识信念结构的理论构想如下：首先，学生的认识信念不仅包括知识信念，还应包括学习信念。其次，知识信念应包括知识确定性、知识简单性、知识的来源、知识获得的证明四个维度，其中前两个维度代表了知识的本质，后两个维度代表了知识获得的本质，此处借鉴了霍弗和平特里奇的观点，一般认为霍弗和平特里奇对知识信念的研究较为透彻。学习信念中包含学习的速度、学习的能力、学习的价值等维度，此处借鉴了舒曼的观点及学科认识信念的研究结果。

第二节　认识信念结构的实证研究

一、研究目的

本书研究的目的旨在考察笔者提出的认识信念结构理论构想的合理性，验证认识信念的结构维度，同时检验国内青少年认识信念问卷的信效度指标，为青少年认识信念的测查提供有效的工具。

二、研究方法

（一）研究对象

我们选取来自山东、江苏、北京、宁夏等多个地区的 3000 名青少年进行问卷调查。删去无效问卷后，最终有效被试为 2762 人，有效率为 92.07%。有效被试信息如下：初中生 522 名（初一 200 人，初二 196 人，初三 126 人），高中生 1119 名（高一 364 人，高二 485 人，高三 270 人），大学生 1121 名（大一 331 人，大二 397 人，大三 298 人，大四 95 人）。男生 1198 人，女生 1555 人，性别缺失 9 人。把有效问卷分成两部分，其中的 1381 份用于项目分析和探索性因素分析，另外 1381 份用于验证性因素分析。

（二）研究程序

1. 收集研究资料

我们主要从两方面来收集资料。首先是查阅了大量相关领域的文献。本书的问卷在编制过程中，参考了舒曼编制的 SEQ（Schommer，1990）、希罗等编制的 EBI（Schraw，Bendixen，Dunkle，2002）、陈和艾利奥特编制的认识信念量表（Chan & Elliott，2002）、周琰和谭顶良编制的大学生认识信念问卷（周琰，谭顶良，2016）、王学臣和周琰编制的大学生学习观问卷（王学臣，周琰，2008）、王婷婷编制的高中生认识信念量表（王婷婷，2004）、杨小洋编制的中学生认识信念量表（杨小洋，2006）、周琰和王学臣编制的中学生学习观问卷（周琰，王学臣，2010），同时，参考了部分国内学者编制的学科学习观问卷，如孙燕青和张建伟编制的中学生科学观问卷（孙燕青，张建伟，2003）、刘儒德和陈红艳编制的小学生数学观问卷（刘儒德，陈红艳，2002）。

其次是对部分青少年进行半开放式访谈。访谈内容主要围绕认识信念所包含的两个方面进行：对知识的认识与对学习的认识。具体问题如下："知识来自哪里？是书本还是个人的主观建构？""凡是课本中出现的知识都准确无误吗？""你认为所学知识在生活中的作用如何？""知识获得的标准是什么？""获得知识的能力是与生俱来的还是后天逐步提高的？""学习好的同学是不是天生聪明一些？""你喜欢做科学研究工作吗？""你感觉学习是令人快乐的还是令人烦恼的？"完成访谈后，整理访谈结果的详细记录，为测题的编制做好充分的准备工作。

2. 认识信念问卷的形成

参照国内外学者的认识信念问卷，结合国外已有的相关量表，翻译其中相同或相似维度的题目，并对访谈收集到的材料进行归类、整理，选取其中具有代表性、普遍性的内容，初步形成 46 道题目。采用利克特五点计分，从"非常不同意"

至"非常同意"分别计1~5分。

问卷初步编制好之后，参考国内已有研究中对潜在结构分析（即专家效度分析）的介绍，将编制好的题目全部打乱维度和顺序，随机编排在一起，然后邀请两位心理学教师和四位心理学研究生，对这些题目按照七个维度进行归类（事先告知认识信念的维度设想和具体含义）。在此基础上，研究者将他们的分类结果进行汇总，找出与预先理论构想分歧较大的题目，并就这些题目可能存在的问题进行集中讨论。在集中讨论的基础上，研究者对其中分歧较大的题目进行修订或重新编制。

选取部分青少年进行预测，请他们就题目的语言表述是否符合青少年的特点、题目含义是否易于理解、表述有无歧义及题目的数量是否恰当等方面发表看法，谈一下自己的感受。再请两名心理学专家对问卷题目的可读性、适宜性做出评价。在上述工作的基础上，对部分题目进行修改，调整某些题目，对不合理的题目进行筛选，参照笔者编制的大学生认识信念问卷（周琰，谭顶良，2016），最终确定问卷为38题。其中，知识确定性5题，知识简单性4题，知识的来源4题，知识获得的证明5题，学习的能力6题，学习的速度6题，学习的价值8题。在预测和筛选修改题目的基础上，选取如前所述的被试进行大规模的问卷调查。

三、研究结果

对问卷进行以下几个方面的统计分析，作为项目修改或删除的依据。

（一）项目分析

本书以常用的极端分组的临界比率（critical ratio，CR）来对题目进行初步的筛选分析。具体做法是：把问卷总分的前27%和后27%的被试分别作为高分组与低分组，对高低两组被试在每题上得分的平均数进行差异性检验。当CR值达到显著水平时，表明该题目能够鉴别不同被试的反应程度，可以保留进入下一步的因素分析；如果CR值达不到显著水平，则表示该题目的鉴别力较差，应考虑予以删除。数据分析结果显示所有题项的CR值均达到显著水平，见表2-1。

表 2-1 所有题目的 CR 值分析结果

题目	高分组	低分组	CR 值	题目	高分组	低分组	CR 值
A1	3.76±1.05	3.45±1.02	4.17***	A20	4.19±0.90	3.56±0.88	9.71***
A2	4.05±0.81	3.71±0.85	5.59***	A21	3.86±0.87	3.02±0.91	12.87***
A3	3.68±1.05	3.39±0.98	3.90***	A22	4.39±0.81	3.57±0.88	13.30***
A4	4.40±0.71	3.77±0.88	10.72***	A23	3.35±1.24	3.19±0.97	2.03*
A5	3.84±0.96	2.79±0.97	14.84***	A24	4.66±0.52	3.87±0.71	17.51***
A6	4.14±0.83	3.39±0.92	11.77***	A25	4.66±0.49	3.86±0.72	17.74***
A7	3.96±0.89	2.92±0.98	15.23***	A26	3.51±1.06	2.61±0.91	12.37***
A8	4.54±0.65	3.87±0.82	12.31***	A27	4.47±0.66	3.63±0.83	15.37***
A9	4.42±0.76	3.55±1.02	13.29***	A28	3.79±1.14	2.69±1.03	13.77***
A10	3.76±1.05	3.61±0.88	2.034*	A29	4.07±1.06	2.93±1.09	14.50***
A11	4.16±0.93	3.57±0.93	8.71***	A30	4.32±0.96	3.36±1.06	12.90***
A12	4.75±0.58	3.78±0.98	16.42***	A31	4.34±0.84	3.20±1.02	16.59***
A13	4.51±0.63	3.93±0.73	11.59***	A32	3.83±1.06	3.03±0.90	11.12***
A14	4.02±0.92	2.91±1.02	15.58***	A33	4.55±0.68	3.39±1.01	18.33***
A15	4.30±0.81	3.28±0.98	15.59***	A34	4.56±0.84	3.49±1.08	15.21***
A16	3.79±0.91	2.76±0.99	14.82***	A35	4.41±0.73	3.50±0.88	15.44***
A17	4.18±0.90	3.74±0.80	7.11***	A36	4.47±0.78	3.66±0.89	13.21***
A18	4.48±0.72	3.49±1.05	14.97***	A37	3.81±1.05	2.95±0.96	11.63***
A19	4.11±0.85	3.07±0.99	15.44***	A38	4.24±0.78	3.08±0.93	18.38***

注：*$p<0.05$，**$p<0.01$，***$p<0.001$，下同

（二）题总相关

计算每个题目与问卷总分之间的相关，结果如表 2-2 所示，所有题目的题总相关均达到显著水平，问卷的初步筛选结果表明，所有题目均符合测量学要求。

表 2-2 所有题目与问卷总分的题总相关

题目	题总相关	题目	题总相关	题目	题总相关	题目	题总相关	题目	题总相关
A1	0.235***	A9	0.295***	A17	0.212***	A25	0.444***	A33	0.484***
A2	0.291***	A10	0.144***	A18	0.419***	A26	0.269***	A34	0.429***
A3	0.245***	A11	0.263***	A19	0.435***	A27	0.445***	A35	0.446***
A4	0.345***	A12	0.433***	A20	0.242***	A28	0.238***	A36	0.448***
A5	0.436***	A13	0.376***	A21	0.315***	A29	0.241***	A37	0.301***
A6	0.379***	A14	0.337***	A22	0.375***	A30	0.283***	A38	0.432***
A7	0.426***	A15	0.399***	A23	0.146***	A31	0.445***		
A8	0.309***	A16	0.397***	A24	0.494***	A32	0.338***		

（三）探索性因素分析

为进一步完善问卷并分析问卷的结构，对所有题目进行探索性因素分析。首先对样本数据进行 KMO（Kaiser-Meyer-Olkin）检验和巴特利特（Bartlett）球形检验，以判断数据是否适合进行因素分析。本书中的检验结果发现，KMO 值为 0.855，巴特利特球形检验结果为 χ^2=8636.98（df=378，p<0.001），表明问卷题目之间存在较多的共同因素，完全适合进行因素分析。

运用主成分分析法（principal-factor analysis）抽取因素，采用斜交旋转法求出旋转因素负荷矩阵。根据心理测量学理论，采用以下标准确定因素数目：①因素数必须符合碎石检验；②因素的特征值大于 1；③每一因素至少包含三个项目；④抽取的因素在旋转前至少解释 3%的总变异。在问卷的题项筛选方面，采用逐步排除法，参考以下统计学指标：①排除因素负荷小于 0.30 的题项；②排除在不同因素上有相近负荷的题项；③排除共同度小于 0.20 的题项。所有题目的共同度和因素分析碎石图如表 2-3 和图 2-1 所示。

表 2-3　所有题目的共同度

题目	共同度	题目	共同度	题目	共同度	题目	共同度	题目	共同度
A1	0.585	A9	0.390	A17	0.497	A25	0.524	A33	0.458
A2	0.589	A10	0.405	A18	0.520	A26	0.627	A34	0.476
A3	0.573	A11	0.521	A19	0.564	A27	0.563	A35	0.392
A4	0.595	A12	0.542	A20	0.385	A28	0.721	A36	0.357
A5	0.722	A13	0.383	A21	0.643	A29	0.695	A37	0.481
A6	0.636	A14	0.532	A22	0.399	A30	0.405	A38	0.449
A7	0.752	A15	0.422	A23	0.513	A31	0.511		
A8	0.352	A16	0.594	A24	0.533	A32	0.432		

根据上述原则，逐步删除题项。在删除题项的同时，结合问卷设计时确立的青少年认识信念的理论结构，采用探索性因素分析和逻辑分析相结合的方法，多次重复探索性因素分析的过程，相继删除无效题项，直至变异累积率趋于稳定，最后得到比较清晰且易于解释的六因素结构（表 2-4）。表 2-4 的结果表明，青少年认识信念问卷中的 28 道题目在各自的公共因素上都有较高的因素负荷值。所有题项的因素负荷值中，最低负荷为 0.333，最高负荷为 0.857。抽取的六个因素的特征根分别为 4.829、3.190、2.074、1.459、1.150、1.043，分别解释总变异的 17.247%、11.394%、7.407%、5.211%、4.106%、3.725%，这六个共同因素累积解释变

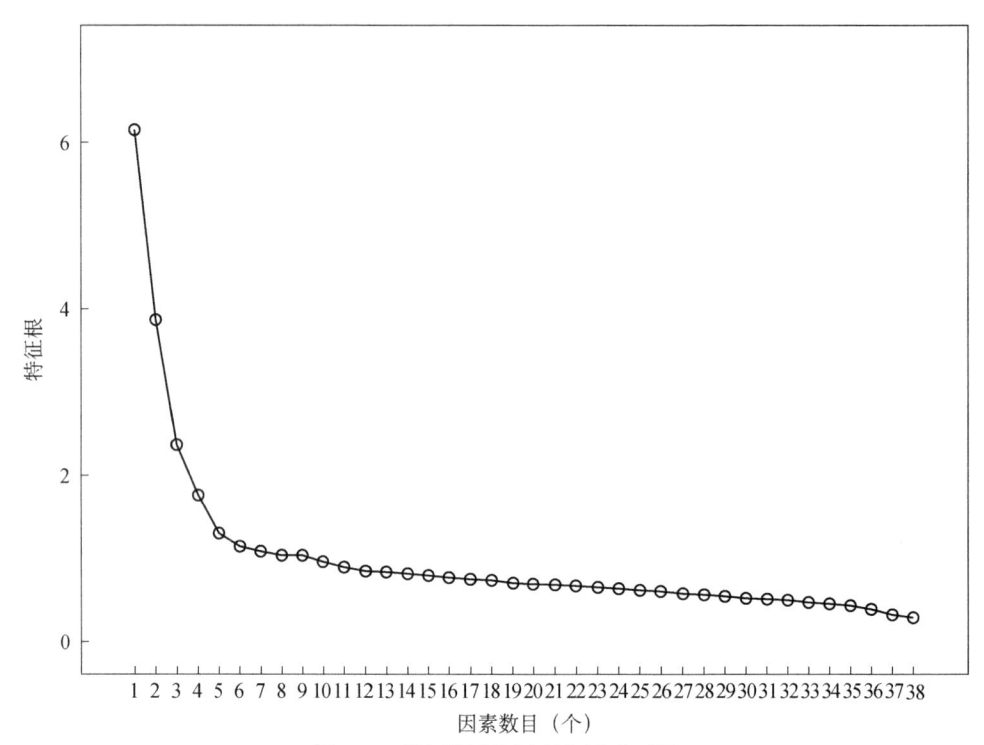

图 2-1 所有题目的因素分析碎石图

异数的百分比为 49.089%，说明这 28 道题目是其各自对应因素的有效指标，问卷具有较好的结构效度。

表 2-4 青少年认识信念问卷转轴后的因素负荷矩阵

题目	因素 1	因素 2	因素 3	因素 4	因素 5	因素 6
A25	0.726					
A24	0.669					
A22	0.552					
A13	0.550					
A36	0.485					
A11	0.466					
A1		0.771				
A2		0.749				
A3		0.740				
A23		0.668				
A10		0.553				
A31			0.680			

续表

题目	因素1	因素2	因素3	因素4	因素5	因素6
A32			0.636			
A38			0.575			
A15			0.560			
A33			0.507			
A7				0.857		
A5				0.838		
A19				0.702		
A16				0.333		
A18					0.677	
A12					0.645	
A34					0.617	
A37					0.565	
A4						0.717
A6						0.697
A27						0.470
A35						0.415

（四）因素命名

参照模型的理论构想和题项的具体含义进行因素命名。第一个因素有6道题目，包含最初问卷设计时知识的来源与知识获得的证明两个方面的题项。考虑到知识的来源与知识获得的证明在霍弗和平特里奇的两级维度模型中归属于"知识获得的本质"这一因素，因此将此因素命名为"知识的获得"，该因素反映了青少年对知识的来源以及知识获得与否的评判标准，即认为知识存在于个体之外、来自外界权威还是来源于个体自身的积极建构，知识获得的评判标准是记忆复制还是理解掌握，知识获得过程中是更多地依靠权威的指导还是更多地依靠自己的主动建构。第二个因素有5道题目，对应于霍弗和平特里奇两级维度模型中的"知识确定性"维度，因此命名为"知识确定性"，该因素反映了青少年对于知识发展性方面的认识，即认为知识是不断发展变化的还是固定不变的。第三个因素有5道题目，对应于舒曼学习信念系统中"学习的速度"维度，因此命名为"学习的速度"，该因素反映了青少年对于学习速度的看法，即认为学习是一个循序渐进的逐渐累积的过程还是一蹴而就的快速的过程。第四个因素有4道题目，对应于学科认识信念研究中"学习的价值"维度，因此命名为"学习的价值"，该因素反映了青少年对知识及学习的价值方面的看法，即认为知识学习是否有意义、有价值，学习所带来的情绪体验是愉悦还是厌烦。第五个因素有 4 道题目，对应于舒曼学习信念系统中"学习的能力"维度，因此命名为"学习的能力"，该因素反映了青少年对于学习能力的看法，即认为学习的能力是与生俱来的、固定不变的还是在后天学习过程中逐渐发展的、不断变化的。第六个因素有 4 道题目，对应于霍弗和平特里奇两级维度模型中的"知识简单性"维度，因此命名为"知识简单性"，该因素反映了青少年对知识互联性方面的认识，即认为知识只是孤立的碎片，彼此之间以及知识与生活之间关联程度不大，还是知识之间、知识与现实生活之间是相互联系的。

（五）验证性因素分析

本书中的假设模型为一阶六因素模型，知识确定性、知识简单性、知识的获得、学习的能力、学习的速度、学习的价值六个因素平行排列，六个因素之间自由相关，见图 2-2。采用极大似然估计检验模型拟合度，考虑如下几个常用的拟合指标：拟合优度指数（goodness of fit index，GFI）、调整后的拟合优度指数（adjusted goodness of fit index，AGFI）、递增拟合指数（incremental fit index，IFI）、相对拟合指数（comparative fit index，CFI）、标准拟合指数（normed fit index，NFI）、非标准拟合指数（non-normed fit index，NNFI，AMOS 结果输出中显示为 TLI）、均方根残差（root mean square residual，RMR）、近似误差均方根（root mean square error of approximation，RMSEA）。模型的各拟合指标分别为：χ^2/df=3.420，GFI=0.944，AGFI=0.931，IFI=0.900，CFI=0.900，NFI=0.865，TLI=0.884，RMR=0.043，RMSEA=0.042，表明模型拟合指标良好。

期望跨效度指数（expected cross-validation index，ECVI）可以验证模型的交叉效度。一个待检验的假设理论模型的 ECVI 值越接近饱和模型的 ECVI 值，拟合越好；越接近独立模型的 ECVI 值，拟合越差。本书研究中，模型的 ECVI 值为 0.926，相比饱和模型的 ECVI 值（0.588）和独立模型的 ECVI 值（6.046），其更接近饱和模型的 ECVI 值，说明本书中假设的六因素模型具有较好的交叉效度。

舒曼的多维信念系统理论提出个体的认识信念系统包括两个子系统：关于知识的信念系统和关于学习的信念系统（Schommer-Aikins，2004）。为此，我们把知

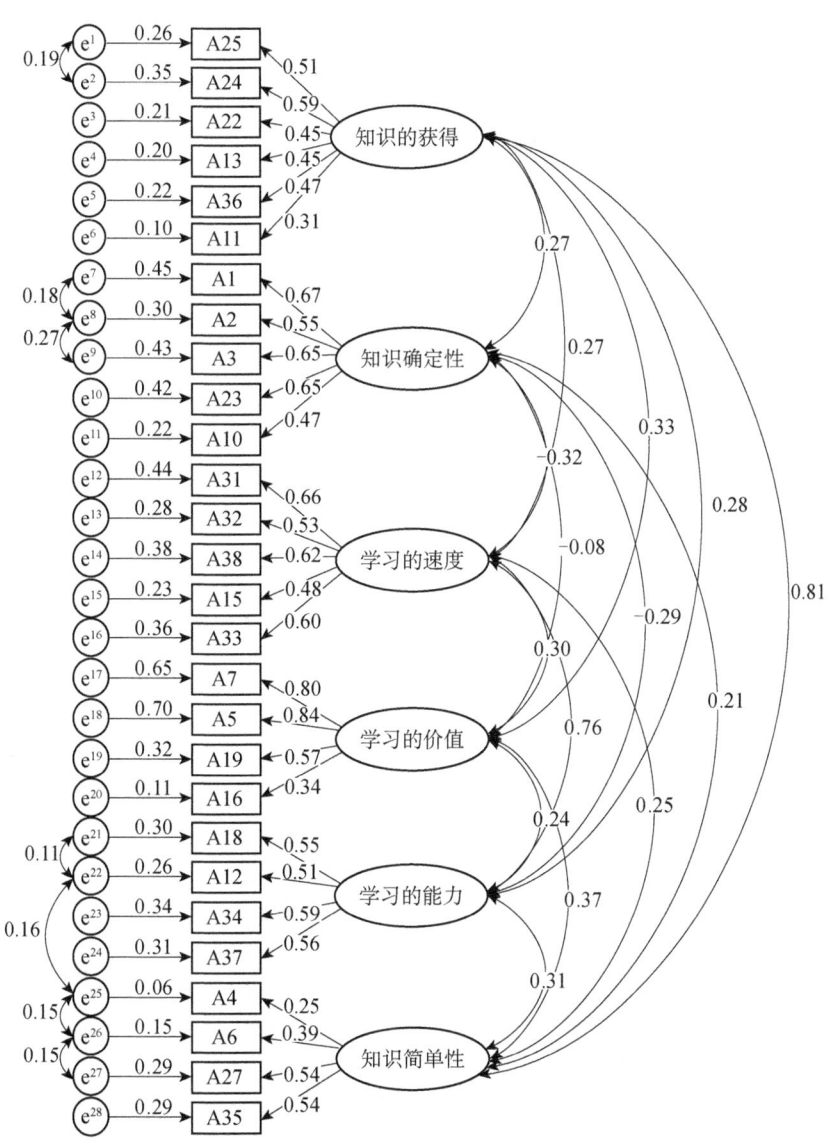

图 2-2 青少年认识信念问卷结构模型的验证性因素分析结果

识的获得、知识确定性、知识简单性归为知识信念系统，把学习的速度、学习的价值、学习的能力归为学习信念系统，在 AMOS 23.0 中验证构想的合理性，模型见图 2-3，各项拟合指标分别为：χ^2/df=7.151，GFI=0.995，AGFI=0.964，CFI=0.984，NFI=0.982，IFI=0.984，TLI=0.908，RMR=0.067，RMSEA=0.042，表明知识信念与学习信念两个子系统的理论构想具有合理性。

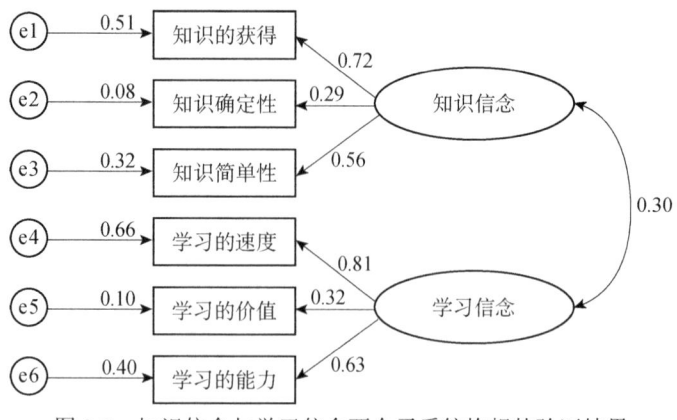

图 2-3 知识信念与学习信念两个子系统构想的验证结果

（六）问卷的信度指标

采用 Cronbach's α 系数来估计问卷的一致性信度。修订后的问卷共有 28 道题目，分属于六个不同的维度。总问卷的内部一致性系数为 0.766，知识信念、学习信念两个分问卷的 Cronbach's α 系数分别为 0.731、0.787。六个维度的内部一致性系数如表 2-5 所示。

表 2-5 青少年认识信念各维度内部一致性系数（N=2762）

项目	Cronbach's α 系数	分半信度系数
知识的获得	0.630	0.591
知识确定性	0.753	0.695
知识简单性	0.565	0.551
学习的速度	0.704	0.686
学习的价值	0.726	0.670
学习的能力	0.651	0.639
知识信念分问卷	0.731	0.685
学习信念分问卷	0.787	0.762
总问卷	0.766	0.720

信度估计的基本判断原则为：0.9 以上是"优秀"，0.8 左右是"非常好"，0.7 则是"适中"，0.5 以上是可以接受，低于 0.5 说明信度不足，不应接受（Kline，1998）。因此，本书中分析得到的信度系数从数值上表明，不论是总问卷的内部一致性，还是各个维度的内部一致性，基本上都是可以接受的。此外，由于认识信念本身的内隐性特点，学生对问卷题目的回答会与其反省认知水平密切相关，这些都对纸笔测验形式的问卷调查的信度有一定的影响，导致所有认识信念问卷的信度指

数相对偏低。以往认识信念测量工具的信度系数在 0.57～0.76，即使是在国外研究中广泛使用的 SEQ 量表，在其编制地区北美的测试结果显示多数维度的内部一致性信度在 0.70 左右（Hofer，2004a）。相对来说，本问卷具有良好的信度指标。

四、分析与讨论

（一）青少年认识信念的结构

从方法上来看，目前的研究一般通过两条途径来构建心理结构模型：一是理论驱动，即在文献分析的基础上进行理论建构；二是数据驱动，即通过数据分析的方法来构建结构模型。这两条途径各有优缺点，如理论驱动型建构不可避免地要受到文献占有、认识深刻性和理性思维能力等因素的影响，而数据驱动型建构则完全基于对数据特征的分析，不能很好地处理数据在理论意义上的合理性问题。本书将两条途径有机结合起来，建构青少年认识信念的结构模型。首先，在文献分析的基础上，通过对已有的认识信念理论模型进行梳理，从大的方面明确认识信念应同时包含知识信念和学习信念两个方面，进而借鉴霍弗和平特里奇的观点，提出知识信念应包括知识确定性、知识简单性、知识的来源、知识获得的证明四个维度，同时借鉴舒曼的学习信念包括学习的能力和学习的速度的观点、学科认识信念的维度设置，以及国内外学者在对学科认识信念的测查中多把知识学习的价值及情感体验纳入认识信念的维度之中，故而本书也把青少年对知识学习的价值体验方面的认识归为一个维度。这样本书在综合前人研究的基础上，提出青少年认识信念包含七个维度：知识确定性、知识简单性、知识的来源、知识获得的本质、学习的速度、学习的能力、学习的价值。为验证理论构想是否合理，我们又采取实证研究的方式做进一步的分析，同时，严格按照心理测量学的程序编制青少年认识信念问卷。根据前期的理论建构模型，并参考相关的测量工具和初步访谈结果，编制出青少年认识信念初始问卷，紧接着通过小样本测查、分析及修改后形成了正式施测问卷。随后，进行了较大规模的问卷测查，并通过项目分析、探索性因素分析等数据分析方法，检验理论构想与实际调查数据的吻合程度，初步确定青少年认识信念是一个由知识的获得、知识确定性、知识简单性、学习的能力、学习的速度和学习的价值六个维度构成的多维度层次的结构模型。最后，经由具有同质化的调查数据进行验证性因素分析，对由理论分析和探索性因素分析得到的青少年认识信念结构模型进行交叉验证，这样就从方法上保证了青少年认识信念结构模型的合理性。

（二）青少年认识信念问卷的质量

如前所述，本问卷最初维度的确立主要是参考了学者霍弗和平特里奇以及舒曼的理论构想、量表维度及相关题项，并参考了国内外其他学者的量表。探索性因素分析及验证性因素分析的结果表明：青少年认识信念是一个六因素结构，这六个维度是比较稳定和可靠的，这在量表的信度、效度分析中均得到了体现。首先是信度研究，青少年认识信念问卷的内部一致性系数为 0.766。目前，大多数认识信念测量工具的信度系数偏低，例如，佩里的测量工具——教育观清单的分半信度为 0.66 和 0.73（转引自：任中棠，2008）；金和基奇纳的反思判断的测评者信度在 0.70 上下，重测信度在 0.71～0.87（King & Kitchener，2002）。SEQ 在初中生中的信度系数为 0.55～0.70，在高中生中的信度系数为 0.51～0.78，在大学生中的信度系数为 0.63～0.85（任中棠，2008）。陈和艾利奥特编制的认识信念量表的四个维度的信度系数分别为 0.69、0.66、0.60、0.60（Chan & Elliott，2002）。相比之下，本问卷已有不错的信度指标。其次是效度研究。问卷的内容效度主要通过规范的研究程序来保证。本问卷编制过程中所依据的认识信念的理论构想，是通过对国内外研究文献的分析和比较来确定的，有着扎实的理论基础；同时，本问卷在编制过程中，请教育心理学的有关专家进行了专业审定，保证了所选题目符合所要测量的内容或主题；而且，问卷题项的编制一方面参考了已有认识信念测验工具中的相关题目的描述，另一方面以对青少年的访谈分析为基础。所有这些措施都在一定程度上保证了所编问卷能够最大限度地反映青少年认识信念的内涵，保证问卷有较好的内容效度。从本问卷的结构效度来看，项目分析的结果表明，28 道题目均具有良好的区分度，且各题目与其所属因素、总量表之间均达到了较为显著的相关，表明问卷具有较好的项目效度。验证性因素分析结果表明，各项拟合指数均满足拟合优度模型的条件，模型具有较好的拟合度。因此，从问卷的编制过程到最后的统计结果都表明，本问卷有较好的效度指标。这些结果表明，我们所编制的问卷是一个比较可靠、有效、理想的测量工具。我们预先提出的理论模型中的结构设想和维度设定从数据统计分析的角度得到了验证，除了将知识的来源和知识获得的证明合并成知识的获得一个维度外,其余理论构想与数据分析结果基本吻合。

第三节　中外认识信念结构对照

从理论探讨和实证分析的结果来看,中国青少年的认识信念结构与国外学者提出的认识信念结构既有共同之处,又有区别于国外认识信念结构的独特之处。本节把中国青少年的认识信念结构与国外著名学者舒曼和霍弗等提出的认识信念结构相对照,以便清晰地揭示中外认识信念结构的异同。

舒曼早期提出个体的认识信念包括五个维度(图2-4),分别是知识的结构(知识是离散的事实 vs. 知识是整合的信息)、知识的稳定性(知识是固定不变的 vs. 知识是不断发展变化的)、知识的来源(知识是从外部权威那里得来的 vs. 知识是通过个体推理得来的)、学习的能力(获取知识的能力是固定不变的 vs. 获取知识的能力是可以改变的)和学习的速度(获取知识是一个快速的过程 vs. 获取知识是一个渐进的过程)。舒曼通过实证分析之后提出认识信念主要涉及四大因素,分别是知识确定性、知识简单性、能力固定性、学习快捷性(Schommer,1990)。后来,舒曼提出了认识信念的嵌入式信念系统模型,提出认识信念系统至少有六个相互作用的嵌入式信念系统,前面四个系统分别为文化相关信念、关于认识方式的信念、关于知识的信念和关于学习的信念。这四个信念系统会对后面的两个系统,即课堂行为表现和自我调节学习产生直接或间接的影响(Schommer-Aikins,2004)。

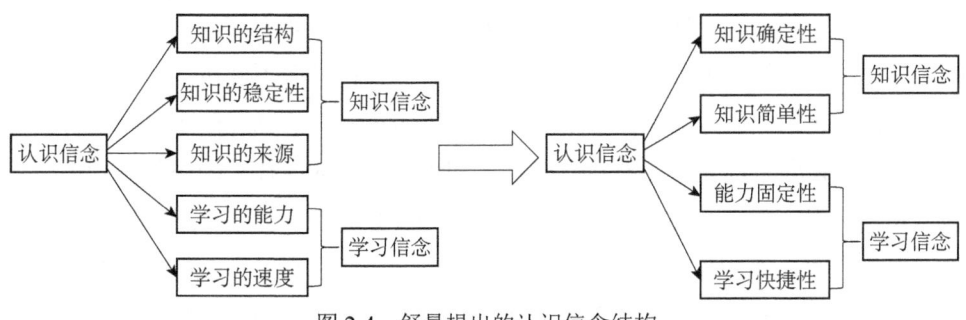

图2-4　舒曼提出的认识信念结构

霍弗和平特里奇提出的两级维度模型（图2-5）认为，认识信念包含知识的本质和知识获得的本质两个因素，每个因素又包含两个维度（Hofer & Pintrich, 1997）。在两极维度模型的基础上，霍弗又进一步主张将认识信念看作元认知的一部分，其中关于知识确定性和知识简单性的信念应被纳入元认知知识的范畴中，而关于知识的来源和知识获得的证明的信念则应归于元认知判断监控的范畴中（Hofer, 2004b）。

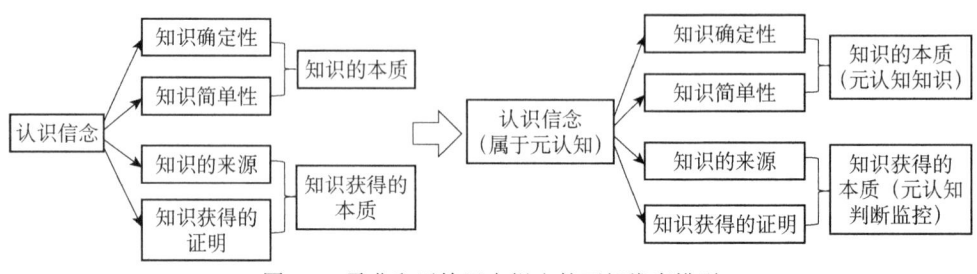

图2-5 霍弗和平特里奇提出的两级维度模型

我们的初期理论构想是中国青少年的认识信念包含七个维度，如图2-6所示，后期数据分析的结果合并为六个维度，归为知识信念系统和学习信念系统两个大的方面，这与舒曼提出的认识信念结构具有相似之处。其中知识信念系统包括知识的获得、知识确定性、知识简单性三个维度；学习信念系统包括学习的能力、学习的速度、学习的价值三个维度。各维度的具体含义如下：知识的获得维度旨在考察个体对知识来源和知识获取的验证的认识，即认为知识来自自己的主动建构还是来自专家权威的指导，知识获取的标准是什么，如何对获取知识进行验证等。高分者倾向于认为知识是通过自主建构获得的，个体在这一过程中需要灵活运用各种方法积极主动地进行自我学习；低分者表现为迷信权威，强调严格按照权威的指导学习，对学习的主动性与自己的能动性认识不足。知识确定性维度旨在考察个体对知识的发展性和情境性等方面的认识，即认为知识是不断发展变化的还是固定不变的、确定的。高分者倾向于认为知识具有不确定性，是相对的、不断发展变化的；低分者倾向于认为知识是固定不变的。知识简单性维度旨在考察个体对知识联系性方面的看法，即认为知识是孤立的、片断的还是认为知识之间、知识与现实生活之间有着密切联系。高分者倾向于认为知识具有互联性，知识来源于生活，各种知识之间、知识与现实生活之间存在着广泛的密切联系；低分者倾向于认为知识是零碎的单个事实，各种知识之间、知识与日常生活之间的关联程度不大。学习的能力维度旨在考察个体对学习能力的先天性与发展性的看法，即认为获取知识的能力是先天注定的还是后天可以改善的。高分者倾向于认为学习能力是可以通过后天努力而逐渐提高的；低分者倾向于认为学习能力是先天的、固定不变的。学习的速度维度旨在考察个体对学习过程中知识获取速度的认识，即认为学习是快速的还是渐进的。高分者倾向于把学习看作一个循序渐进、逐渐积累的过程；低分者倾向于认为学习是可以在短时间内完成的，把学习看成是简捷快速的而非渐进的。学习的价值维度旨在考察个体对学习价值及情感体验方面的认识，即是否喜欢做研究工作，是否乐于钻研自己不太明白的知识，学习是否是有意义的事。高分者倾向于认为学习是有趣的、快乐和有意义的，对自己有信心，喜欢探索、思考，认为从事科学研究工作是很有意思和有价值的，喜欢做科学研究工作；低分者倾向于认为学习是单调、枯燥的，对自己没信心，认为做科学家或从事科学研究的工作是很枯燥无味的，那只是高智力的、希望花大部分时间去工作的人的事，对普通人没有太大的意义。

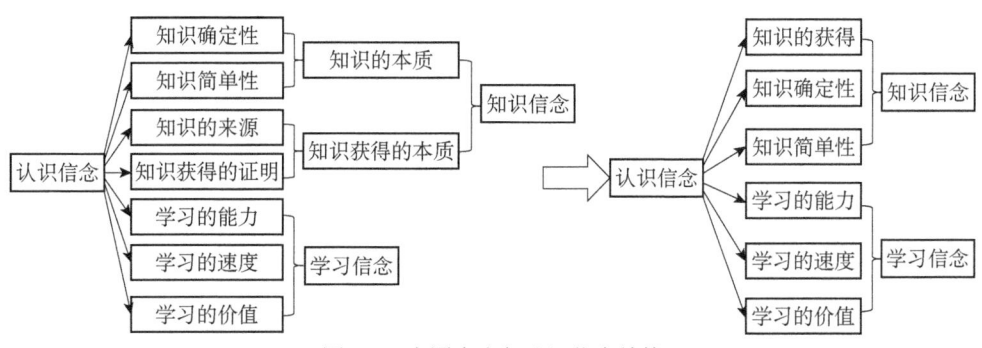

图 2-6 中国青少年认识信念结构

在看到中国青少年认识信念结构和国外学者提出的认识信念结构具有某些共性的同时，不难发现，中国青少年的认识信念有着不同于西方学生的典型特点。其一是在中国文化背景下，青少年对于知识来自哪里的认识和对于获取知识的评判标准是什么的认识存在一定的内容交叉。受中国传统教育思想的影响，中国学生普遍认同教师权威，尊重权威知识，相信知识的传递性，偏向集体主义的认识氛围。在传统文化背景下，青少年认为知识来源于教师的传授，那么教师的评价即是评判知识是否获得的证据。知识来自哪里和知识获取的评判标准之间的关系过于紧密，导致知识的来源和知识获得的证明在前期的理论建构中是两个独立的维度，但在数据分析验证时未能以独立的维度显示，而是凝合在知识的获得一个维度中。其二是关于学习的价值维度，这一维度在西方学生的认识信念维度中未得到体现，但在中国青少年的访谈结果和因素分析的结果中，这一维度始终存在。认识信念受社会文化因素的影响，中国传统文化中历来重视学习的价值，中华民族悠久历史所蕴化出来的价值观念已经积淀成为个体的文化心理结构，学习的价值维度反映了中国青少年认识信念发展不同于西方学生的独特性。从古人的"书中自有黄金屋，书中自有颜如玉""学而优则仕"到现代的"知识改变命运"，中国传统文化对学习价值的重视以及当今教育现状引发的我国青少年对学习价值的思考，集中反映在这一维度中，体现了中国青少年认识信念的典型特点，反映出中国文化背景下青少年的认识信念结构与西方学生存在一定的差异。

第三章
认识信念的发展模式

第一节 认识信念发展模式的理论研究

从发展的视角来探讨个体认识信念的变化历程，是认识信念研究中的一个重要研究取向。该取向植根于传统的认知发展研究，最早受皮亚杰认知发展阶段理论的影响，旨在揭示个人认识信念发展的阶段和顺序（王婷婷，吴庆麟，2008；Hofer, 2001；Buehl & Alexander, 2001）。影响较大的理论包括佩里的智力与道德的发展图式（scheme of intellectual and ethnical development）、贝伦吉（Belenky）的女性的知晓方式（woman's way of knowing）、玛古德（Magolda）的认识信念反思模型（epistemological reflection model）、金和基奇纳的反思判断模型（reflective judgment model）、库恩（Kuhn）的论证推理模型（argumentative reasoning model）。

一、佩里的智力与道德的发展图式

20 世纪 60 年代末，受到皮亚杰发生认识论研究的影响，佩里对大学生的认识信念进行了追踪研究，编制了一份教育价值测查表的问卷，以此为工具对 313 名大一学生进行了调查，并从中筛选出 27 名男生和 4 名女生进行访谈，提出了大学生智力与道德的发展图式。后来，佩里又以同样的方式对 85 名男性大学生和 2 名女性大学生进行了第二次纵向研究，验证了自己所提出的图式（Hofer & Pintrich, 1997）。佩里提出大学生认识信念的发展是一个具有逻辑顺序的、连贯的认知过程，这一过程包括由低到高的九种状态[①]：①基本的二元性。此时学生相信所有问题都是可以解决的，所以学生的任务就是去学习正确的解决方法。②完全的二元主义。此时个体意识到某些时候权威的观点是一致的，但另一些时候则可能不一致，所以学生的任务就是学习正确、一致的解决方案，忽略不一致的观点。③早期多元性。个体开始意识到有些答案人们知晓，有些则不知晓，所以学生的任务就是去学习如何找到正确的答案。④晚期多元性。此时个体认为每个人都有权利拥有自己的观点，有些问题是没有标准的解决答案的。很多大一的学生处于这样一种相对主义的状态。⑤情境的相对主义。个体认为所有的解决方案都有其支持的证据，必须结合具体情境对解决方案加以评价，有些解决方案可能相对比其他的方案要好。学生的任务是学习评价解决方案。⑥前契约立场。学生必须学会做出选择和评价解决方案。⑦契约立场。学生做出承诺及约定。⑧对契约的挑战。学生在契约立场的基础上，探究每种观点的可信度。⑨后契约立场。学生认识到评价是一个不断发展前进的、不断演变进化的活动。以上九种状态又可划分为四级水平，分别是二元论，包括状态 1 和 2；多元论，包括状态 3 和 4；相对主义，包括状态 5 和 6；相对主义契约阶段，包括状态 7、8 和 9。二元论水平的个体认为知识是绝对的，即不是对的就是错的，权威知道真理并可传递给学习者。多元论水平的个体开始承认知识具有多样性和不确定性，认为真理是可以认识的，但权威也不能给出绝对答案，每个人都有权利拥有自己的观点。多元论水平的个体承认观点的多样性和不确定性，认为当存在冲突的答案时，学生应该相信来自自己内部的声音（inner voices），而不是外部的权威。从多元论发展到相对主义，其认知方面的特征是承认有些观点比另一些观点更好。相对主义水平的个体认为，知识是相对的、相关联的、情境性的，自我是意义的积极制造者，知识的意义是由众人约定的契约，自己需要选择并肯定对知识意义的契约。最高的阶段是相对主义的契约阶段，个体在分析事物时，具有自己的立场和观点，他们既能坚持约定俗成的立场，又能灵活做出调整，相对主义契约水平的个体要做出并肯定自己对价值、事业、关系以及个人身份的契约，大学生能够达到这一水平的人也并不多见。佩里发现，多数具体运算阶段的个体都处于二元论阶段；处于具体运算向形式运算过渡的青少年，则常常采用多元论方法来理解和整理知识；真正掌握形式运算思维的青少年，

[①] Rapaport W J. 2018-12-22. William Perry's Scheme of Intellectual and Ethical Development. https://cse.buffalo.edu/~rapaport/perry.positions.html.

则会前后相继地出现相对性和约定性的思维特点（Hofer & Pintrich，1997）。

佩里的开创性研究不但帮助我们了解了大学生对自己过去教育经验的理解方式，也被认为是以多元角度研究认识信念的典范（Hofer & Pintrich，1997）。佩里采用皮亚杰同化与顺应的观点，来描述个体由自我中心论转移到能够区别环境的觉察历程，并进一步说明在皮亚杰形式运算之后的认知发展情形。佩里在智力与道德的发展图式系统中采用的名称为状态而非阶段，主要是因为阶段通常指一种相对持久而稳定的组型与结构，状态则能表达学生寻求意义的核心倾向，即学生能在特定的时间点理解不同的信念观点，同时也意味着状态未必会维持像阶段一样长久的时间。

二、贝伦吉的女性的知晓方式

由于佩里的研究中选择的被试多为男性，人们对其研究结论对女性的适用性提出了质疑。20 世纪 70 年代，贝伦吉等在佩里研究的基础上，以 135 名来自各个领域的女性为被试，运用半结构访谈的方法进行了研究，提出了女性的知晓方式。相比于佩里的研究，贝伦吉强调探讨知识与真理的来源，而非描述知识与真理的本质。她认为女性的知识获得方式以知识与真理的来源为基础，且与自我概念交织在一起，其发展过程与佩里的图式并不吻合，而是包括了五种认识论立场（Belenky et al.，1986），由低到高分别是：①沉默（silence）立场。在该立场中，女性是一个被动的、没有声音的存在者，完全听从外部的权威。这是五种立场中最为简单的一种，其典型特点是自我否定与仰赖权威。持这种观点的女性在受访者中多是社会、经济、教育背景最不好的人。②接受知识（received knowledge）立场。个体持一种非此即彼的思想，认为每个问题只有一个正确答案，通过聆听师长的指导与观察他人的示范来进行学习，她们对自己吸收与储存知识的能力很有信心，但容易为权威的评判所左右，相当于佩里理论中的二元论者，刚入大学的女生大多持有此种立场。③主观知识（subjective knowledge）立场。个体认为真理来自自我，知识是主观的，主观知识的获得以直觉思维为基础，强调内在之声与追寻自我。她们的认识信念由原来的真理与知识自上而来（来自外部权威）转变为相信多元的个人真理，相当于佩里理论中的多元论者。④程序知识（procedural knowledge）立场。该立场中的女性认为知识的获得并不依赖于直觉，而是需要进行客观、系统的思维，强调理性之声，是实际的问题解决者，喜欢做有意义、精细化的系统分析，认为需要经过仔细观察与分析才能获得知识与真理。⑤建构知识（constructed knowledge）立场。该立场中的女性认为知识和真理是情境性的，个体是知识建构的参与者，个人是知识获得过程中很密切的一个部分，同时也可以对知识加以建构和重构，会从客观位置看是"谁"在问问题、"为什么"问、答案"如何"产生等。她们擅长批判性地思考，对于内在的矛盾与不确定性具有高度容忍力，不断地提出问题是建构知识立场的女性获得知识的主要方式。

三、玛古德的认识信念反思模型

玛古德的早期研究是想在佩里研究框架的基础上，建构并发展认识信念反思的测量工具。但她的研究结果发现，学生认识信念反思的发展模式与佩里的理论建构并不完全吻合，因此开始比较佩里以男性为主与贝伦吉以女性为主的观点的不同，对与性别相关的个人认识信念问题产生了兴趣。她选择了同等数量的男女被试，以开放式访谈的方式，进行了长达五年的纵向研究，并提出了认识信念的反思模型（Magolda，2004）。这一模型包括四种完全不同的认识信念设想（assumption），分别是绝对的认知者（absolute knower）、过渡期的认知者（transitional knower）、自主的认知者（independent knower）、情境的认知者（contextual knower）。绝对的认知者将知识看作确定的，相信权威知道所有的答案。以性别加以分类，女性持较被动的接收模式（receiving pattern），男性持较主动的掌握模式（mastering pattern）。过渡期的认知者发现权威并不能知道所有问题的答案，开始接受知识的不确定性，认为通过与同伴主动交换不同的观点，有助于知识的探究，逐渐重视学习过程而非信息获得。以性别加以分类，女性持人际化模式（interpersonal pattern），期望借助同伴的帮助解决知识的不确定性。男性持非人际化模式（impersonal pattern），认为与同伴交换观点只是为了帮助自己学习，仍依赖教师或权威解决知识的不确定性，增进自己对知识的理解程度。自主的认知者开始质疑权威是知识的唯一来源，认为自己拥有的观点同样有效，期待教师鼓励自己思考与表达，相信每个人都有权利拥有自己的信念。以性别加以分类，女性更多地采取个体间（inter individualism）的知识获得方式，认为需要同时考虑自己与他人的观点，通过与他人交换意见的方式，可厘清并提炼自己的观点。男性更可能采取个人主义（individualism）的知识获得的方式，认为需优先考虑自己的想法，强调自己本身的思考与意见，虽然重视与同伴交换观点，但不以适应他人的想法为主要目的。情境的认知者通过对情境证据的判断来建构个人的观点，并以批判分析为基础，评估自己或他人的想法，认为专家也应该得到评价，知识是发展的，知识应根据新的证据和新的情境而不断重构。情境认知者在研究中并不多见，只有很少的人能达到这一水平，此时的性别差异已逐渐缩小。

四、金和基奇纳的反思判断模型

在佩里的研究和杜威对反思性思维研究的基础上，金和基奇纳对认识信念设想对推理的影响进行了研究。该研究起源于研究者对现实生活中无处不在的结构不良问题的关注。他们对被试从高中到成年进行了15年的长期访谈，着重探讨人们对结构不良问题进行判断时对知识获得过程的理解，在个人认识信念与问题解决交叉这一领域进行了一系列的研究，并提出了认识信念反思判断模型（King & Kitchener，2004）。该理论模型将个人认识信念研究与心理学中另一个长期受到关注的焦点——问题解决，尤其是结构不良问题解决研究联系了起来，描述了学生在做出反思判断时的思维基础——反思思维在发展过程中的七个主要阶段，其中每一个阶段都代表了一种本质独特的（qualitatively different）认识信念观点。这七个不同的阶段可划分为三种水平，由低到高分别是：①前反思思维（pre-reflective thinking）水平，包括阶段1、2和3，认为知识是简单的、确定的、绝对的，所有的问题都有一个确定的正确答案，而正确答案往往只有权威才知道。②准反思思维（quasi-reflective thinking）水平，包括阶段4和5，个体不断意识到在不同的情境中可能会有不同的情况，所以不能只有唯一确定的答案。其特征是个体开始承认知识获得过程的不确定性，认为每一个人都有自己的观点。知识是相对的、情境的，其来源是个体的内部建构而不是外部的权威。证据被视为知识获得过程的关键部分，此阶段的个体开始能够将证据与认知的推理联系起来。③反思思维（reflective thinking）水平，包括阶段6和7，认为知识是从情境中建构而来的，所以必须回到情境中加以理解。反思思维者能够灵活地运用证据和推理来支持他们的判断，对于重新评价和判断自己的结论持开放的态度。表 3-1 简单列出了反思判断发展的七个阶段与三个水平的关系。

表 3-1　反思判断发展阶段与水平的关系

水平	阶段
水平一：前反思思维水平	阶段 1："我知道我所看到的。" 阶段 2："如果新闻上这么说，那它就该是真实的。" 阶段 3："当人们能提供证据说服每个人时，知识就产生了，否则，那只能说是一个猜测。"
水平二：准反思思维水平	阶段 4："如果有证据支持的话，那么我宁可相信进化论。这就好比金字塔，我不认为我们会真正理解它。你去问谁呢？没有人，谁也没真正弄明白。" 阶段 5："人们的思考方式不同，因此他们会尝试从不同的角度去解决问题。其他理论可能和我的一样是真实的，但却是基于不同的证据。"
水平三：反思思维水平	阶段 6："人的一生中很难说什么是确定无疑的，但是存在一个确定性的程度。你得出一个观点，是因为对你来说这个问题是足够确定的了。" 阶段 7："透过个人对某一问题缜密思考程度的推测，对其所运用的支持自己观点的证据和推理过程的辨别，以及对其讨论不同问题时所采用方式的一致性程度的判定，一个人可以对其他人的某个论点进行判断。"

五、库恩的论证推理模型

库恩在研究个体对日常生活中的结构不良问题进行论证推理的同时，还关注个体对知识获得所持有的信念。她选择了大家都非常关注的三个社区问题：什么原因导致刑满释放人员再次犯罪？什么原因导致儿童的学业失败？什么原因导致失业？要求被试对每个问题做出因果解释。以此为基础，库恩对四个年龄阶段的被试进行深度访谈，通过对访谈结果的分析，提出认识信念的论证推理模型，总结出个体的认识信念从低到高的四个发展阶段（表 3-2）：现实主义者（realist）、绝对主义者（absolutist）、多元主义者（multiplist）、评价主义者（evaluativist）（Kuhn et al., 2000）。库恩认为个人认识信念发展的起点是个体心理理论的发展。一般在 4 岁之前，个体无法区分主客体，认为观念就是事实的复本。此时个体处于现实主义阶段，一个典型的例子就是经典的心理理论研究中所采用的错误信念范式，3 岁的儿童无法区分主体观念和客观事实，当自己看到糖果盒子里实际上装的是铅笔时，会认为其他没有看到的小朋友也能知道这一事实。4 岁是认识信念发展的里程碑，这时儿童开始认识到观念并不是事实的复本，而是事实的表征，也就是进入了认识信念发展的绝对主义阶段。这一阶段个体的认识是绝对客观的，是非黑即白、非对即错的。绝对主义者眼中的知识是确定的、绝对的，他们对自己的信念有很高的确定性，认为知识的获得要靠掌握真理的权威来传递。当个体意识到权威也不一定正确，存在黑与白之间的灰色地带时，这就意味着其认识信念的发展进入了多元主义阶段，这一阶段认识的主观性占主导地位。多元主义者否认专家的确定性，对于一般的专家开始产生怀疑，他们认为随时间的变化，不应该与专家保持一致意见。多元主义者的立场特征是激进的主观主义，在降低专家价值的同时，会强调情感和信念重于事实。在这一立场中，信念是个人拥有的，每一个个体都不相同，所有的观点都是同样合法的，自己的观点可能与专家的观点一样合理。多元主义阶段又细分为两个子阶段：①承认不同观点的存在，但知识仍是客观确定的，只是真相未被发现；②不同观点是由个体对同一客体的不同加工导致的，知识是主观观念。处于多元主义阶段的个体还缺乏区分能力，他们将不同的观点看作等效的。评价主义阶段对有些个体来说可能不会到来，而且这一阶段在不同领域内发展的难易程度不同。在这一阶段，个体否定了知识的确定性，认为知识的本质是主体建构的，建构的过程是主客体交互作用的过程。与多元主义者相比，评价主义者重新接纳了认识的客观性维度，对认识的主客观维度有一个有机的整合。简单来讲，就是个体认识到一些观点比另一些观点更正确，一些权威比另一些权威更可信。他们认同专家的观点，认为自己的观点没有专家的观点正确。更重要的是，他们认为观点是可以比较的、评价的，对不同观点的评价需要客观证据、理性批判。

表 3-2 认识信念的发展水平

发展水平	命题	事实	知识	批判思维
现实主义者	外部事实的复本	直接可知	来源于个体外部；客观的，确定的	不需要
绝对主义者	事实的表征可能对或错	直接可知	来源于个体外部；客观的，确定的	用来比较命题与事实，确定命题的真伪
多元主义者	命题是观念个体可持不同观念	非直接可知	来源于个体内部；主观的，不确定的	与认识无关
评价主义者	命题是判断（judgments），能通过论据来评价和比较	非直接可知	来源于个体内部；主观的，不确定的	用来评价命题，加深理解

资料来源：Kuhn D，Cheney R，Weinstock M. 2000. The development of epistemological understanding. Cognitive Development，15（3）：309~328

库恩认为可以用两个转折点来描绘认识信念的发展：第一个是从绝对主义到多元主义的转折，这时个体要摒弃认识的客观维度，接纳认识的主观维度；第二个转折点是从多元主义到评价主义，完成这一阶段的转折需要个体在认识主观性的基础上重新接纳认识的客观性维度。个体认识信念的思维发展在不同的判断领域（如个人爱好、审美、价值、社会世界常识、物理世界常识等）会有不同的表现。

库恩研究了认识论与论证能力之间的关系，提出三种论证能力：真正证据的生成、替代理论的生成、反论证的生成。评价主义者更可能利用后两种形式来为自己的观点做出辩护，处于此阶段的个体最可能理解论证的价值以及比较和评价不同主张的必要性。为了检验论证推理模型，库恩对青少年和成年人的对话论证进行了比较，结果发现青少年的话语主要聚焦于支持自己观点的立场，其目标是巩固自己的立场，证明自己立场的优越性。该目标的成功会破坏对手的论证推理位置，但是没有驳倒对手的论点。相比之下，成年人除了推进自己的论点外，更有可能通过驳倒对手的相反观点来制胜。成年人更善于把捍卫自己的论点和破坏对手的论点相结合，其对话更接近辩论话语的双重目标。这说明论证推理技能在儿童和青少年时期仍然需要发展。

库恩的理论有如下特点：第一，强调批判思维、论证在成熟的认识信念发展中的作用，库恩认为知识获得的过程就是通过论证来权衡新信息和已有信息，对已掌握的知识进行不断完善的过程。库恩的理论观点得到了一些实证研究的支持，比如，有学者对大学生和研究生关于科学本质的认识进行了访谈研究，发现最高水平的被试认为科学是理论形成、验证、完善的过程，并在这一过程中不断加深对于科学本质的理解（Thoermer & Sodian，2002）。第二，认识信念在各领域间的发展存在不同步性，其他研究者基于该理论发现了类似的发展顺序以及领域间的差异（Mason & Scirica，2006）。

综上所述，国外学者从不同的研究角度出发，探讨并提出了多个认识信念的发展模式，这些发展模式尽管表述不同，但存在一定的共性。首先，他们都认为个体认识信念有固定的发展顺序和阶段。比如，佩里、玛古德、库恩指出的绝对论时期，相当于贝伦吉的沉默与接受知识以及金和基奇纳的前反思期；而金和基奇纳的准反思期介于佩里的多元论与相对论之间；至于佩里、贝伦吉与玛古德的建构与情境性的知晓方式，则相当于金和基奇纳的反思期（表3-3）。其次，他们都从单维的角度来探讨个体认识信念发展的一般趋势，并揭示出该趋势是一个从二元主义发展到相对主义最后到达评价主义的过程。最后，基于发展理论的研究大多采用访谈法或开放问卷调查的方法，这在一定程度上限制了今后研究的开展。

表 3-3 认识信念的发展模型比较

智力与道德的发展图式	女性的知晓方式	认识信念反思模型	反思判断模型	论证推理模型
状态	认识论的观点	知晓的方式	反思判断阶段	认识论的观点
二元论	沉默、接受知识	绝对的认知者	前反思期	绝对主义论者
多元论	主观性知识	过渡期的认知者		多元主义论者
			准反思期	
相对主义	程序性知识 连续的知识获得 离散的知识获得	自主性的认知者		评价主义者
相对主义契约	建构性的知识	情境性的认知者	反思期	

注：阶段与状态是对应的，以显示五个模型之间的相似性

资料来源：Hofer B K, Pintrich P R. 1997. The development of epistemological theories: Beliefs about knowledge and knowing and their relation to learning. Review of Educational Research, 67 (1): 88~140

六、国内学者的观点

国内认识信念的发展研究多采用问卷调查的形式，揭示认识信念在一定阶段内的发展变化情况。姚梅林和项丽娜（2004）从知识确定性、知识简单性、能力固定性、学习快捷性四个维度对具有不同学科经验和实践经验的被试的学习观进行了测查，发现不同经验群体在学习观的各个维度上表现出不同程度的差异：理科学生比文科学生更倾向于具有学习的先天能力观、快速学习观；有实践工作经验的从业人员比大学生群体更倾向于具有网络知识观。杨小洋（2006）考察了中学生认识信念的发展状况，提出中学生个人认识信念的发展总体上呈现出由低到高的发展趋势，并且这种趋势主要表现在知识的确定性、知识的来源和求知的论证性三个维度上，中学生个人认识信念发展可以划分为三个阶段：初级前反省阶段、高级前反省阶段和初级准反省阶段。王婷婷和沈烈敏（2004）运用自编的高中生认识信念问卷，考察了高中生认识信念的发展特点。结果发现，高中生认识信念不存在性别差异，但存在显著的学校差异，重点学校学生在整合建构信念、零散接受信念上的发展水平优于普通学校学生，但在能力信念方面，重点学校学生比普通学校学生持有更为消极的观念；从各年级发展情况来看，高二学生在整合建构信念方面比高一和高三学生的信念更消极；在能力信念维度上，高一学生则比高二和高三学生更积极。在零散接受信念上存在着学校与年级的交互作用，

具体表现为：高一年级时，重点学校与普通学校学生在零散接受信念上不存在显著差异；但到了高二和高三年级，重点学校学生在零散接受信念上的得分显著高于普通学校学生，即重点学校的高二学生在零散接受信念上有很大的发展，普通学校的学生变化不明显。周琰（2011）的研究发现，大学生认识信念的总体发展趋势是随着年级升高而逐渐上升，大三与大四的发展水平高于大一与大二，大二年级处于大学阶段认识信念发展的最低点，显著低于大三、大四年级的发展水平，但与大一年级之间的差异不显著，大三与大四年级之间的差异不显著。李红霞等（2019）的调查结果则发现，大一学生的认识信念得分最高，大三学生的认识信念得分最低。年级在大学生认识信念的作用机制中具有调节作用，随着年级的升高，大学生的认识信念对自我调节学习的促进作用和对学业拖延的阻碍作用逐渐减弱。

综上可知，目前国内学者对认识信念发展特点的研究尚比较薄弱，缺少年龄跨度较大的发展研究，而且研究结论也存在不一致之处，故而对青少年认识信念的发展特点做深入研究是非常有必要的。

第二节　认识信念发展模式的实证研究

个体的认识信念是如何随年龄和受教育水平的增长而发展变化的，一直是认识信念研究关注的焦点问题之一。国外学者提出了各种认识信念的发展模型，认为认识信念的发展整体而言是逐步成熟的。舒曼（Schommer，1993b；Schommer-Aikins，2004）则提出认识信念各维度的发展不一定是同步的，个体可能在某一信念维度上的发展比较成熟，同时在其他维度上可能并不成熟。在认识信念发展的影响因素方面，有学者专门研究了认识信念发展中的性别差异，认为不同性别个体的发展特点并不完全相同（Magolda，2004；Hakan & Munire，2012）。专业因素也对认识信念发展存在影响，有研究表明文科学生与理工科学生的认识信念发展特点不同，但对不同专业学生的具体特点的研究结论并不一致（姚梅林，项丽娜，2004；Lonka & Lindblom-Ylänne，

1996）。鉴于此，本节旨在对青少年认识信念的发展特点做一系统考察，从不同年级、性别、专业等几个角度展开，以揭示国内青少年认识信念的发展规律及特点。

一、研究方法

我们采用大样本的问卷调查揭示国内青少年认识信念的发展模式，具体研究对象与本书第二章第二节的被试相同，详细信息见上一章的介绍。研究工具为自编的青少年认识信念问卷，该问卷包括六个维度，共28道题目，信效度指标见第二章第二节的介绍。问卷采用利克特五点计分，得分越高，表明被试对知识和学习的认识越成熟。

二、研究结果

（一）青少年认识信念的一般发展特点

1. 不同年级青少年认识信念的发展特点

以年级为自变量，同时分别以认识信念各维度得分、知识信念得分、学习信念得分、认识信念总得分为因变量进行方差分析，以揭示认识信念各维度和知识信念、学习信念及认识信念的总体发展情况。

（1）知识确定性维度的年级差异分析

方差分析的结果表明，知识确定性维度存在显著的年级差异（表3-4）。为明确知识确定性的年级差异来源，进一步对此进行平均数的多重配对检验，其中年级差异显著的结果如表3-5所示。

表3-4 知识确定性维度的年级差异分析

年级	M	SD	F	p
初一	15.990	3.762		
初二	15.791	3.432	86.714	0.000
初三	15.730	2.986		
高一	16.591	3.590		

续表

年级	M	SD	F	p
高二	17.097	3.223	86.714	0.000
高三	17.815	3.234		
大一	19.719	2.176		
大二	19.736	2.513		
大三	19.856	2.637		
大四	20.271	2.049		

表 3-5　知识确定性维度年级差异的平均数多重配对检验

年级 I	年级 J	均差 I-J	p	年级 I	年级 J	均差 I-J	p	年级 I	年级 J	均差 I-J	p
初一	高一	-0.601	0.025	初二	大三	-4.065	0.000	高一	大二	-3.145	0.000
初一	高二	-1.107	0.000	初二	大四	-4.480	0.000	高一	大三	-3.265	0.000
初一	高三	-1.825	0.000	初三	高一	-0.861	0.006	高一	大四	-3.680	0.000
初一	大一	-3.729	0.000	初三	高二	-1.367	0.000	高二	高三	-0.718	0.002
初一	大二	-3.746	0.000	初三	高三	-2.085	0.000	高二	大一	-2.622	0.000
初一	大三	-3.866	0.000	初三	大一	-3.989	0.000	高二	大二	-2.639	0.000
初一	大四	-4.281	0.000	初三	大二	-4.006	0.000	高二	大三	-2.759	0.000
初二	高一	-0.800	0.003	初三	大三	-4.126	0.000	高二	大四	-3.174	0.000
初二	高二	-1.306	0.000	初三	大四	-4.540	0.000	高三	大一	-1.904	0.000
初二	高三	-2.024	0.000	高一	高二	-0.506	0.016	高三	大二	-1.921	0.000
初二	大一	-3.928	0.000	高一	高三	-1.224	0.000	高三	大三	-2.041	0.000
初二	大二	-3.945	0.000	高一	大一	-3.128	0.000	高三	大四	-2.456	0.000

不同年级青少年在知识确定性维度上的发展情况如图 3-1 所示,可以看出知识确定性维度的发展呈现出随年级升高而逐步成熟的趋势。

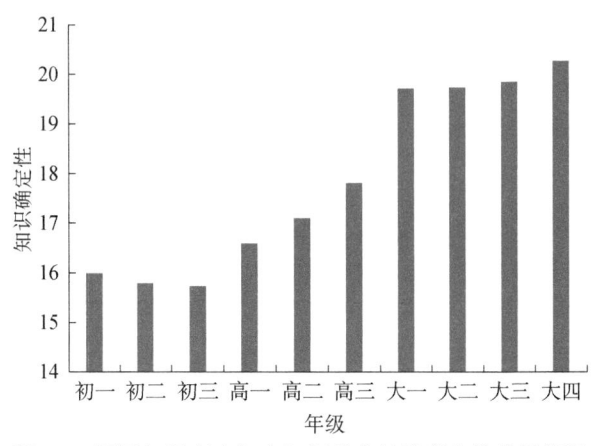

图 3-1　不同年级青少年在知识确定性维度上的发展情况

（2）知识简单性维度的年级差异分析

方差分析的结果表明，知识简单性维度存在显著的年级差异（表 3-6）。为明确知识简单性年级差异的来源，进一步对此进行平均数的多重配对检验，其中年级差异显著的结果如表 3-7 所示。

表 3-6 知识简单性维度的年级差异分析

年级	M	SD	F	p
初一	15.600	2.603		
初二	15.434	2.303		
初三	15.429	2.232		
高一	15.830	2.316		
高二	15.645	2.108	3.557	0.000
高三	15.626	2.158		
大一	15.804	1.760		
大二	15.797	1.833		
大三	16.185	1.876		
大四	16.377	1.683		

表 3-7 知识简单性维度年级差异的平均数多重配对检验

年级 I	年级 J	均差 I−J	p	年级 I	年级 J	均差 I−J	p	年级 I	年级 J	均差 I−J	p
初一	大三	−0.585	0.002	初三	大三	−0.756	0.001	高三	大四	−0.751	0.004
初一	大四	−0.777	0.004	初三	大四	−0.948	0.001	大一	大三	−0.381	0.023
初二	高一	−0.396	0.033	高一	大三	−0.355	0.030	大一	大四	−0.573	0.024
初二	大一	−0.370	0.050	高一	大四	−0.547	0.030	大二	大三	−0.389	0.015
初二	大二	−0.363	0.047	高二	大三	−0.539	0.000	大二	大四	−0.580	0.020
初二	大三	−0.751	0.000	高二	大四	−0.731	0.003				
初二	大四	−0.943	0.001	高三	大三	−0.559	0.001				

不同年级青少年在知识简单性维度上的发展情况如图 3-2 所示，可以看出知识简单性维度的发展总体上呈现出随年级升高而逐步成熟的趋势。

（3）知识的获得维度的年级差异分析

知识的获得维度的方差分析结果见表 3-8。从表 3-8 可以得出，知识的获得维度不存在显著的年级差异。不同年级青少年在知识的获得维度上的发展情况如图 3-3 所示，可以看出知识的获得维度的发展呈稳定趋势，即随年级升高的变化不大。

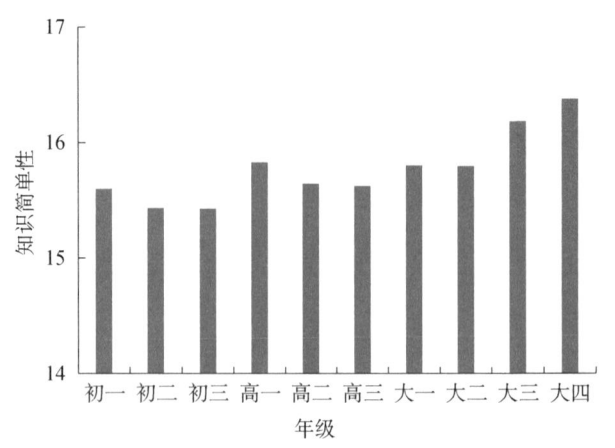

图 3-2 不同年级青少年在知识简单性维度上的发展情况

表 3-8 知识的获得维度的年级差异分析

年级	M	SD	F	p
初一	24.710	3.359		
初二	24.230	3.181		
初三	24.381	2.647		
高一	24.148	2.753		
高二	24.322	2.810	1.575	0.117
高三	24.307	3.119		
大一	24.351	2.381		
大二	24.168	2.315		
大三	24.664	2.380		
大四	24.812	2.163		

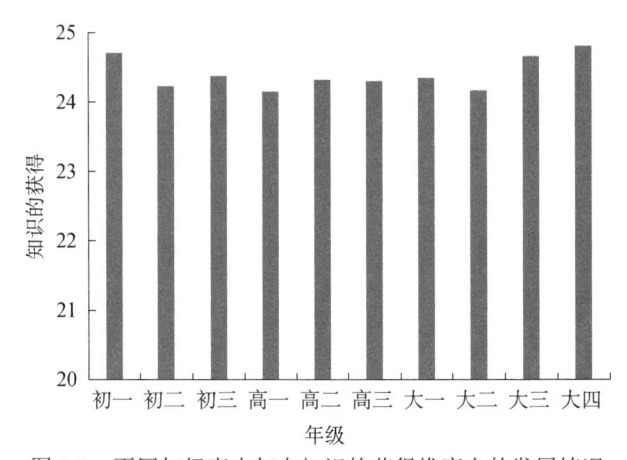

图 3-3 不同年级青少年在知识的获得维度上的发展情况

（4）学习的速度维度的年级差异分析

方差分析的结果表明，学习的速度维度存在显著的年级差异（表 3-9）。为明确学习的速度年级差异的来源，进一步对此进行平均数的多重配对检验，其中年级差异显著的结果如表 3-10 所示。

表 3-9 学习的速度维度的年级差异分析

年级	M	SD	F	p
初一	20.235	3.887		
初二	19.674	3.625		
初三	19.786	3.310		
高一	19.225	3.098		
高二	19.120	3.230	53.730	0.000
高三	20.252	2.125		
大一	17.036	2.658		
大二	16.932	2.582		
大三	17.574	2.507		
大四	17.753	2.459		

表 3-10 学习的速度维度年级差异的平均数多重配对检验

年级 I	年级 J	均差 I-J	p	年级 I	年级 J	均差 I-J	p	年级 I	年级 J	均差 I-J	p
初一	高一	0.261	0.025	初三	高二	0.666	0.025	高二	大二	2.187	0.000
初一	高二	0.249	0.000	初三	大一	2.749	0.000	高二	大三	1.546	0.000
初一	大一	0.265	0.000	初三	大二	2.854	0.000	高二	大四	1.367	0.000
初一	大二	0.257	0.000	初三	大三	2.212	0.000	高三	大一	3.216	0.000
初一	大三	0.271	0.000	初三	大四	2.033	0.000	高三	大二	3.320	0.000
初一	大四	0.383	0.000	高一	高三	−1.027	0.000	高三	大三	2.678	0.000
初二	高二	0.554	0.027	高一	大一	2.189	0.000	高三	大四	2.499	0.000
初二	高三	−0.578	0.037	高一	大二	2.293	0.000	大一	大三	−0.537	0.023
初二	大一	2.637	0.000	高一	大三	1.651	0.000	大一	大四	−0.717	0.047
初二	大二	2.741	0.000	高一	大四	1.472	0.000	大二	大三	−0.642	0.005
初二	大三	2.100	0.000	高二	高三	−1.132	0.000	大二	大四	−0.821	0.020
初二	大四	1.921	0.000	高二	大一	2.083	0.000				

不同年级青少年在学习的速度维度上的发展情况见图 3-4，可以看出学习的速度维度在初一和高三时得分较高，其他年级的发展总体上呈现出随年级升高而逐步降低的趋势。

（5）学习的价值维度的年级差异分析

方差分析的结果表明，学习的价值维度存在显著的年级差异（表 3-11）。为明

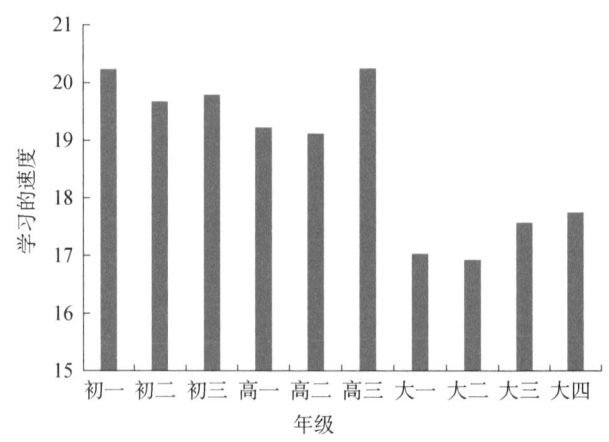

图 3-4　不同年级青少年在学习的速度维度上的发展情况

确学习的价值年级差异的来源，进一步对此进行平均数的多重配对检验，其中年级差异显著的结果如表 3-12 所示。

表 3-11　学习的价值维度的年级差异分析

年级	M	SD	F	p
初一	15.385	3.133		
初二	14.556	3.069		
初三	13.960	3.536		
高一	12.915	2.673		
高二	13.276	2.807	19.897	0.000
高三	14.022	2.493		
大一	13.178	2.362		
大二	12.975	2.764		
大三	13.040	2.729		
大四	13.447	2.905		

表 3-12　学习的价值维度年级差异的平均数多重配对检验

年级 I	年级 J	均差 I-J	p	年级 I	年级 J	均差 I-J	p	年级 I	年级 J	均差 I-J	p
初一	初二	0.829	0.003	初二	高一	1.641	0.000	初三	大一	0.782	0.007
初一	初三	1.425	0.000	初二	高二	1.280	0.000	初三	大二	0.985	0.001
初一	高一	2.4705	0.000	初二	高三	0.534	0.041	初三	大三	0.920	0.002
初一	高二	2.109	0.000	初二	大一	1.378	0.000	高一	高三	−1.107	0.000
初一	高三	1.363	0.000	初二	大二	1.581	0.000	高二	高三	−0.746	0.000
初一	大一	2.207	0.000	初二	大三	1.516	0.000	高三	大一	0.844	0.000
初一	大二	2.410	0.000	初二	大四	1.109	0.002	高三	大二	1.047	0.000
初一	大三	2.345	0.000	初三	高一	1.045	0.000	高三	大三	0.982	0.000
初一	大四	1.938	0.000	初三	高二	0.684	0.014				

不同年级青少年在学习的价值维度上的发展情况如图 3-5 所示,可以看出学习的价值维度在初中时的得分最高,相比于高中生和大学生,初中生对学习的价值持有更为积极的态度。而在高中和大学阶段,除高三时略有回升外,其他年级发展较为平稳。

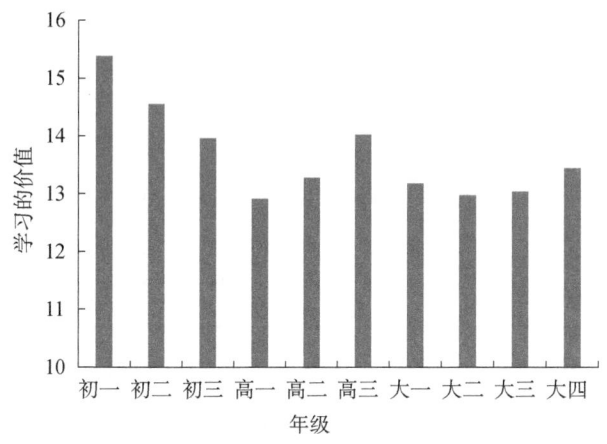

图 3-5 不同年级青少年在学习的价值维度上的发展情况

(6)学习的能力维度的年级差异分析

方差分析的结果表明,学习的能力维度存在显著的年级差异(表 3-13)。为明确学习的能力年级差异的来源,进一步对此进行平均数的多重配对检验,其中年级差异显著的结果如表 3-14 所示。

表 3-13 学习的能力维度的年级差异分析

年级	M	SD	F	p
初一	16.365	3.180		
初二	15.821	2.888		
初三	16.143	2.889		
高一	16.555	2.529		
高二	16.272	2.373	29.436	0.000
高三	16.556	1.878		
大一	14.647	2.514		
大二	14.618	2.431		
大三	15.148	2.464		
大四	15.494	1.950		

表 3-14　学习的能力维度年级差异的平均数多重配对检验

年级 I	年级 J	均差 I-J	p	年级 I	年级 J	均差 I-J	p	年级 I	年级 J	均差 I-J	p
初一	初二	0.544	0.031	初二	大三	0.674	0.003	高二	大三	1.125	0.000
初一	大一	1.718	0.000	初三	大一	1.496	0.000	高二	大四	0.778	0.008
初一	大二	1.747	0.000	初三	大二	1.525	0.000	高三	大一	1.909	0.000
初一	大三	1.217	0.000	初三	大三	0.996	0.000	高三	大二	1.937	0.000
初一	大四	0.871	0.007	高一	大一	1.909	0.000	高三	大三	1.408	0.000
初二	高一	−0.734	0.001	高一	大二	1.937	0.000	高三	大四	1.062	0.001
初二	高二	−0.451	0.034	高一	大三	1.407	0.000	大一	大三	−0.502	0.012
初二	高三	−0.734	0.002	高一	大四	1.061	0.000	大一	大四	−0.848	0.005
初二	大一	1.175	0.000	高二	大一	1.626	0.000	大二	大三	−0.530	0.006
初二	大二	1.203	0.000	高二	大二	1.654	0.000	大二	大四	−0.876	0.003

不同年级青少年在学习的能力维度上的发展情况如图 3-6 所示，可以看出相比于大学生，中学生对学习的能力持有更为积极的态度。

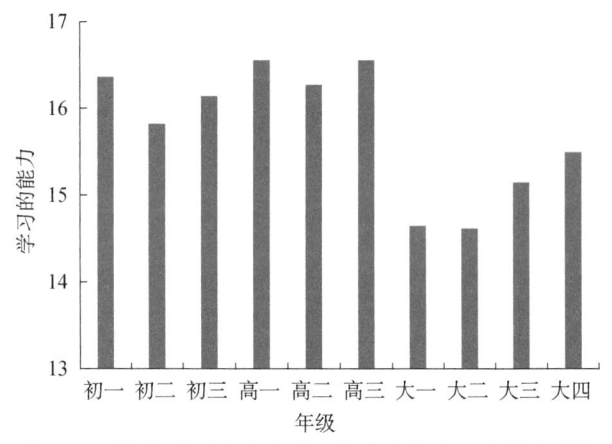

图 3-6　不同年级青少年在学习的能力维度上的发展情况

（7）知识信念系统的年级差异分析

在对认识信念各维度的发展状况进行分析的基础上，为更好地了解青少年认识信念发展的全貌，下面对知识信念和学习信念两个子系统和认识信念总系统的发展情况进行逐一分析。其中知识信念系统年级差异的方差分析结果见表 3-15。

表 3-15　知识信念系统的年级差异分析

年级	M	SD	F	p
初一	56.300	6.593		
初二	55.454	6.338		
初三	55.540	5.318		
高一	56.569	6.064		
高二	57.064	5.467	34.040	0.000
高三	57.748	6.101		
大一	59.873	4.587		
大二	59.701	4.832		
大三	60.705	5.031		
大四	61.459	4.415		

从表 3-15 可以看出，知识信念的发展存在显著的年级差异。为明确知识信念系统年级差异的来源，进一步对此进行平均数的多重配对检验，其中年级差异显著的结果如表 3-16 所示。

表 3-16　知识信念系统年级差异的平均数多重配对检验

年级 I	年级 J	均差 I-J	p	年级 I	年级 J	均差 I-J	p	年级 I	年级 J	均差 I-J	p
初一	高三	-1.448	0.005	初三	高二	-1.524	0.006	高二	大二	-2.637	0.000
初一	大一	-3.573	0.000	初三	高三	-2.208	0.000	高二	大三	-3.641	0.000
初一	大二	-3.401	0.000	初三	大一	-4.333	0.000	高二	大四	-4.395	0.000
初一	大三	-4.405	0.000	初三	大二	-4.161	0.000	高三	大一	-2.125	0.000
初一	大四	-5.159	0.000	初三	大三	-5.165	0.000	高三	大二	-1.953	0.000
初二	高一	-1.115	0.022	初三	大四	-5.919	0.000	高三	大三	-2.957	0.000
初二	高二	-1.610	0.001	高一	高三	-1.179	0.008	高三	大四	-3.711	0.000
初二	高三	-2.294	0.000	高一	大一	-3.304	0.000	大一	大四	-1.586	0.018
初二	大一	-4.419	0.000	高一	大二	-3.132	0.000	大二	大三	-1.004	0.017
初二	大二	-4.247	0.000	高一	大三	-4.136	0.000	大二	大四	-1.758	0.008
初二	大三	-5.251	0.000	高一	大四	-4.890	0.000				
初二	大四	-6.005	0.000	大一	大一	-2.809	0.000				

不同年级青少年在知识信念系统上的发展情况见图 3-7。由此可以看出，知识信念的总体发展呈现出随年级升高而逐步成熟的趋势。

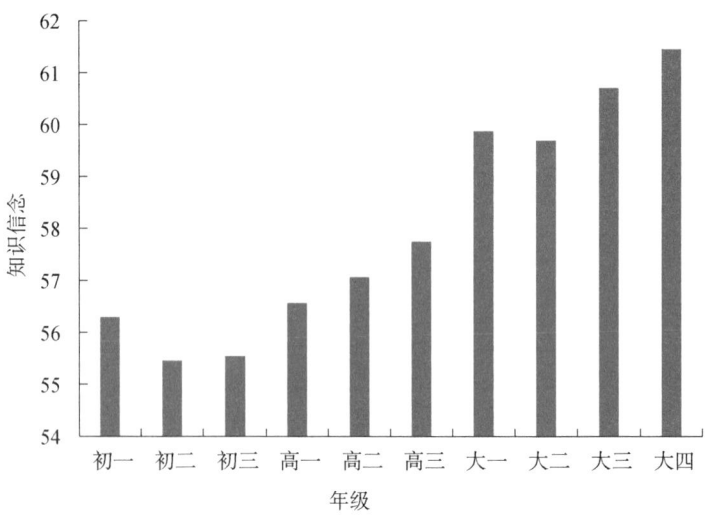

图 3-7　不同年级青少年在知识信念系统上的发展情况

（8）学习信念系统的年级差异分析

学习信念系统年级差异的方差分析结果见表 3-17。

表 3-17　学习信念系统的年级差异分析

年级	M	SD	F	p
初一	51.985	7.732		
初二	50.051	7.066		
初三	49.889	7.306		
高一	48.695	6.051		
高二	48.668	6.428	50.166	0.000
高三	50.830	4.937		
大一	44.861	5.206		
大二	44.525	5.569		
大三	45.762	5.742		
大四	46.694	4.791		

表 3-17 可以看出，学习信念系统存在显著的年级差异。为明确学习信念系统年级差异的来源，进一步对此进行平均数的多重配对检验，其中年级差异显著的结果如表 3-18 所示。

第三章 认识信念的发展模式

表 3-18　学习信念系统年级差异的平均数多重配对检验

年级 I	年级 J	均差 I−J	p	年级 I	年级 J	均差 I−J	p	年级 I	年级 J	均差 I−J	p
初一	初二	1.934	0.002	初二	大三	4.289	0.000	高二	大一	3.807	0.000
初一	初三	2.096	0.002	初二	大四	3.357	0.000	高二	大二	4.143	0.000
初一	高一	3.290	0.000	初三	高二	1.221	0.044	高二	大三	2.906	0.000
初一	高二	3.317	0.000	初三	大一	5.028	0.000	高二	大四	1.974	0.006
初一	高三	1.155	0.041	初三	大二	5.364	0.000	高三	大一	5.969	0.000
初一	大一	7.124	0.000	初三	大三	4.127	0.000	高三	大二	6.305	0.000
初一	大二	7.460	0.000	初三	大四	3.195	0.008	高三	大三	5.068	0.000
初一	大三	6.223	0.000	高一	高三	−2.135	0.000	高三	大四	4.136	0.000
初一	大四	5.291	0.000	高一	大一	3.834	0.000	大一	大四	−1.833	0.013
初二	高一	1.356	0.012	高一	大二	4.170	0.000	大二	大三	−1.237	0.008
初二	高二	1.383	0.007	高一	大三	2.933	0.000	大二	大四	−2.169	0.003
初二	大一	5.190	0.000	高一	大四	2.001	0.006				
初二	大二	5.526	0.000	高二	高三	−2.162	0.000				

不同年级青少年在学习信念系统上的发展情况见图 3-8。由此可以看出，除高三年级的得分较高，以及大三和大四有升高趋势外，学习信念的总体发展呈现出随年级升高而逐步降低的趋势。

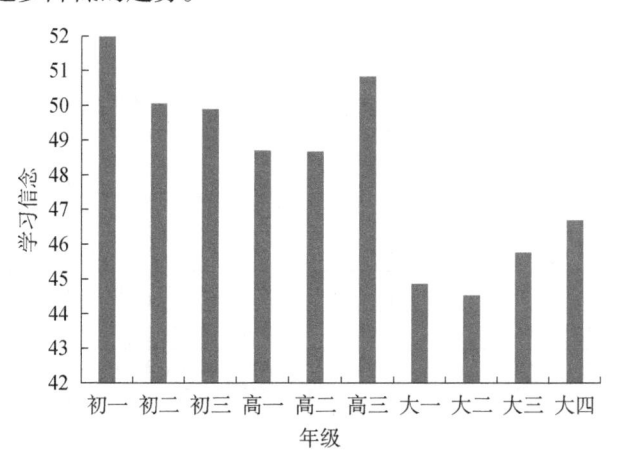

图 3-8　不同年级青少年在学习信念系统上的发展情况

就知识信念和学习信念的个体发展差异来说，配对样本 t 检验的结果表明，知识信念的发展水平优于学习信念的发展水平，见表 3-19。

表 3-19　知识信念与学习信念的总体发展情况对照

项目	M	SD	t	p
知识信念总分	58.075	5.798	64.949	0.000
学习信念总分	47.847	6.542		

（9）认识信念总分的年级差异分析

认识信念总分的年级差异分析的结果见表3-20。

表3-20 认识信念的年级差异分析

年级	M	SD	F	p
初一	108.285	11.312		
初二	105.505	10.632		
初三	105.429	10.515		
高一	105.267	9.284		
高二	105.732	9.063	7.220	0.000
高三	108.578	9.258		
大一	104.734	7.584		
大二	104.226	8.330		
大三	106.466	8.439		
大四	108.153	7.057		

从表3-20可以看出，认识信念总分存在显著的年级差异。为明确认识信念总分年级差异的来源，进一步对此进行平均数的多重配对检验，其中年级差异显著的结果如表3-21所示。

表3-21 认识信念年级差异的平均数多重配对检验

年级I	年级J	均差I-J	p	年级I	年级J	均差I-J	p	年级I	年级J	均差I-J	p
初一	初二	2.780	0.002	初二	大四	-2.648	0.025	高三	大一	3.844	0.000
初一	初三	2.856	0.006	初三	高三	-3.149	0.001	高三	大二	4.352	0.000
初一	高一	3.021	0.000	初三	大四	-2.724	0.033	高三	大三	2.111	0.006
初一	高二	2.553	0.001	高一	高三	-3.314	0.000	大一	大三	-1.732	0.017
初一	大一	3.551	0.000	高一	大四	-2.889	0.008	大一	大四	-3.419	0.002
初一	大二	4.059	0.000	高二	高三	-2.846	0.000	大二	大三	-2.240	0.001
初一	大三	1.819	0.029	高二	大二	1.506	0.015	大二	大四	-3.927	0.000
初二	高三	-3.073	0.000	高二	大四	-2.421	0.024				

不同年级青少年在认识信念系统上的发展情况见图3-9。从图3-9可以看出，初一、高三和大四年级的得分较高，认识信念的总体发展呈现出初一时得分较高，然后逐步下降，高中时缓步上升，高三时达到顶峰，大学时先下降后上升的趋势，即总体发展呈类似W形的趋势。

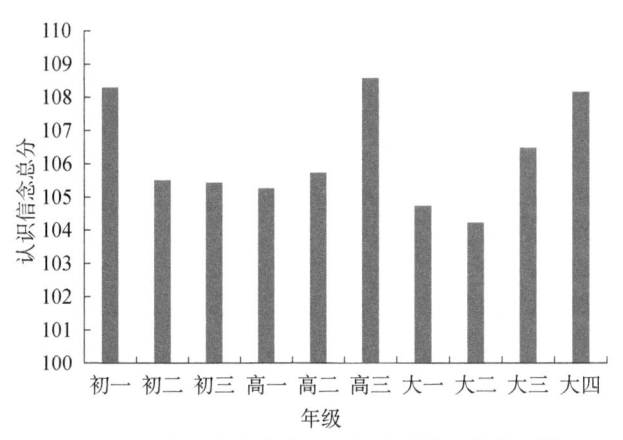

图 3-9　不同年级青少年在认识信念系统上的发展情况

2. 不同学段青少年认识信念的发展特点

考虑到调查样本涉及的年级较多，为更简洁地揭示青少年认识信念各维度的发展特点，下面把被试划分为初中、高中和大学三个学段，以不同学段为自变量，以认识信念各维度平均得分为因变量进行单因素方差分析，结果如表 3-22 所示。

表 3-22　青少年认识信念的学段差异分析

项目	学段	M	SD	F	p
知识确定性	初中	15.853	3.459	373.038	0.000
	高中	17.106	3.377		
	大学	19.804	2.421		
知识简单性	初中	15.496	2.403	9.025	0.000
	高中	15.701	2.190		
	大学	15.947	1.822		
知识的获得	初中	24.450	3.134	1.156	0.315
	高中	24.262	2.868		
	大学	24.405	2.349		
学习的速度	初中	19.916	3.658	217.008	0.000
	高中	19.427	2.990		
	大学	17.198	2.591		
学习的能力	初中	16.107	3.007	119.959	0.000
	高中	16.433	2.320		
	大学	14.835	2.447		
学习的价值	初中	14.730	3.255	64.055	0.000
	高中	13.339	2.720		
	大学	13.089	2.652		

续表

项目	学段	M	SD	F	p
知识信念	初中	55.799	6.211	141.892	0.000
	高中	57.068	5.833		
	大学	60.156	4.811		
学习信念	初中	50.753	7.435	196.214	0.000
	高中	49.198	6.040		
	大学	45.122	5.489		

从表 3-22 可以看出，除知识的获得维度不存在显著差异外，其余维度均存在显著的学段差异。为了明确差异的来源，进一步对此进行平均数的多重配对检验，结果如表 3-23 所示。

表 3-23　青少年认识信念学段差异的平均数多重配对检验

项目	年级 I	年级 J	均差 I-J	p
知识确定性	初中	高中	-1.253	0.000
	初中	大学	-3.951	0.000
	高中	大学	-2.699	0.000
知识简单性	初中	高中	-0.204	0.066
	初中	大学	-0.451	0.000
	高中	大学	-0.246	0.006
学习的速度	初中	高中	0.489	0.002
	初中	大学	2.718	0.000
	高中	大学	2.229	0.000
学习的能力	初中	高中	-0.325	0.015
	初中	大学	1.272	0.000
	高中	大学	1.597	0.000
学习的价值	初中	高中	1.391	0.000
	初中	大学	1.641	0.000
	高中	大学	0.250	0.036
知识信念	初中	高中	-1.269	0.000
	初中	大学	-4.357	0.000
	高中	大学	-3.088	0.000
学习信念	初中	高中	1.554	0.000
	初中	大学	5.631	0.000
	高中	大学	4.076	0.000

综合表 3-22 与表 3-23 的结果可知，从整体发展趋势来看，除知识的获得维度之外，青少年知识信念及其各维度的发展水平是随学段升高而逐渐上升的，但学

习信念及其各维度的发展水平随学段升高而逐渐下降。这一总体发展趋势可以从图 3-10 中直观看出。

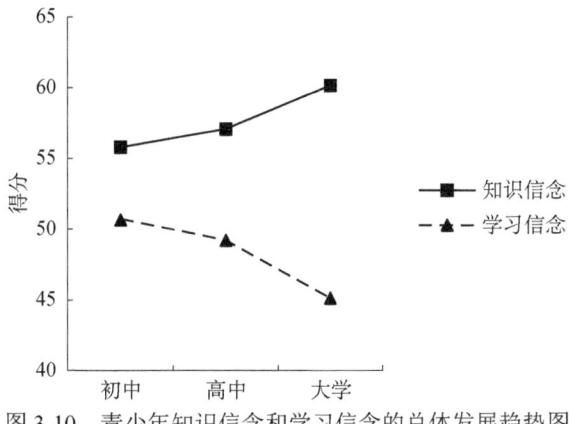

图 3-10 青少年知识信念和学习信念的总体发展趋势图

（二）青少年认识信念的具体发展特点

为了更清晰地揭示不同性别、不同专业青少年认识信念的发展情况，本书从性别、专业等不同角度对认识信念的特点进行具体分析。

1. 青少年认识信念的性别差异分析

青少年认识信念的性别差异分析如表 3-24 所示。

表 3-24 青少年认识信念的性别差异分析

项目	男生 M	男生 SD	女生 M	女生 SD	t	p
知识确定性	17.842	3.550	18.047	3.336	−1.540	0.124
知识简单性	15.570	2.235	15.909	1.979	−4.141	0.000
知识的获得	24.066	2.897	24.578	2.568	−4.831	0.000
学习的能力	15.750	2.691	15.707	2.566	0.419	0.675
学习的速度	18.564	3.355	18.662	3.085	−0.782	0.434
学习的价值	13.297	3.039	13.659	2.717	−3.244	0.001
知识信念	57.478	6.110	58.534	5.503	−4.690	0.000
学习信念	47.611	6.921	48.028	6.230	−1.637	0.102
认识信念	105.089	9.909	106.562	8.553	−4.100	0.000

从表 3-24 可知，在认识信念、知识信念，以及知识简单性、知识的获得、学习的价值维度上，男女生之间存在显著差异，女生的得分显著高于男生，其他维度上不存在显著的性别差异。

2. 青少年认识信念的专业差异分析

青少年认识信念的专业差异分析如表 3-25 所示。

表 3-25　青少年认识信念的专业差异分析

项目	文科 M	文科 SD	理科 M	理科 SD	t	p
知识确定性	19.177	2.791	18.503	3.188	4.868	0.000
知识简单性	15.987	1.927	15.684	1.970	3.353	0.001
知识的获得	24.491	2.440	24.269	2.718	1.840	0.066
学习的能力	15.187	2.475	15.686	2.449	−4.359	0.000
学习的速度	17.786	2.890	18.437	2.993	−4.755	0.000
学习的价值	13.149	2.672	13.382	2.695	−1.873	0.061
知识信念	59.655	5.037	58.456	5.591	4.871	0.000
学习信念	46.122	5.911	47.505	6.171	−4.936	0.000
认识信念	105.776	8.234	105.961	8.942	−0.463	0.644

由表 3-25 可知，在知识确定性、知识简单性维度和知识信念上，文科生的得分显著高于理科生；但在学习的能力、学习的速度和学习信念上，理科生的得分显著高于文科生；在其他维度及认识信念总分上，文理科学生之间不存在显著差异。

（三）青少年认识信念发展特点的综合分析

为了更清晰地揭示青少年认识信念的发展特点，本书进一步从不同性别、不同专业类型方面对青少年认识信念的发展趋势进行综合分析。通过前面的一般发展趋势分析可知，青少年知识信念和学习信念的发展趋势不同，故此处分别从知识信念和学习信念的视角探讨不同性别和不同专业青少年认识信念的发展趋势。

1. 不同性别青少年认识信念的发展趋势

不同性别青少年知识信念和学习信念的发展趋势分别如图 3-11 和图 3-12 所示。

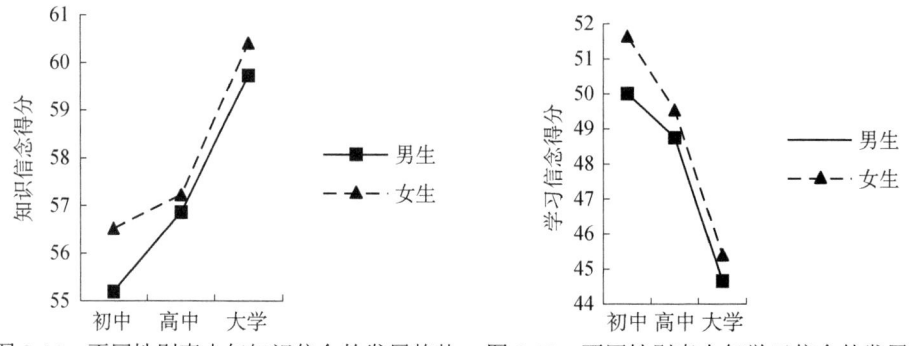

图 3-11　不同性别青少年知识信念的发展趋势　　图 3-12　不同性别青少年学习信念的发展趋势

从图 3-11 和图 3-12 可以直观看出，不同性别青少年知识信念和学习信念的发展趋势大致相同，知识信念随学段升高呈上升趋势，学习信念却呈下降趋势。知识信念和学习信念存在显著的性别差异，女生得分显著高于男生（知识信念：$F=12.17$，$p<0.001$；学习信念：$F=17.82$，$p<0.001$）。对知识信念和学习信念分别进行 2（性别）×3（学段）的两因素方差分析，结果显示，性别和学段之间的交互作用不显著（知识信念：$F=1.343$，$p=0.261$；学习信念：$F=1.077$，$p=0.341$）。

2. 不同专业青少年认识信念的年级发展趋势

不同专业青少年知识信念和学习信念的发展趋势分别如图 3-13 和图 3-14 所示。在我们的调查中，大部分学校从高二开始才涉及文理分科问题，初中阶段未涉及，故下面只展示文理分科的高中阶段和大学阶段的数据。

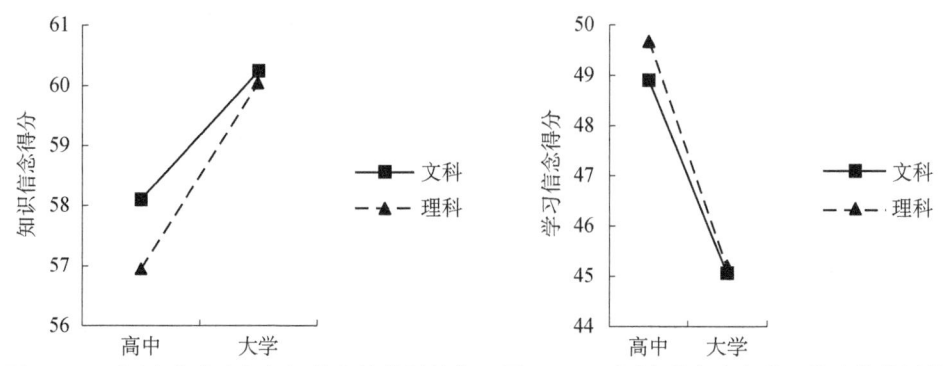

图 3-13　不同专业青少年知识信念的发展趋势　　图 3-14　不同专业青少年学习信念的发展趋势

从图 3-13 和图 3-14 可以直观看出，不同专业青少年知识信念和学习信念的发展趋势大致相同，知识信念随学段升高呈上升趋势，学习信念却呈下降趋势。但是，不同专业青少年知识信念和学习信念的得分高低不同，文科生的知识信念得分高于理科生；学习信念则是理科生的得分高于文科生。对知识信念和学习信念分别进行 2（专业）×2（学段）的两因素方差分析，结果显示，专业和学段之间的交互作用不显著（知识信念：$F=3.506$，$p=0.061$；学习信念：$F=1.426$，$p=0.233$）。

三、分析与讨论

（一）青少年认识信念的总体发展趋势

从整体发展趋势来看，青少年认识信念的发展呈类似 W 形的趋势，初一、高三和大四年级的得分较高，其他年级的得分较低。我们认为出现这种情况的主要原因如下：从课程设置和课程内容来看，与高年级的课程设置相比，初一尚未开设物理、化学等课程，学生面临的学业压力较小，而且此时的教材内容相对简单，教材编排更注重从学生熟悉的生活情境入手，强调情境引入，教材中加入了没有固定答案或不是仅有唯一答案的开放性问题。所有这些都使得初一学生对知识的动态性以及知识与实际生活的互联性有了较为清晰的认识。从教育评价方面来看，由于义务教育阶段的初一年级暂时没有升学压力，此时的学习评价并不仅仅是成绩导向的结果评价，而是同时注重过程性评价和发展性评价，加之课程内容较为简单，故而初一学生的学习自信心较高，对自己的学习能力比较自信。上述因素使得初一学生的认识信念得分较高。随着年级的升高，课程的抽象性和逻辑性越来越强，层层递进、环环相扣、逐步深化的学习内容，使得一些基础稍差的学生感觉知识学习枯燥费力，他们的学习自信心下降，对自己的学习能力评价逐步降低，导致其认识信念得分逐步下降。国外也有学者的研究发现随年级升高，学生的认识信念得分却呈下降趋势（Eccles et al., 1993）。高三是国内青少年比较典型的一个特殊发展时期。学生在整个高三阶段基本上处于复习备考时期，此时他们要把高中所学知识进行融会贯通，因此对于知识的互联性等方面会有比较成熟的认识。同时，社会环境对高考的重视，班级氛围对高考的渲染，老师家长的谆谆教导，使得高三学生普遍处于一种鼓足干劲冲刺的状态，对于学习的价值也有比较高的认可度，此时的认识信念得分上升到较高水平。至于大学阶段出现的短暂低谷，我们认为与大学生的学习特点有关。大学里教师的教学方式、管理模式与高中阶段有了很大的不同，学生的学习方式必须做出相应的转变，这一过程可能会使学生原有的认识信念发生动摇，然而此时新的有效的信念系统尚未建立，所以就会出现短暂的低谷阶段。国内学者的研究也发现，处于学业过渡期和大学学业适应期的大一学生的认识信念发展存在着既幼稚又成熟的矛盾性，在对原有的认识信念产生不满和怀疑的同时，更渴望得到来自教师的情感支持，此时的信念和情感都处于脆弱期。如果不能及时得到情感上的支持，认识信念就会退缩到更幼稚的阶段，凸显出大一学生在学业过渡阶段出现的信念动摇（茆东莲，2022）。度过了大一时的脆弱矛盾期与大二时的彷徨思考期之后，随着知识经验的累积、学习经验的增加，大三与大四年级的学生的认识信念水平有了新的提升。在对学生数学认识信念发展状况所做的调查研究中，我们也发现从更长的阶段来看，从

第三章
认识信念的发展模式

小学到大学，其基本发展模式也是一种偏 V 形的趋势，中间要经历高中阶段这一低谷期（Zhou et al., 2011）。王婷婷和沈烈敏（2007）对高中生的认识信念所做的研究则发现，高二阶段处于旧的认识信念系统打破而新的信念系统尚未形成的低谷期。由于采用的研究工具存在维度设置方面的某些差异，一些研究可能相对缺乏可比性，但这种总的发展趋势却告诉我们：正如事物的发展所经历的否定之否定的过程一样，青少年认识信念的发展也符合这一规律，整个认识信念的发展趋势呈现出一种否定之否定的上升过程。短暂的低谷或许是理性分析与反思的表现，低谷过后是更好的发展。

研究发现，青少年知识信念的得分高于学习信念的得分，说明青少年在知识信念上的发展情况好于学习信念上的发展情况。从具体维度的情况看，知识确定性和知识简单性维度的发展呈现出随年级升高而逐步成熟的趋势。知识的获得维度的发展呈稳定趋势，随年级升高变化不大。学习的速度维度在初一和高三时得分较高，其他年级的发展呈现出随年级升高而逐步降低的趋势。学习的价值和学习的能力维度上，中学生比大学生持有更为积极的态度。从知识信念的发展来看，随着年级的升高，青少年的学习经验日益丰富，学校开设的课程也越来越多，尤其是大学中多样化的课程设置，再加上学生有时间学习自己感兴趣的课外知识，这些使得他们对知识的互联性以及知识的发展性等持有较成熟的观点。但是，不管出于哪一阶段，青少年要想取得优异的成绩都离不开个人的主观努力，学生能够普遍认识到在知识的获取过程中必须发挥自己的主动性，故而对于知识获得过程有了较为稳定的认识，此维度的得分相对稳定。而对于学习的能力和学习的速度等方面的认识，相对来说与学习经历的丰富与否以及课程的设置方面的关系不如知识维度那么密切，尤其是学习的能力方面，学生更多地倾向于通过与他人的比较得出结论。即使是能力同等的学生，处在不同的学校或班级里，也会出现"大鱼小池效应"等非客观评价。而且，随着年级的升高，学生越来越难以轻而易举地拿到班级内的优异排名，也使得部分学生对学习能力的后天发展性体会不深。同时，学习的价值维度又与社会环境有着较为密切的关系，当今大学生面临的就业压力等一系列问题也使部分学生对知识学习的价值产生认识上的模糊性，导致他们在学习信念方面的得分随年级升高而逐渐降低，并且学习信念得分低于知识信念得分，这恰恰从一个侧面验证了舒曼的观点，即认识信念的各维度发展可能并不同步。

（二）不同性别大学生认识信念的发展趋势

不同性别青少年知识信念和学习信念的发展趋势大致相同，但女生的发展比男生更为成熟，尤其体现在知识简单性、知识的获得、学习的价值等维度上，女生的得分显著高于男生。认识信念的发展是否存在性别差异一直是该领域中的重点问题之一。比如，贝伦吉对佩里由男性被试得出的认识信念发展结论存在质疑，专门对女性的知识获得方式进行了研究，提出了女性的知晓方式发展模式。玛古德的认识信念反思模型则专门探讨了男女认识信念发展中的差异，她的研究结果表明，在前三个阶段（绝对的认知者、过渡期的认知者、自主的认知者），男女的发展模式存在一定的差异，在最高阶段即情境的认知者阶段，性别差异已不明显（Magolda，2004）。本书中的研究结果表明，随着年级的升高，男女生的认识信念差异逐步缩小，从总趋势上来看，这与玛古德的结论有相似之处。具体到部分维度的差异，女生的得分相对高于男生，我们认为，这可能与外部环境因素有关。认识信念的形成与发展会受到社会文化背景、学校文化风气等外在因素的影响（Schommer-Aikins，2004）。从传统文化观念来看，社会对女性的要求更多地强调认真、耐心、细致等，长期文化氛围的熏陶使得她们在学习中更看中努力与坚持的作用，更倾向于认为学习不是一个快速的过程，需认真仔细、循序渐进地完成。同时，女生在未来的就业中面临着比男生更大的压力，这一现实使得绝大多数女生清醒地认识到自己必须在学业上具备更多的优势，才有可能在将来的竞争中立于不败之地，这使得她们对知识和学习性质的反思较为深刻，意识到知识的获取需要主动建构，依赖于自己的主观努力。

（三）不同专业大学生认识信念的发展趋势

不同专业青少年知识信念和学习信念的发展趋势大致相同，但不同专业学生的得分高低不同，在知识确定性、知识简单性维度和知识信念上，文科生得分显著高于理科生；在学习的能力、学习的速度和学习信念上，理科生得分显著高于文科生。国内外的研究也发现认识信念的发展存在专业差异，有研究表明，医学专业的大学生倾向于把学习看作一个接受知识的过程，而心理学专业的大学生更倾向于把学习看作主动建构的过程。医学专业的学生比心理专业的学生更倾向于持有二元论的认识信念，更倾向于认为知识获得的标准是通过相应的测试（Lonka &

Lindblom-Ylänne，1996）。姚梅林和项丽娜（2004）对不同专业背景的从业者的研究结果指出，理科生比文科生更认同能力的先天性和学习的快捷性，这从一个侧面揭示了不同专业背景对个体认识信念发展的影响。我们的研究发现，文理科学生在知识确定性、知识简单性、学习的能力、学习的速度等维度上的得分存在显著差异，这种差异主要源自课程特点和学习方式的差异。相比来说，文科生的学习中往往涉及不同观点的碰撞，课下可能还需要阅读大量的文学作品，知识面相对广泛，故文科生对知识的确定性持有更为怀疑的态度，对于知识的互联性和不确定性的体会更为深刻。相比来说，理科生的课程设置更讲究逻辑性和内容的递进性，踏踏实实地解题训练往往必不可少，这使得理科学生对于学习过程的体会更为深刻，他们更倾向于认为学习是一个循序渐进的过程，而不是快速的、一蹴而就的过程，学习的能力也可以通过训练得到提高。对于认识信念发展中专业差异的来源，一种观点认为这是由个体所学专业的学科性质的差异引起的，另一种观点则认为学生本来就可能持有不同的信念倾向，只不过学科性质的差异使这种倾向进一步得以强化（刘儒德，2002；刘儒德等，2009）。我们对于大学生的研究结论则支持了前一种观点（周琰，2011）。尤其需要引起关注的是在学习的价值维度上，文科生的得分低于理科生，且已达到边缘显著水平。出现这一差异的原因可能来自自然科学的知识以及相应的技能在现实中的应用比社会科学的知识更显性，这提示我们，要引导文科生增强对学习的价值方面的认识。

第三节　中外认识信念发展模式对照

一、知识信念发展模式对照

从整体发展趋势来看，青少年知识信念的总体发展呈现出随年级升高而逐步成熟的趋势。这种由低到高的发展趋势与国外研究结论基本一致，不论是佩里提出的智力与道德的发展图式、贝伦吉的女性的知晓方式，还是玛古德的认识信念反思模型、金和基奇纳的反思判断模型以及库恩的论证推理模型等，从实质上讲，他们关注的核心都是知识信念的发展，都认为个体的知识信念是从低到高逐步发展的，这也符合个体的认知发展规律。舒曼提出认识信念系统包括知识信念系统和学习信念系统，其研究也表明随年级升高，持有知识简单性和确定性观点的学生越来越少（Schommer，1993b；Schommer et al.，1997）。总结知识信念总的发展趋势，与国外研究结果相对照，我们认为青少年的认识信念主要经历了如下四个发展阶段。

一是早期多元论阶段，这一阶段大致相当于佩里的早期多元性状态、贝伦吉的接受知识立场、金和基奇纳的前反思思维水平的阶段3以及库恩的绝对主义者向多元论者的过渡时期。此阶段的学生对知识的多样性和不确定性的体会较为肤浅，通常认为知识是确定的，问题是有标准答案的，专家或权威给出的答案是正确的，其他人一般都要通过聆听师长的指导来进行学习，即知识的获得要靠掌握真理的权威来传递。这类学生往往认为知识的获得就是吸收或者存储知识，在评判知识的获得标准时容易为权威的评判左右，多数中学生尤其是初中生处于这样一种早期多元论的状态。比如，对于"今天被认为是正确的知识，明天可能会改变"这一题项，这一阶段的学生多数会选择2或3（不同意或不确定）；在对"对于权威或专家的观点，我们也可以提出不同的看法"这一题项进行评判时，这一阶段的学生多数会选择2（不同意）；在对"教材一般不会有错，因为作者都是这方面的专家"这一观点进行评判时，这一阶段的多数学生会选择5（完全同意）。

二是晚期多元论阶段，这一阶段大致相当于佩里的晚期多元性状态、玛古德过渡期的认知者、金和基奇纳的准反思思维水平的阶段4以及库恩的多元主义者时期。此阶段的学生开始体会到知识的多样性和不确定性，认为每个人都有权利拥有自己的观点，这种不确定性和观点多元性主要是因为个体所拥有的背景知识不同，每个人所处的教育环境存在差异以及可接触到的资料、可使用的教育资源存在差异。该阶段的学生意识到有些问题是没有标准的解决答案的，但对于如何对不同的观点做出评判，也即对理性分析的必要性仍缺乏足够的认识。在知识的获取方面，他们虽然认识到个人建构的重要性，但对权威的依赖与盲从仍根深蒂固地存在于其内心深处，部分高中生以及多数大学低年级学生处于这样一种多元论的状态。比如，对于"今天被认为是正确的知识，明天可能会改变"这一题项，这一阶段的学生多数会选择4（同意）；在对"对于权威或专家的观点，我们也可以提出不同的看法"这一题项进行评判时，这一阶段的学生多数会选择2或3（不同意或不确定）；在对"教材一般不会有错，因为作者都是这方面的专家"这一观点进行评判时，这一阶段的多数学生会选择5或4（完全同意或同意）。从青少年认识信念发展的情况看，大学生中已鲜有持二元论观点的同学，已经跳出了库恩的绝对主义者的认知模式，发展到了相对更高的阶段。

三是初级相对主义阶段，这一阶段大致相当于佩里的情境的相对主义状态、玛古德的自主的认知者、金和基奇纳的准反思思维水平的阶段5以及库恩的评价主义者时期。此阶段的学生认为知识具有情境性和主观性的特点，知识经过了个体知觉及个体所持有的评判标准的过滤。个人的观点、问题的解决方案都要有其支持的证据，必须结合具体情境对此加以评价，这一评价过程中必须注重对特定情境的探究、对个体所持有观念所依据的规则的理解，以及对情境化的证据的分析。学生的任务不仅仅是掌握知识，掌握知识的标准也不只是记忆和复制，还必须要学会思考的方式，学会对观点进行分析与评判，这一阶段的学生已认识到理性分析评判的必要性，但仍有可能在实际的学习中因缺乏理性批判的技巧而放弃自己的思考或反思，对知识的认识仍未能达到成熟的阶段。大学高年级学生多处于这样一种相对主义阶段的状态。比如，对于"今天被认为是正确的知识，明天可能会改变"这一题项，这一阶段的学生多数会选择5（完全同意）；在对"对于权威或专家的观点，我们也可以提出不同的看法"这一题项进行评判时，这一阶段的学生多数会选择4（同意）；在对"教材一般不会有错，因为作者都是这方面的专家"这一观点进行评判时，这一阶段的多数学生会选择2或3（不同意或不确定）；在对"学习主要是记住书本上的或老师传授给我们的各种知识"进行评判时，这一阶段的多数学生会选择1或2（完全不同意或不同意）。

四是高级相对主义阶段，这一阶段大致相当于佩里的前契约立场及契约立场阶段（部分学生的认识信念水平甚至已发展至对契约的挑战阶段）、玛古德的情境的认知者、金和基奇纳的反思思维水平的阶段6（部分学生可能发展至阶段7）。这一阶段的学生认为知识来源于个体内部而非外部权威，在对学习或生活中的大量结构不良问题尝试进行个人化解决的过程中，知识被有效地建构。他们在认识主观性的基础上重新接纳了认识的客观性维度，对认识的主客观维度进行了有机整合。他们认为观点是可以比较的、评价的，对不同观点的评价需要客观证据，需要理性批判。金和基奇纳将这一阶段学生的认识信念的特点概括为：透过个人对某一问题缜密思考程度的推测、对其所运用的支持自己观点的证据和推理过程的辨别，以及对其讨论不同问题时所采用方式的一致性程度的判定，一个人可以对其他人的某个论点进行评判。他们在分析事物时具有自己的立场和观点，同时又能根据情况灵活做出调整。大学高年级的一部分学生处于这样一种高级相对主义阶段的状态。比如，对于"今天被认为是正确的知识，明天可能会改变"这一题项，这一阶段的学生多数会选择5（完全同意）；在对"对于权威或专家的观点，我们也可以提出不同的看法"这一题项进行评判时，这一阶段的学生多数会选择5（完全同意）；在对"教材一般不会有错，因为作者都是这方面的专家"这一观点进行评判时，这一阶段的多数学生会选择1（完全不同意）；在对"学习主要是记住书本上的或老师传授给我们的各种知识"进行评判时，这一阶段的多数学生会选择1（完全不同意）；对于"专家属于天才，我们不可能变成那样"等类似的问题进行评价时，这一阶段的多数学生会选择1（完全不同意）。

二、学习信念发展模式对照

舒曼的认识信念系统提出，认识信念不仅应包括知识信念系统，还应包括学习信念系统，故此处重点将本书的研究结果与舒曼的研究结果相对照。舒曼的研究表明，学生认识信念的发展存在着不同步性，学生对知识确定性、知识简单性、学习快捷性以及能力固定性的信念并非总是同步发展的。比如，本科生比专科生更倾向于认为能力是先天的、固定不变的，而专科生比本科生更倾向于相信学习是快捷的（Schommer，1993a）。对于知识信念和学习信念发展的不同步性，本书的研究结论与舒曼的观点一致。我们的研究发现，青少年知识信念的发展总体上呈现出随年级升高而逐步成熟的趋势，但学习信念的发展总体上却呈现出随年级升高而逐步降低的趋势；青少年知识信念的得分高于学习信念的得分，即青少年在知识信念上的发展情况好于在学习信念上的发展情况。

舒曼的研究表明，随着年级的升高，持有学习具有快捷性、能力具有先天性观点的学生越来越少（Schommer，1993b；Schommer et al.，1997），本书的研究结论与此并不一致。相对来说，学习信念的发展与社会文化环境的关联更为密切，尤其是学习的能力方面，学生多是在与周围同学的对比中得出结论的。不管是升入高中还是考入大学，学生都要经历层层筛选，周围同学间的学习能力差别可能已不再明显，昔日初中的优秀生无法保证自己在高中和大学的学习中始终位列前茅，这使得部分学生对学习能力的后天发展性体会不深。王婷婷和沈烈敏（2007）的研究也表明，学习能力的发展趋势与其他知识维度的发展有着不同之处。比如，在知识信念方面，重点学校学生比普通学校的学生更为成熟和积极，但在能力信念方面恰恰相反，重点学校的学生比普通学校的学生更为消极，而且随着年级的升高，高中生的能力信念变得越发消极。学习的价值维度是国内青少年认识信念结构不同于国外青少年之处，国外青少年的认识信念结构中没有这一维度，但在国内青少年认识信念的结构中，这一维度始终存在。此维度的发展与社会文化环境有着更为密切的关系，中国传统文化中一向重视学习的价值，从封建社会的"学而优则仕""万般皆下品，唯有读书高"到现代社会的"为中华之崛起而读书""科教兴国""知识改变命运"等都折射出对学习价值的高度认可。但是，经济发展的不平衡等多种因素也对传统信念产生冲击，部分地区"读书无用论"重新抬头，加之当今大学生面临的就业压力等一系列问题也使部分青少年对学习的价值产生认识上的模糊性。再加上青少年较少对学习的速度等认识论问题进行反思，导致他们在学习信念维度上的得分低于知识信念维度，这说明中国青少年的学习信念有着自己独特的发展特点。

毋庸置疑，青少年学习信念的发展需要引起教育工作者的关注，如何让学生随着教育经历的丰富，逐步树立更为积极的学习信念，应该是今后教育工作者努力的方向之一。

第四章
认识信念的作用机制

第一节 认识信念对网络学习投入的影响

一、问题提出

随着信息化技术的飞速发展,网络学习成为个体学习的重要途径。如何测评网络学习行为,进而提升网络学习质量成为研究者关注的热点。个体的学习投入是网络学习行为的重要衡量指标(叶甲生等,2015)。学习投入是学生在学习过程中表现出来的一种持久的、充满积极情感的心理状态,它以活力(vigor)、奉献(dedication)和专注(absorption)为主要特征(Schaufeli et al.,2002)。研究表明,网络学习投入是影响网络学习质量的重要因素,可以正向预测个体网络学习的坚持性、努力程度及学业成就(张思等,2017;Henrie et al.,2015;Rashid & Asghar,2016)。然而,由于网络学习的时空特性,学习者容易出现投入时间不足、缺少计划、突击浏览、随意终止、高辍学率等问题,调查发现,即使学生进入了网络课程平台,但仍有一半的登录时间并未浏览有效资源,高达83%的学生的资源浏览数勉强达到形成性考核的要求(魏顺平,2012)。因此,探讨网络学习投入的影响因素,厘清相关变量对网络学习投入的作用机制,对于提高网络学习质量具有重要的实践价值。

二、理论基础

网络学习投入受到多种复杂因素的影响,既有网络课程的灵活性、交互性等外在因素，也有学习者所持有的认识信念、动机类型、学习策略等内在因素（雷玉菊等，2017；Bråten，2008）。近年来，学习心理领域中经历着研究范式的转变，研究重心从传统的脱离情境的"冷认知"转向关注情境中的"热认知"，学习者的动机、信念、价值观等情感因素对学习投入的影响成为研究的焦点，"热认知"背景下的内部因素对网络学习投入的作用机制引起了国内外学者的广泛关注，研究视角逐渐由外部因素转入学习者的兴趣动机等内部心理因素，毕竟网络学习环境下学习者的心理因素更应该是学习行为最重要的影响因素（Corno & Anderman，2016）。然而，网络学习投入的内部影响因素和作用机制探讨均有待深入，比如，在动机类型对网络学习投入的影响上，研究结论存在诸多分歧，尤其体现在外部动机对网络学习投入的影响上，既有研究认为外部动机会抑制学习投入，外部动机强的学生在学习过程中会表现出更多的拒绝和逃避倾向（Cho & Heron，2015），也有研究认为尽管外部动机的作用比内部动机弱，但其也可以有效促进在线学习投入（Hidi & Harackiewicz，2000）。

瑞安（Ryan）和德西（Deci）的自我决定理论（self-determination theory）按照自我决定程度从低到高，把个体动机分为无动机、内部动机、外部动机三种（Ryan & Deci，2000）。其中，无动机反映了个体处于高度的疏离状态，对任务持冷漠、忽视的态度，不存在学习的动力。内部动机反映了个体的学习行为主要是由于活动本身给个体带来足够的乐趣和较高的内在满足感，是自主性程度最强的动机。外部动机在内化为内部动机的过程中，按照自主性程度从低到高可分为外摄调节、内摄调节、认同调节与整合调节。外摄调节与内摄调节合称为控制性动机（controlled motivation），即个体为了获得奖励或避免惩罚，以及维持自尊或避免内疚感而从事学习活动。认同调节与整合调节则逐步接近内部动机，与内部动机合称为自主性动机（autonomous motivation），即个体对学习的内在价值有了认同，并将其逐步内化，进而出于自己的意愿选择从事学习活动（Ratelle et al.，2007）。目前国内大部分研究主要关注的是自主性动机的预测作用，对控制性动机和无动机的关注不够，尤其是无动机的作用机制极少涉及，这不利于自我决定理论的本土化检验以及该理论的扩充和发展，更不利于充分发挥其对网络学习投入的实践指导作用（刘靖东等，2013）。

认识信念是指学习者对知识、学习现象与经验所持有的直觉和潜在的认识（Buehl & Alexander，2001）。研究表明，学生所持有的认识信念对网络学习的影响不容小觑（Bråten，2008）。缪斯（Muis）提出了认识信念与自我调节学习的整合模型（Muis，2007），后续学者在网络学习环境下进一步探讨了认识信念在自我调节学习中的作用模式，解释了认识信念为什么会促进或抑制个体的网络学习投入和学习自主性（Greene et al.，2010）。该模型包括四个阶段：任务定义（task definition）、计划和目标设定（planning and goal setting）、实施（enactment）、评价（evaluation）。认识信念通过与动机情感因素和其他认知因素的交互作用，对自我调节学习的目标设定和具体实施与评价等产生重要影响。首先，学生所持有的认识信念会影响其学习动机。拥有积极有效的、成熟的认识信念的学生往往有较强的学习动机，在学习过程中较多地采用掌握目标定向，能体验到学习的成就感和愉悦感（Kizilgunes et al.，2009）。其次，学生的认识信念会影响其认知过程和策略选择。在网络学习环境中，个体的认识信念对信息查询的媒介使用、搜索策略、信息评价等均有重要影响，当问题的确定性程度较低和答案较为复杂时，持有成熟的认识信念的学生有更好的表现（Tu et al.，2008）。最后，认识信念通过动机、策略等中介因素影响学习投入（Schommer-Aikins et al.，2005）。学生越相信能力是天生的或快速习得的，面对困难的学习任务时越容易产生无助心理而放弃努力；学生越是持有能力是后天培养而非固定不变的观念，面对困难的学习任务时越有可能运用多种学习策略去克服，积极投入而非简单放弃；学生越相信知识是简单的、确定的，越少出现学习中的探究行为，越不容易投入认知活动进而理解复杂信息（Muis，2004）。基于缪斯的认识信念与自我调节学习的整合理论模型，本书研究假设认识信念会通过影响个体的动机类型和策略进而影响网络学习投入，且不同动机类型对网络学习投入有不同的预测作用。

综上，"热认知"背景下网络学习投入的内部影响因素研究取得了一定的成果，但尚存在如下需要深入探讨的问题。首先，不同动机类型对网络学习投入的作用机制仍不清楚。如前所述，基于自我决定理论视角系统探讨不同动机类型对网络学习投入影响的研究不够全面，而且研究结论存在分歧（高洁，2016）。其次，网络学习环境下教与学的弱控性决定了元认知调节策略会成为影响网络学习投入的至关重要的因素。元认知调节策略是能够帮助个体对自身认知活动进行监控和调节的学习策略（Pintrich et al.，1993）。网络学习环境中，教师的实时监督与引导相对缺失，此时更需要个体对自己的认知活动进行即时高效的监控、评估和调整，但已有研究对网络学习投入中元认知调节策略的作用关注不足。最后，网络学习投入的整体影响机制研究亟待深入。网络学习投入的影响因素并非是单一的，需要综合考虑多种内部影响因素的共同作用。基于此，本书研究基于自我决定理论，在认识信念和自我调节学习的整合模型的基础上，考察网络学习环境中学习者所持有的认识信念、不同动机类型、元认知调节策略对网络学习投入的作用机制，厘清不同动机类型的作用，为建立个性化自适应网络学习平台、促进学习者的网络学习投入、提高网络学习质量提供理论支持和实证依据。

三、研究方法

（一）研究对象

我们选取参与"计算机基础""大学英语"等网络课程的 438 名本科生，以班级为单位进行问卷调查，被试专业包括生命科学、地理科学、汉语言文学、英语、教育学等。被试的网络学习时间均在两学期以上。最终的有效问卷为 425 份，有效回收率为 97%。

（二）研究工具

1. 网络学习投入量表

该量表包含活力、奉献和专注三个维度，采用利克特七点计分（Schaufeli et al., 2002），该量表被国内外学者广泛用于网络学习投入的测查。参照他们的研究，本书研究中也纳入了"网络学习"这一背景条件，如"我很乐意进入网络课程进行学习"（雷玉菊等，2017；Rashid & Asghar，2016）。本书研究中，该量表的验证性因素分析结果为：χ^2/df=2.36，GFI=0.93，AGFI=0.90，NFI=0.93，IFI=0.96，CFI=0.96，TLI=0.94，RMSEA=0.057。该量表的 Cronbach's α 系数为 0.91。

2. 认识信念量表

该量表包括知识确定性、知识简单性、知识的获得、学习的价值、学习的速度、学习的能力六个维度，采用利克特五点计分，得分越高说明被试的认识信念越成熟（周琰，谭顶良，2016）。本书研究中，该量表的验证性因素分析结果为：χ^2/df=2.41，GFI=0.91，AGFI=0.89，NFI=0.83，IFI=0.81，CFI=0.84，TLI=0.82，RMSEA=0.050。该量表的 Cronbach's α 系数为 0.88。

3. 自我决定动机量表

该量表包括无动机、外摄调节、内摄调节、认同调节、追求知识五个维度，采用利克特五点计分（索玉贤，2015）。考虑到整合调节已非常接近内部动机，该量表将其与内部动机（追求知识）一起进行测量。按照自我决定理论，外摄调节和内摄调节归为控制性动机，认同调节和追求知识归为自主性动机。按照无动机、控制性动机、自主性动机对量表进行的验证性因素分析结果为：χ^2/df=2.97，GFI=0.92，AGFI=0.82，NFI=0.86，IFI=0.90，CFI=0.90，TLI=0.86，RMSEA=0.068。无动机、控制性动机、自主性动机的 Cronbach's α 系数分别为 0.82、0.69、0.79。

4. 元认知调节策略量表

该量表为单维度量表，采用利克特七点计分（Pintrich et al.，1993）。本书研究中，该量表的验证性因素分析结果为：χ^2/df=1.63，GFI=0.97，AGFI=0.95，NFI=0.93，IFI=0.90，CFI=0.97，TLI=0.96，RMSEA=0.038。该量表的 Cronbach's α 系数为 0.83。

（三）共同方法偏差检验

共同方法偏差检验的结果表明，对所有测验项目进行未旋转的探索性因素分析，在抽取的特征值大于 1 的公共因素中，第一个公共因素仅解释了总变异量的 15.96%，远小于 40% 的判断标准，表明数据不存在严重的共同方法偏差。

四、研究结果

（一）网络学习投入影响因素的相关分析

对网络学习中个体所持有的认识信念、动机类型、元认知调节策略和网络学习投入进行相关分析，结果发现，学习者所持有的认识信念与无动机呈显著负相关，与控制性动机的相关不显著，与自主性动机、元认知调节策略、网络学习投入均呈显著正相关；无动机与元认知调节策略、网络学习投入均呈显著负相关；控制性动机与元认知调节策略的相关不显著，与网络学习投入呈显著正相关；自主性动机与元认知调节策略和网络学习投入均呈显著正相关，如表 4-1 所示。

表 4-1　网络学习投入影响因素的相关分析

变量	认识信念	无动机	控制性动机	自主性动机	元认知调节策略	网络学习投入
认识信念	1					
无动机	−0.45**	1				
控制性动机	0.06	0.08	1			
自主性动机	0.48**	−0.47**	0.30**	1		
元认知调节策略	0.33**	−0.30**	0.09	0.45**	1	
网络学习投入	0.42**	−0.38**	0.15**	0.47**	0.59**	1

（二）网络学习投入的影响因素模型建构

为进一步考察网络学习投入影响因素的作用机制，厘清不同动机类型的作用差异，本书研究在理论分析与相关分析的基础上，构建了结构方程模型。其中元认知调节策略为单维度问卷，其观测变量是根据题目的因素负荷，采用高低配的平衡法进行打包处理后生成的。无动机的观测变量，即无动机1和无动机2是按照无动机维度的题目因素负荷的高低打包生成的。控制性动机、自主性动机对应的观测变量，即控制性动机1、控制性动机2、自主性动机1、自主性动机2则分别是由外摄调节、内摄调节以及认同调节、追求知识维度的题目按照因素负荷的高低打包生成的。

第一步，检验不包括中介变量的直接效应模型，结果表明，认识信念对网络学习投入影响的直接效应模型拟合良好（χ^2/df=2.64，GFI=0.97，AGFI=0.94，NFI=0.95，IFI=0.97，CFI=0.97，TLI=0.95，RMSEA=0.062）。认识信念到网络学习投入的标准化路径系数（β=0.67，$p<0.001$）显著。

第二步，检验包含中介变量的中介效应模型。分别将无动机、自主性动机、控制性动机和元认知调节策略作为中介变量纳入中介效应模型，构建模型1—模型3（分别对应图4-1—图4-3），结果发现，中介效应模型依然拟合良好，但认识信念对网络学习投入的标准化路径系数不显著（$p>0.05$），故在模型图中删除了这一路径。模型1的数据拟合结果为：χ^2/df=3.24，GFI=0.93，AGFI=0.90，NFI=0.90，IFI=0.93，CFI=0.93，TLI=0.91，RMSEA=0.070，表明模型具有较好的拟合度。模型中各路径的系数均达到显著水平，认识信念对无动机具有显著的负向预测作用，对元认知调节策略具有显著的正向预测作用；无动机对元认知调节策略和网络学习投入均具有显著的负向预测作用，元认知调节策略对网络学习投入具有显著的正向预测作用。

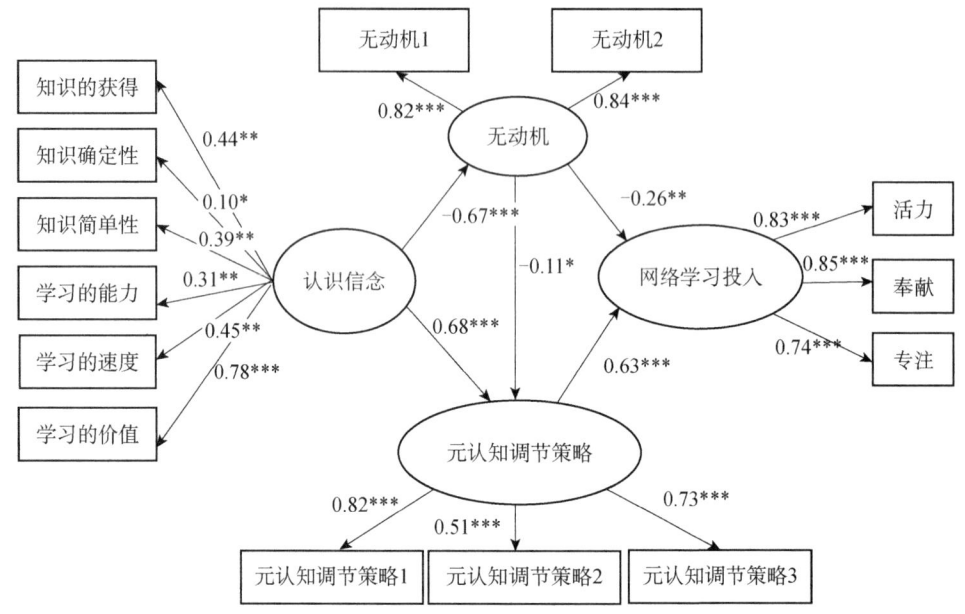

图 4-1　无动机和元认知调节策略在认识信念与网络学习投入中的中介作用模型

模型 2 的数据拟合结果为：χ^2/df=3.49，GFI=0.92，AGFI=0.89，NFI=0.88，IFI=0.91，CFI=0.91，TLI=0.88，RMSEA=0.070，表明模型具有较好的拟合度。图 4-2 显示，模型中大多数路径的系数达到显著水平，为便于与另外两个模型进行对比，此处保留了所有的路径系数。认识信念对控制性动机的预测作用不显著，对元认知调节策略具有显著的正向预测作用；控制性动机对元认知调节策略和网络学习投入的预测作用均不显著，元认知调节策略对网络学习投入具有显著的正向预测作用。

模型 3 的数据拟合结果为：χ^2/df=2.62，GFI=0.94，AGFI=0.91，NFI=0.92，IFI=0.95，CFI=0.95，TLI=0.93，RMSEA=0.060，表明模型具有较好的拟合度。图 4-3 显示，模型中各路径的系数均达到显著水平，认识信念对自主性动机和元认知调节策略均具有显著的正向预测作用，自主性动机、元认知调节策略对网络学习投入均具有显著的正向预测作用。此外，自主性动机对元认知调节策略的影响也显著（β=0.15，p<0.05）。

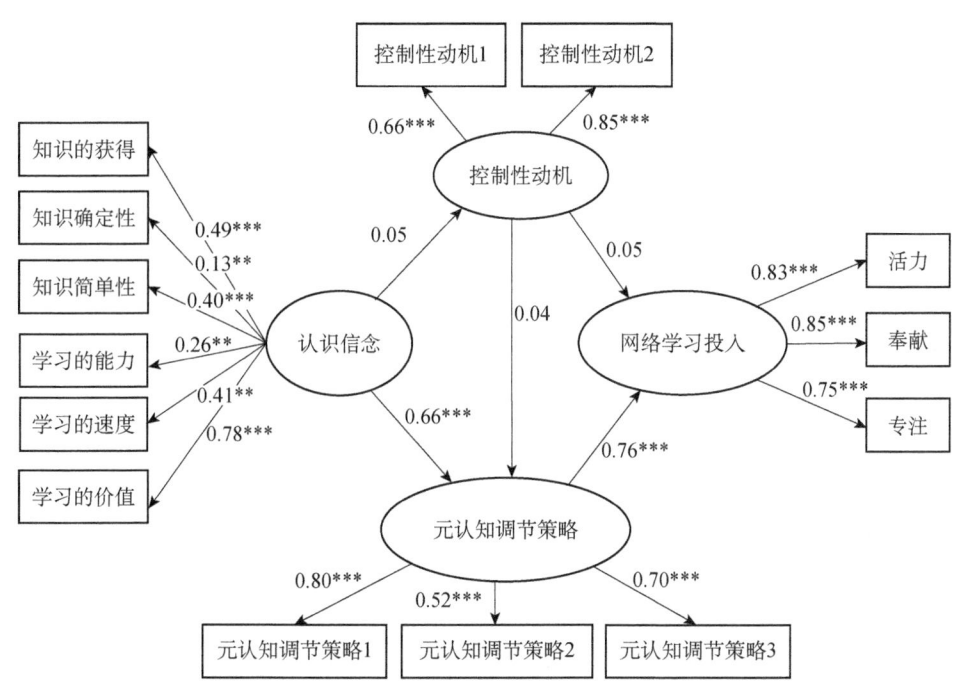

图 4-2 控制性动机和元认知调节策略在认识信念与网络学习投入中的中介作用模型

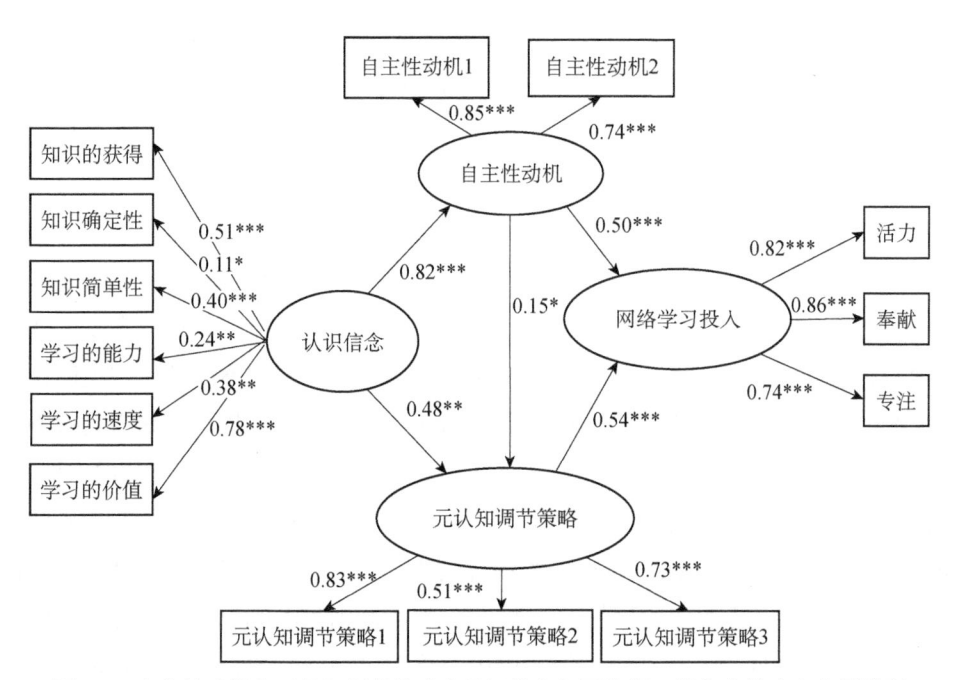

图 4-3 自主性动机和元认知调节策略在认识信念与网络学习投入中的中介作用模型

综上，认识信念到网络学习投入的路径系数在直接效应模型中显著，但在中介效应模型中不显著，故自我决定动机和元认知调节策略在认识信念对网络学习投入的影响中起完全中介作用。换言之，认识信念对网络学习投入具有间接影响，这种间接影响以自我决定动机和元认知调节策略为中介，但不同动机类型的作用存在差异，无动机对学习投入有显著的负向预测作用，控制性动机对学习投入的预测作用不显著，自主性动机对学习投入有显著的正向预测作用。

五、分析与讨论

（一）网络学习投入的影响因素的作用机制

研究表明，认识信念对网络学习投入具有间接影响，这种间接影响以自我决定动机和元认知调节策略为中介，这与缪斯提出的认识信念与自我调节学习的整合模型基本吻合，即认识信念通过动机和其他认知因素的作用，促进或抑制个体的学习投入和学习自主性（Muis，2007；Greene et al.，2010）。与传统学习方式相比，网络学习环境中教师的督促和监控作用相对降低，这种学习环境对个体的认识信念水平和自我调节学习能力有更高的要求（Chiu et al.，2013），需要个体更好地调控自己的动机，更多地使用元认知调节策略，此时认识信念对网络学习投入的影响并不是直接的，而是要通过自我决定动机和元认知调节策略起作用。认识信念对无动机有显著的负向影响，这说明学生对知识性质和学习过程的看法越成熟，越能避免学习中的无动机现象，不会对学习任务持冷漠、忽视的态度。认识信念对自主性动机有显著的正向影响，对控制性动机的影响不显著，这说明认识信念激发的动机类型为自主性动机而非控制性动机，即学生越认为知识具有不确定性，知识必须通过发挥自我能动性去主动建构，越倾向于认同学习的内在价值，倾向于遵从自己的决定进行工作和学习（Hofer & Pintrich，2002）。持有成熟的认识信念的学生，对于知识间的互联性、组织性，以及学习过程的建构性、自主性有更深刻的认识，更善于运用元认知调节策略对学习活动进行监控、反思与评价，因此认识信念会通过元认知调节策略的中介作用对网络学习投入产生积极的正向影响。

（二）不同动机类型的作用分析

在动机类型对网络学习投入的影响上，研究结论存在诸多分歧，既有研究表明，控制性动机能负向预测个体的网络学习投入，自主性动机能正向预测其网络学习投入（Giesbers et al., 2013; Chen & Jang, 2010）；也有研究表明，控制性动机和自主性动机对网络学习投入的预测作用依赖于个体自主程度的高低（高洁，2016）。本书研究表明，无动机对网络学习投入有显著的负向预测作用，控制性动机对网络学习投入的预测作用不显著，自主性动机对网络学习投入的正向预测作用显著。无动机的个体对学习任务不抱有任何兴趣，同时也不在乎外在的任务期限和奖励惩罚，与学习任务处于高度的疏离状态，处于这种心理状态的个体缺乏积极主动地调控自己学习过程的动力，故无动机对元认知调节策略和网络学习投入均存在负向影响。自主性动机体现了个体基于对网络学习活动本身的兴趣所带来的内在满足感和内在自主感、内在成就感而主动参与到学习任务中，因而相对于基于任务期限、奖励和惩罚以及避免内疚感等控制性动机更有利于积极学习行为的产生。持有自主性动机的个体会积极主动地调控自己的学习过程，能够更有效地使用元认知调节策略，集中注意力于学习任务本身，避免无关刺激的干扰，故自主性动机对元认知调节策略和网络学习投入均存在正向影响。控制性动机的作用机制一直存在争议，本书研究并不支持其对网络学习投入存在负向影响的观点，而是发现控制性动机虽不能正向预测学习投入，但也不会阻碍个体的学习。有学者指出，未来研究应该对控制性动机的中西方作用差异给予更多的关注，因为相比于西方文化，东方文化更强调孝顺、尊卑和服从等观念，容易导致在家庭养育、学校教育等人际互动过程中出现控制型互动模式，从而可能使控制性动机对东方学生的预测作用与西方学生存在差异（刘靖东等，2013）。

六、提升网络学习投入的应对策略

（一）重视学习者的动机转化：从控制性动机到自主性动机

首先，警惕网络学习中的无动机现象。网络学习平台的设计可以同时从自主性动机和控制性动机的激发两方面入手，避免无动机对网络学习投入的负向影响。

换言之，网络课程设计既要满足学习者的认知需要，引领学习者认识网络学习的价值，鼓励学习者自主学习，也应通过制度约束，如学分认证、建立奖惩机制等策略来督促并激励学生积极参与在线学习活动。其次，辨析网络学习中个体所持有的动机类型。学生参与网络学习的动机是复杂的，既可能持有努力完成学习任务，从而获得学分、免于惩罚的控制性动机，也可能持有迫于家长和老师的要求，避免不努力带来的内疚感等控制性动机，还可能持有对学习任务本身感兴趣的自主性动机。辨析动机类型有助于针对不同类型对症下药。按照自我决定理论，控制性动机在一定的条件下可以向自主性动机转化（Ryan & Deci，2017）。故尽管控制性动机对网络学习投入的预测作用不显著，但仍需引起我们的重视，通过设立任务期限、对表现良好者予以奖励、唤起不努力者的内疚感等方式，可以督促个体关注学习任务，至少是不偏离学习任务。最后，引领控制性动机向自主性动机转化。兴趣、挑战、专注和过程享受是自主性动机的体现，也是转化的关键要素。网络课程设计不仅要满足学生学习知识、提升能力的需求，还应具备一定的趣味性，改变教师刻板讲述的呈现方式，综合使用网络的多媒体功能，采用形式多样的、有生气的、精心组织的方式呈现学习内容，赋予学习任务乐趣，激发学习者的兴趣。挑战是一种最佳的心理体验，课程任务的设计要依照最近发展区理论构建脚手架任务，非常容易或者非常困难的任务都不会带来挑战，具有适中挑战难度的学习任务才会使学习者产生最大的自主性动机。当感受到自己可以控制学习的进程，有能力操纵学习环境，付出努力后能应对挑战时，学习者方能专注于学习任务，进而逐步体验网络学习的成功，感受网络学习的魅力，从而真正促进学习者由一时被外在因素吸引，迫于外部压力学习转向源于内在的认知需要、享受学习的过程而积极投入网络学习，实现从控制性动机向自主性动机的转化。

（二）关注学习者的策略使用：元认知调节策略的训练

首先，教师应注重对学习者进行网络学习策略方面的必要辅导，使其能更有效地适应网络学习方式，提高网络学习过程中的自我调控能力。教师需要站在学习者的角度预测其在网络学习过程中可能遇到的思维障碍，思考如何在网络课堂教学中展现遇到思维障碍时的解决策略，示范自己监控并调整思维过程进而突破障碍的技巧。其次，在课程设计方面，教师应使用动态网页技术提供自我监控表、自我评价表等协助工具，协助学习者记录、调控、评价自己的学习行为，培养学习者的自我监控意识，帮助学习者养成自我监控的习惯，增强学习者网络学习的投入效率。最后，教师应培养学习者的网络素养，增强他们对网络资源的甄选、分析、判断、思辨等批判性意识，提高其对网络垃圾信息的免疫力，使其避免网络无关信息的干扰，专心投入网络课程学习。

（三）培养学习者成熟的认识信念：领悟知识和学习的本质

首先，提高教师的认识信念水平。教师对知识和学习的看法会不自觉地通过网络课堂教学传递给学生，对学生产生潜移默化的影响。因此，教师自身必须具有理智的怀疑与反思精神，不断充实、改造和完善自身的认识信念系统，以自身热爱学习的态度和善于学习的能力，创造一种浸润学生、引领学生的氛围。其次，及时补充介绍知识研究的新进展。与现有文化成果相比，知识研究的新进展、新成果更能体现出知识的相对性、动态性等特征。因此，网络教学中不仅要重视知识的系统传授，还应结合教材内容补充新的资料和前沿研究的最新观点，鼓励学生通过网络资源获取专业学习方面的最新信息，让学生体会到知识发展的动态过程，感悟到人类探索过程的永无止境，体会到人类认识的有限性。最后，引导学生树立终身学习的理念。成熟的认识信念的一个重要特征是，相信能力是在后天发展中逐渐形成的，学习是一个复杂的、渐进的、长期的过程，而非一个一蹴而就、一劳永逸的快速过程，这与联合国教科文组织倡导的终身学习理念是不谋而合的。总之，通过有效途径培养学生成熟的认识信念，让学生深刻领悟知识和学习的本质，有利于促进其网络学习投入，提升网络学习质量。

本书研究存在如下局限性，需要在后续研究中加以改进。其一，在学习投入的测量指标方面，可采用更为先进的、自动化的方法来收集网络在线学习的行为指标和生理指标（如面部表情、眼动轨迹、点击数据等）（Sidney et al., 2017）；其二，本书研究中的被试均为在校大学生，对于其他类型的网络学习者关注不足，未来还需考虑不同类型学习者的先前知识经验、学历层次、学习背景等因素对网络学习投入的影响，以期更加全面地揭示网络学习投入的内部影响因素，更好地为网络学习平台的设计和建设提供参考。

第二节　认识信念对学习幸福感的影响

一、问题提出

追求幸福是人类生活的终极目标，获得学习幸福感可为学生的终身发展提供不竭的动力。正因如此，古今中外的教育家都强调快乐学习的重要性。"知之者不如好之者，好之者不如乐之者"（《论语·雍也》），从"学会"到"会学"再到"乐学"，反映出三个递进的学习层面。从教育心理学的角度来讲，"学会"和"会学"涉及的是学习的认知过程，"乐学"则强调了学习的情感过程。学生"乐学"的重要表现之一就是学生拥有较高的学习幸福感。学习幸福感是主观幸福感在学习领域的具体体现，是学生依据自己设定的标准对其学习过程所做出的整体评价，是学生在学习过程中体验到的愉悦感、满足感和成就感（孙小红，谭顶良，2017）。《国家中长期教育改革和发展规划纲要（2010—2020年）》强调，"促进学生生动活泼学习、健康快乐成长"。但是，调查显示，我国学生的学习幸福感普遍偏低，53.2%的初中生感到学习累，61.7%的初中生感到不幸福（邢静，2012）。2018年国际学生评估项目（Program for International Student Assessment，PISA）测试结果显示，与全部79个参测国家（地区）对15岁学生的抽样测试结果相比，我国学生学习时间较长，学生幸福感偏低。[①]这些调查结果提醒研究者必须关注学习幸福感的影响因素与作用机制问题。

学习幸福感是个体内部因素与外部因素交互作用的结果，对其作用机制的研究应从内外因素两个视角进行综合考察。内部因素方面，自主性动机和认识信念是两个非常重要的因素；外部因素方面，教师支持是学生感知到的最重要的支持因素。如本章上一节所述，自主性动机的概念源于瑞安和德西的自我决定理论，该理论提出外部动机在一定条件下可以向内部动机转化，这一转化过程经历了外

[①] 教育部. 2019-12-04. PISA2018测试结果正式发布. http://www.moe.gov.cn/jyb_xwfb/gzdt_gzdt/s5987/201912/t20191204_410707.html.

摄调节、内摄调节、认同调节与整合调节这一连续的发展轨迹（Ryan & Deci, 2000）。其中，外摄调节与内摄调节的自主性程度较低，因此合称为控制性动机，此时个体从事学习活动的动力主要来自获得奖励或避免惩罚，以及维持自尊或避免内疚感。认同调节、整合调节属于高度内化的外部动机，因此与内部动机合称为自主性动机，此时个体从事学习活动的动力基于自己的意愿和选择，来自对学习的内在价值的高度认同和内化（Ratelle et al., 2007）。研究表明，自主性动机比控制性动机更能激发个体的学习积极性，使个体免于学习倦怠等负性情绪的困扰（Deci & Ryan, 2012）。据此，本书研究提出假设1：自主性动机能正向预测学习幸福感。

认识信念是指学习者对知识、学习现象与经验所持有的直觉和潜在的认识，其内涵包括知识获得的本质（对知识来自何处以及知识获得的评判标准的看法）、学习的价值（对知识及学习的价值方面的看法）、学习的速度（学习是循序渐进的、逐渐累积的过程还是快速的、一蹴而就的过程）、学习的能力（学习的能力是与生俱来的还是在后天学习过程中逐渐发展的）、知识确定性（知识是不断发展变化的还是固定不变的）、知识简单性（知识之间、知识与现实生活之间是相互联系的还是知识只是孤立的碎片）（周琰，谭顶良，2016）。拥有成熟的认识信念的学生往往有较强的深层学习动机和行动控制水平，能够有效控制学习中的分心因素，具有更高的学习投入，能体验到学习的成就感和愉悦感（周琰，谭顶良，2013）。据此，本书研究提出假设2：认识信念会通过自主性动机的中介作用影响学习幸福感。

根据布朗芬布伦纳的生态系统理论，个体发展的生态环境由若干镶嵌在一起的系统组成，中间系统对个体发展的影响取决于微系统之间发生相互联系的数量、质量及程度，环境因素对个体的影响要通过内部因素发挥作用。教师支持作为学习环境中最重要的外部支持因素，会通过学生感知到的自主感和能力感等内部因素影响学习体验（Ruzek et al., 2016）。据此，本书研究提出假设3：教师支持会通过自主性动机的中介作用影响学习幸福感。

综上，已有研究取得了一定的成果，为本书研究奠定了基础，但尚存在如下需要深入探讨的问题。首先，学术界关于幸福感的研究大多从整体的主观幸福感入手，关注学习这一具体领域的研究较少。其次，国内探讨认识信念对幸福感的预测作用的研究较少，认识信念就像深藏在学生行为背后的无形之手，影响着学习过程和结果，其对学生学习和发展的作用不容小觑（周琰，谭顶良，2011）。最后，自我决定理论是基于西方个体主义文化背景提出的，在中国集体主义文化为主导的情境下是否适用？特别是国内教师的激励风格以控制型居多，自主支持型较少，此时自主性动机的作用机制是否仍具有普适性？这些问题都需要实证检验。基于此，本书研究欲揭示认识信念和教师支持等内外因素对学习幸福感的作用机制，检验相关理论在中国背景下的适用性，以期为提升学习幸福感的实践行动提供参考。

二、研究方法

研究对象是来自山东省两所中学的 565 名初中生，剔除无效问卷后的有效被试为 522 人。其中男生 285 人，女生 237 人；初一 200 人，初二 196 人，初三 126 人；重点学校 256 人，普通学校 266 人。研究工具为自编的认识信念量表、欧阳丹（2005）修订的教师支持量表、瑞安和康奈尔（Ryan & Connell，1989）编制的自主性动机量表、马颖和刘电芝（2005）编制的中学生学习幸福感量表。其中认识信念量表针对初中生被试修订后包括知识简单性、知识的获得、学习的能力、学习的速度与学习的价值五个维度（牟志华，2019）。教师支持量表包含学习支持、情感支持和能力支持三个维度。自主性动机量表包含认同调节和内部动机两个维度（Ryan & Connell，1989）。学习幸福感量表为单维度量表，采用利克特五点计分，得分越高表示学习幸福感水平越高。本书研究中，四个量表的内部一致性系数依次为 0.825、0.834、0.858、0.853。

三、结果与分析

（一）学习幸福感的现状

初中生学习幸福感的总体状况（$M=3.52$）处于中等偏低水平，最低分为 1.29，反映出个别学生几乎体验不到学习幸福感。其中男生的学习幸福感平均得分为 3.49，女生的平均得分为 3.53，统计检验的结果表明：学习幸福感不存在显著的性别差异（$t=-0.711$，$p>0.05$）。普通学校学生的学习幸福感平均得分为 3.57，重点学校学生的平均得分为 3.44，独立样本 t 检验的结果表明，两者的差异显著（$t=2.227$，$p<0.05$）。初一年级学生的学习幸福感平均得分为 3.66，

初二年级为3.41，初三年级为3.40。方差分析的结果表明，年级差异显著（$F=7.719$，$p<0.05$），进一步的事后检验结果表明，初一年级的得分显著高于初二年级和初三年级。此处有两个值得关注的结果：一是重点学校初中生的学习幸福感得分显著低于普通学校；二是随年级升高，学习幸福感逐渐降低，这不得不引起教育工作者的警觉。

（二）学习幸福感影响因素的相关分析

为了探讨认识信念、教师支持、自主性动机与学习幸福感的关系，本书研究对这几个变量进行了相关分析，结果见表4-2，可以发现四个变量之间均存在显著的正相关关系。

表4-2 学习幸福感影响因素的相关分析

变量	认识信念	教师支持	自主性动机	学习幸福感
认识信念	1			
教师支持	0.166**			
自主性动机	0.207**	0.395**	1	
学习幸福感	0.169**	0.362**	0.496**	1

（三）学习幸福感影响因素的模型建构

为进一步考察学习幸福感影响因素的作用机制，本书研究采用AMOS 23.0构建了结构方程模型，见图4-4。其中学习幸福感是单维度量表，其观测变量是根据题目的因素负荷，采用高低配的平衡法进行打包处理后生成的。模型的拟合指标：χ^2/df为1.974，小于3；GFI、AGFI、CFI、IFI、NFI的值分别为0.972、0.953、0.963、0.963、0.929，均大于0.9；RMSEA的值为0.043，小于0.05，模型拟合指标很好，研究假设得到验证。

如图4-4所示，认识信念对学习幸福感的直接作用不显著（$\beta=0.04$，$p>0.05$），95%置信区间为[-0.079，0.157]，区间内包含0。其余路径系数均显著，95%置信区间的下限和上限之间均不包含0，故自主性动机在认识信念与学习幸福感之间起完全中介作用，认识信念对学习幸福感的间接效应值为0.17×0.66=0.112；自主性动机在教师支持与学习幸福感之间起部分中介作用，教师支持对学习幸福感的直接效应为0.18，对学习幸福感的间接效应为0.60×0.66=0.396，教师支持对学习幸福

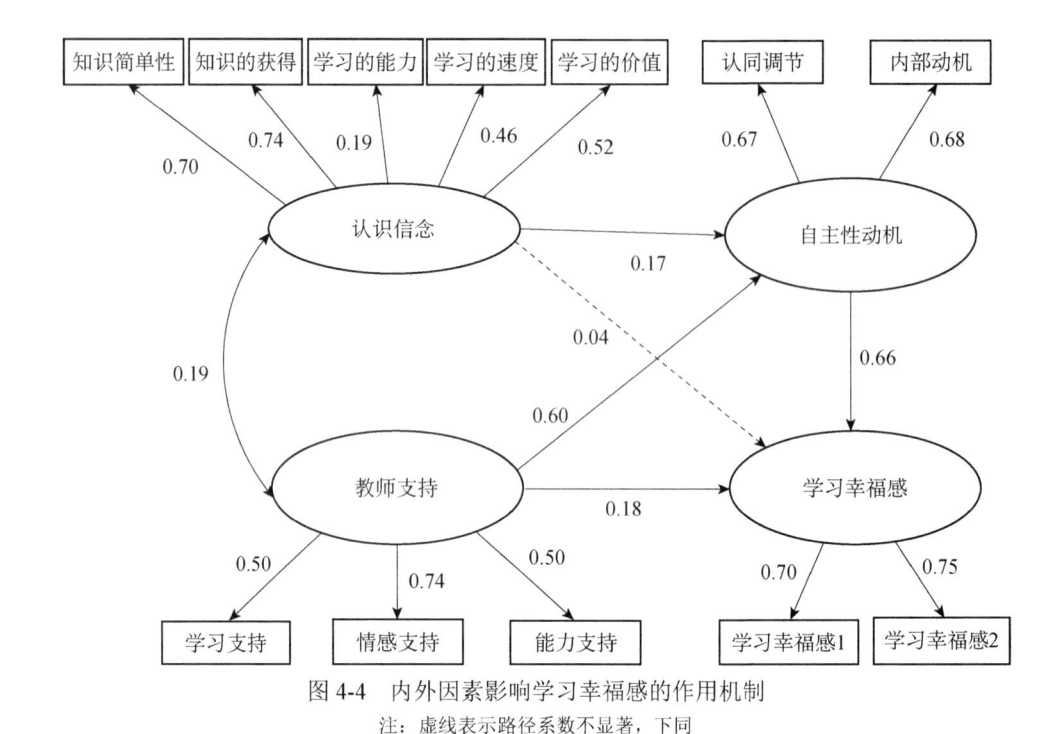

86 青少年认识信念发展模式与作用机制

图 4-4 内外因素影响学习幸福感的作用机制
注：虚线表示路径系数不显著，下同

感的总效应值为 0.576；认识信念、教师支持与自主性动机对学习幸福感的总效应值为 0.688。

本书研究结果表明，自主性动机在认识信念与学习幸福感之间起完全中介作用。认识信念作为学习者对知识、学习现象与经验所持有的直觉和潜在的认识，对学习幸福感的直接影响并不显著，但是会通过自主性动机对学习幸福感产生间接影响。学生的认识信念水平越高，越能深刻领悟知识和学习的本质，此时个体学习的动力更多地来自其对知识的渴求和对学习价值的认同，其动机类型为高度内化的自主性动机。认识信念对学习结果的影响往往是间接的，要通过动机等的中介作用产生影响，这与以往研究结果一致（周琰，2018）。本书研究亦揭示出，自主性动机在教师支持与学习幸福感之间起部分中介作用，教师支持既能直接影响学生的学习幸福感，也能通过自主性动机间接影响其学习幸福感。教师支持对学习幸福感的影响机制中，其直接效应与国外研究结果不一致，这或许源自国内外教师激励类型的差异；但是自主性动机的间接效应与国外研究结果一致（Ruzek et al.，2016），说明自我决定理论在中国教育背景下亦具有一定的适用性。

四、学习幸福感影响因素的教育意蕴

（一）增强教师支持，关注良好学习氛围的创设

本书研究发现，重点学校初中生的学习幸福感得分显著低于普通学校，学习幸福感随年级升高而逐渐降低。这说明重点学校的学生和高年级的学生特别需要教师支持来化解学习中的竞争和压力。根据科温顿的自我价值理论，学生的自我价值感知通常来自他们在竞争中取得成功的能力，为避免遭遇竞争失败带来的自我价值威胁，学生可能采取"隐讳努力""逃避失败"等不恰当的应对方式（Covington, 1998）。重点学校的学生、高年级的学生内心可能承受着更多的紧张、焦虑、冲突等精神困扰。为此，教师要关注良好学习氛围的创设，如鼓励小组合作学习，学习成绩的提高是集体共同努力的结果而非个人能力的体现；或者采取基于学生自我卷入而非他人比较的评价方式，以缓解高度竞争的学习氛围带来的不利影响。

（二）培养学生成熟的认识信念，领悟知识和学习的本质

首先，教师要提高自身的认识信念水平。教师对知识和学习的看法既会通过课堂教学传递给学生，又会在日常相处中对学生产生潜移默化的影响（喻平，2007）。因此，教师必须不断充实、改造和完善自己的认识信念系统，关注研究领域的新发展、新动态，以自身热爱学习的态度和善于学习的能力，营造浓厚的浸润学生、引领学生的学习氛围。其次，教师要设置丰富的课程体系，采用自主支持的教学方式，通过开设多样化的选修课程，让学生体会知识的互联性、交融性和渗透性，通过采用自主支持的教学方式，关注学生知识建构的主动性，展示知识发生和发展的动态性，引领学生领悟知识和学习的本质。最后，教师要培养学生树立成长型思维和终身学习理念。成熟的认识信念的一个重要特征是相信能力的后天发展性，相信学习的复杂性、渐进性和长期性，这与当下国际上流行的成长型思维培养和终身学习理念是不谋而合的。

（三）转变教育观念，促进从控制性动机到自主性动机的转化

首先，教师要转变教育观念，摒弃学习定与痛苦相伴的认识。毋庸置疑，在

对学习幸福感的讨论中难免会有质疑、反对的声音，例如，凭什么让学生的学习与幸福感相伴，学习难道不是艰辛、痛苦的过程吗，这是对"幸福感"的误读，是对学生的一种误导。诚然，学习的过程并非一帆风顺，但"学习幸福感"之"幸福"源于学生内心的感受，包括对勤奋、刻苦以及挫折、困难的经历、体验和感悟，进而由内而外生成的战胜挫折、体验成功的愉悦感、满足感和成就感，这是个体保持一生孜孜不倦求知的根本。其次，教师要挖掘学生内心的积极因素，避免传递消极信息，不能认为学生的学习目的只是升学，而应该把学生看作积极的、有强烈的成长动机和认知需要的学习者。最后，教师要关注学生自主心理需要的满足，做好从控制性支持到自主性支持的转变。研究表明，自主性是内在动机最强的预测因素（Patall et al., 2008）。接受自主性支持的学生，更易产生强烈的内在动机、好奇心和迎接挑战的欲望。相比之下，接受控制性教育方式的学生，不仅容易丧失学习的内在动力，而且在创造性学习任务中的成绩远低于预期要求。换言之，学生在体验到成就的同时，还必须感觉到自主性，唯有这样，才能真正地对内在动机产生促进作用。反之，诸如指令、最终期限、压力性评价和强制性目标等对内在动机有削弱作用（吴才智等，2018）。总之，学生需要更多的自主性支持，需要经历从控制性动机到自主性动机的转化，由此方能逐步达到"乐学"的境界，达成将学习作为人生信仰的终极目标。

第三节　认识信念对其他学习变量的影响

探讨学生所持有的认识信念对其学习过程的影响，一直是认识信念研究中的热点问题。已有研究表明，学生所持有的认识信念对其认知过程、学习策略、学习情感体验及学习结果等存在诸多影响（Buehl & Alexander, 2001; Cano, 2005; Hofer & Pintrich, 1997; Hofer, 2001, 2004a; King & Kitchener, 2002; Schommer-Aikins, 2004; Schommer-Aikins & Easter, 2006; Schraw, 2001）。这类实证研究多以舒曼的多维信念系统理论为基础，由于舒曼以纸笔问卷的形式来测量认识信念，这使得研究者能够更加方便地探讨认识信念同教育教学中其他变量之间的关系。本节主要归纳认识信念对行动控制、学习动机、学习策略、学习方式及学业表现的影响。

一、对行动控制的影响

行动控制是指个体在面对自身或环境的分心因素时，为使自身集中注意力，保持努力程度而采取的动态的心理控制过程（Corno，1989）。我国学者认为，行动控制是个体决策后集中注意以设定行动意向并维持行动意向的自我调整，是应用各种资源来维持意向执行的倾向（陈萩卿，张景媛，2007）。有研究表明，学生所持有的认识信念对其学习坚持性、行动控制有重要影响。如果学生持有所学知识对他们将来的生活或职业没有用的信念，他们是不愿努力和花时间去学习的，比如，持有数学能力与生俱来信念的中学生，认为数学问题平均可在 2 分钟内解决，花更长的时间去思考数学问题是没有意义的，那只是适合高智商学生的数学游戏。可见，认识信念会影响学生在学习时能否坚持努力并排除干扰（Schommer et al.，1997）。

学生的认识信念会对学习意志的决定和执行过程产生直接或间接的影响。积极的、正确的认识信念会引导学生选择正确的意志决定，有益于良好意志品质的形成，能给予意志执行过程"正能量"；消极的、错误的认识信念将误导学生学习意志的决定，无益于良好意志品质的形成，是意志执行过程中强大的"负能量"（唐剑岚等，2014；Schoenfeld，1989）。唐剑岚等（2014）进行的大量调研表明，在小学阶段，很多学生持有积极的数学认识信念，相信数学知识与日常生活有较多的联系，感受到生活中有不少数学的影子，也常联系生活实际积极、努力地学习数学。但到了中学，他们不再认同"数学知识与日常生活有较多联系"的观点，尤其是数学成绩较差的学生，伴随着数学学习中的焦虑、挫折与痛苦体验，他们开始逐渐认同"数学是需要天赋的，我再怎样努力也白搭"的消极信念，认为数学是一种"不划算的、高风险的投资"。这种消极的信念不断销蚀着他们学习数学的意志，最终主动学习数学的意志行为已成为"强弩之末"。

相对于中小学阶段的学习，大学生的学习具有高自主性的特点，时间相对宽松，在学习过程中会面临各种事务的干扰与诱惑，能否排除干扰，保证自己学习目标的达成，行动控制具有不可低估的作用。行动控制是展现学习意志的关键，也是学习目标与学习结果之间的重要中介变量。然而，对于行动控制在学习过程中的中介作用，以及认识信念、行动控制与其他学习变量之间的关系，目前的研究尚不够深入。鉴于此，本章第四节将探讨认识信念和行动控制在大学生学习过程中的作用。

二、对学习动机的影响

不同的认识信念会使学生以不同的观点来看待学习，从而影响其学习动机（Cavallo et al., 2003；Chan，2003；Hofer & Pintrich，1997，2002）。霍弗和平特里奇的研究发现，学生的数学认识信念与其内在动机、自我效能感和学业成绩之间存在显著的正相关关系（Hofer & Pintrich，1997）。学生所持有的认识信念与其成就目标之间存在显著的相关关系，关于知识获得速度的信念可以预测学生的成就目标：那些持有快速学习信念的个体更少地采用掌握目标，更多地采用成绩接近目标或成绩回避目标，而且持有知识确定性信念的个体更少地采用掌握目标（Bråten & Stromso，2004）。国内外学者通过对 508 名六年级学生的调查发现，学生所持有的能力增长观、知识发展性和认识的判断对适应性的学习动机（掌握目标定向）有直接和间接影响，学生所持有的能力固定观、知识来源和知识确定性等则对非适应性的学习动机有直接和间接影响（Chen & Pajares，2010）。研究者通过对 1041 名六年级学生的调查发现，认识信念通过影响学习动机与学习方式进而间接影响成绩；相信科学知识的知识发展性和权威传递（知识来源于权威）的学生有更强的学业自我效能，更倾向于使用成绩目标定向（Kizilgunes et al., 2009）。

潘（Phan）通过对 603 名大一年级学生的调查发现，认识信念中的固定能力（fixed ability）信念对自我效能有显著的负向预测作用，知识简单性对自我效能有显著的正向预测作用；固定能力与知识确定性对掌握目标定向有显著的负向预测作用，知识简单性与快速学习（quick learning）信念则对掌握目标定向有显著的正向预测作用（Phan，2008b）。成熟的认识信念能促使个体产生积极情绪，采用积极的情绪调节策略促进个体的学习；反之则容易产生消极情绪，阻碍个体顺利地完成学习任务（Trevors et al., 2017）。王学臣和周琰（2008）的研究发现，大学生的学习观与其内生动机、一般自我效能感、学习效能感呈显著正相关，但与外生动机多呈显著负相关；学业自我体验与学习过程观是大学生内生动机的有效预测变量，学业自我体验是大学生一般自我效能感和学习效能感的有效预测变量。持有建构性学习观的个体倾向于认为知识是不断发展和变化的，各类知识之间、知识与现实生活之间有着广泛的联系；学习是学习者主动建构知识的过程，学习者在这一过程中利用自己已有的知识经验，主动自主地进行信息选择和信息加工；对知识意义的深刻理解不是快捷性的，而是需要反复多次才能完成；学习能力不是固定不变的，而是可以通过努力得到提高的。这种成熟的、建构性的学习观对学生的认知过程发挥着积极的引领作用，促进学生采取积极有效的认知策略，产生较强的内生学习动机，从而更多地体验到学习的成就感和愉悦感，有助于形成较强的一般自我效能感和学习效能感。而且，学生越是倾向于认为学习是一个主动建构的渐进过程，就越有助于激发其内生学习动机，促使自己积极主动地学习，容易产生学习上的良性循环。这种良性循环所带来的优异成绩，又强化了他们对自我价值的体验和对自我能力的认同，提升了其自我效能感和学习效能感。

三、对学习策略的影响

学生的认识信念会影响其认知过程和策略选择。有研究指出，认识信念在认知与推理过程中扮演着重要角色（Ravindran et al., 2005; Schraw, 2001）。认识信念不但能帮助学生了解什么（what）认知策略可能有助于解决问题，促使个人思考这些策略是否（whether）适用于当时情境，也能帮助个人判断不同策略在何时（when）或何地（where）使用有效。舒曼等的研究发现，认识信念会影响学生选择学习策略与设置理解标准，学生越是持有成熟的认识信念，就越倾向于采取掌握目标定向，越倾向于采用多种有效的学习策略（Schommer et al., 1992, 1997）。例如，学生越是持有"知识是孤立的、片断性的事实、概念"的信念，就越可能采用与此一致的策略，即集中注意力来记住这些概念或事实，当他们能够背诵这些概念、记住这些事实后，就认为自己学会了，事实上，他们可能并没有真正理解所学的知识。陈研究了我国香港地区大学生的认识信念对学习策略的影响，结果表明，大学生所持有的权威或专家知识、确定性知识、天生或固定能力信念对大学生的表层策略有显著的正向影响，权威或专家知识、确定性知识对深层策略有显著的负向影响，学习努力信念对深层策略有显著的正向影响，对表层策略有显著的负向影响（Chan K W，2007）。潘的研究发现，认识信念中的固定能力信念与快速学习信念对大一年级学生的自我调节策略有显著的负向预测作用（Phan，2008b）。还有研究者将认识信念、目标取向（掌握目标与表现目标）和认知学习策略联系起来加以考察，结果表明，学生持有的知识结构与知识本质的信念会影响他们所追求的目标类型以及认知策略（DeBacker & Crowson，2006）。

在当今流行的网络学习环境下，认识信念对学生网络搜寻策略的使用与学习结果有重要影响，当问题的确定性程度较低和答案较为复杂时，持有成熟的认识信念的学生在搜寻结果的丰富程度等方面有更好的表现（Tu et al.，2008）。惠特迈尔对大学生进行的跟踪研究发现，个体的认识信念会对信息查询的媒介使用、搜索策略、信息评价等产生重要影响（Whitmire，2003，2004）。低认识信念者较为被动，他们一般不主动使用信息查询技巧，信息只要来自权威，就被认为是正确的；当查到所需的"权威"信息时，他们便会停止信息查询，极易放弃或忽略相冲突的信息。相比之下，高认识信念的大学生往往更加积极主动，更能处理相互冲突的信息及正确认识权威，在信息查询中会主动采取有效的查询策略，其信息查询的过程就是一个主动建构的过程。郑金婷探究了认识信念的不同维度对被试信息查询行为的影响，结果发现，知识的来源、知识获取判断两个维度的影响程度最为明显，知识的本质、知识获取速度、知识获取能力则依次减弱（郑金婷，2011）。知识的来源信念非常低的被试，几乎把所有网络上的信息都当作权威信息，不加识别和判断；知识的来源信念高的被试，承认权威的信息相对准确，但是他们筛选信息时并不盲从，而是依据自己建构知识的需要来进行取舍。知识获取判断信念低的被试，几乎不反思自己为什么选择这些信息而没有选择其他信息，或者仅依据信息内容与自己观点的一致性进行判断，一致则选择，不一致则舍弃；知识获取判断信念高的被试，在反思自己的信息选择行为时，主要是评价信息内容是否客观或者是否有足够的科学依据。知识的本质信念低的被试在选择信息时几乎不考虑信息产生的背景，他们在组织信息时仅仅是简单地罗列；知识的本质信念高的被试在选择信息时会充分考虑信息的时效性，按照自己的观点融合所选择的信息并加以应用。知识获取速度信念低的被试在吸取信息时，其实就是一种接受行为，几乎没有加以内化；知识获取速度信念高的被试吸取信息的过程，更多的是一种信息建构的过程。但是，该研究没有发现知识获取能力信念对个体信息查询行为的影响。

在学科认识信念的研究方面，也有与一般认识信念类似的研究成果。比如，数学成绩差的学生倾向于认为，只有那些具备数学天赋的人才能真正理解数学，这说明数学学习中有关学习能力的信念影响着数学学习活动。另外，成绩差的学生还认为，如果一道数学问题在10分钟之内还没能得到顺利解决的话，以后即使花费再多的时间也无济于事，这说明数学学习中有关学习速度的信念以及知识来源的信念（先天还是后天）影响着数学学习活动。许多研究表明，学生持有的数学认识信念与其数学认知过程、其所采用的数学学习策略具有相互影响的关系，学生的数学认识信念是深刻影响数学学习的主要变量。具体来说，认识信念会影响数学知识的记忆和理解，影响数学认知策略的学习和运用，影响数学学习中的元认知活动（唐剑岚等，2014）。积极的、正确的数学认识信念会引导学生采用积极有效的认知策略，比如，这类学生会联系生活学习数学，运用数形结合的方法追问数学知识的来龙去脉，运用思维导图、概念图等方法梳理知识的内在联系，注重对数学知识的理解（Muis，2008），善于运用元认知策略对数学解题活动进行监控、反思与评价等（Tang，2010；Muis & Franco，2009；Francisco，2013）。消极、错误的数学认识信念则会极大地阻碍学生对数学认知策略的学习和运用，信念水平低的学生倾向于使用肤浅的、低效的认知策略，习惯记忆数学知识或模型，比如，记住课本样例或教师讲解的样题，然后机械地套用，而不是通过挖掘数学知识的内在联系与体悟其中的数学思想方法来理解和记忆知识（肖春梅等，2007），他们常常走马观花地审题，甚至不审题而直接解答，很少有一题多解的意识，解题中和解题后也极少使用元认知策略进行自我检查与自我反思（Callejo & Vila，2009；Schommer-Aikins et al.，2005）。数学认识信念还会影响问题解决的监控过程，持有不成熟的数学认识信念的个体在遇到陌生问题时，倾向于持续运用不成功的策略解决问题，而不能监控自己走出误区（Lerch，2004）。

国内学者的研究表明，高中生英语学习信念对英语学习行为存在间接和直接作用，其中的间接作用以学习动机为中介变量（宋志燕等，2008，宋志燕，王耘，2013）。高中生的英语学习信念与英语学习行为之间存在匹配类型（成熟信念—积极行为、不成熟信念—不积极行为）和不匹配类型（成熟信念—不积极行为），但不存在不成熟信念—积极行为的类型,由此研究者提出成熟的认识信念是良好行为的必要条件,但不是充分条件。国外学者的研究发现,在大学历史课上,学生有关知识的一般看法,以及关于"什么是历史"的看法和信念明显地影响着他们所选择的学习策略,并影响着其对学习任务的解释(Simpson & Nist, 1997)。孙燕青和张建伟(2003)的研究表明,中学生科学观的部分维度对其学习过程和控制性实验策略的选择及使用有重要影响。

四、对学习方式及学业表现的影响

学习方式是学生在完成学习任务过程中的基本行为和认知取向。陈探讨了我国香港地区大学生的认识信念对其学习方式的影响,结果表明,大学生的权威或专家知识、确定性知识、天生或固定能力信念对表层学习方式有显著的正向影响;学习努力信念对深层学习方式有显著的正向影响;权威或专家知识则对深层学习方式有显著的负向影响(Chan, 2003)。潘的研究发现,大学生所持有的认识信念会影响其学习方式,并且学习方式是认识信念影响学业成绩的中介变量(Phan, 2008c),对中学生的研究中也有类似的结论(桑青松,夏萌,2010;Cano, 2005;Kizilgunes et al., 2009)。

认识信念能预测学业表现中的许多认知性内容,尤其是理解、元理解、信息解释、深度思考、问题解决手段等。其中,对知识确定性、知识联系性和发展性的认识,能有效预测认知过程中的理解、元理解以及信息解释活动;对学习速度与学习能力的认识,能有效预测理解、教育价值评估及总体学业表现(Buehl & Alexander, 2005;Muis, 2004;Schommer et al., 1992;Schommer-Aikins et al., 2005)。不少研究发现,成熟的认识信念与高学业成绩或高学习投入存在相关关系(周琰,谭顶良,2010a;Conley et al., 2004;Phan, 2008c;Mason & Scrivani, 2004;Muis, 2004;Trautwein & Lüdtke, 2007a)。

学生的学业表现会受到多种因素的影响,如认识信念(Cano, 2005;DeBacker & Crowson, 2006;Schommer et al., 1992;Phan, 2008c)、成就目标(DeBacker & Crowson, 2006;Fenollar et al., 2007)、学习加工策略(Schommer et al., 1997)、未来时间洞察力(吕厚超,2014)等,诸多因素相互作用,共同对学业表现产生

第四章
认识信念的作用机制

直接或间接的影响。潘（Phan, 2009）将以学业表现影响因素为主题的研究划分为两条主线：一条主线探究认识信念、成就目标、学习的认知加工策略之间的关系及其对学业表现的影响（Cano, 2005; DeBacker & Crowson, 2006; Phan, 2008b）；另一条主线探究未来时间洞察力、成就目标、学习的认知加工策略之间的关系及其对学业表现的影响（Fenollar et al., 2007）。基于成就目标定向的三分法理论模型（掌握目标定向、成绩接近目标定向、成绩回避目标定向），潘将两条主线合并在一项研究中，考察认识信念、未来时间洞察力、成就目标定向、学习的认知加工策略之间的关系及其对学业表现的直接与间接影响。结果表明，认识信念、未来时间洞察力、成就目标定向、学习的认知加工策略以及学业表现之间存在一种复杂的、系统性的相互作用，认识信念和未来时间洞察力不但能直接影响学业表现，还能通过个体的成就目标定向、学习的认知加工策略等进而对学业表现产生间接影响（Phan, 2009）。

　　缪斯提出了认识信念与自我调节学习的整合模型，探讨了认识信念在自我调节学习中的作用模式，该模型包括四个阶段：任务定义、计划和目标设定、实施、评价（Muis, 2007）。认识信念在第一阶段中，通过与动机、情感因素和其他认知因素的交互作用，对自我调节学习的其他阶段产生重要影响。个体所持有的认识信念在自我调节学习中发挥重要作用，是自我调节学习的有效预测因素（Muis et al., 2018）。个体在面对学习任务时，首先会对知识性质和学习过程进行评估，此时会发挥认识信念的评估作用，然后才会根据评估结果决定是否采取有效的自我调节学习策略。对知识本质和学习过程持有积极信念的个体，能够有意识地调整自我的认知、情绪和行为，通过设置具体目标、分析目标的可行性、领悟目标与情境的关系等方式，实现自我调节学习过程中的自我监控、自我调节和自我控制；相反，如果个体持有消极的认识信念，认为知识获得必须依靠教师传授，忽视自身的主观能动性，那么个体在学习过程中，在调节自身的认知、情绪及行为时，往往存在诸多困难（Muis et al., 2018）。国内学者探讨了认识信念对自我调节学习和学业拖延的影响，发现持有成熟的认识信念的大学生拥有较高的自我调节学习能力，并且可以通过自我调节学习的中介作用降低学业拖延程度，从而更少地受到学业拖延的困扰（李红霞等，2019）。

　　认识信念研究不只在教育领域和教学情境下具有重要意义，而且在日常问题的解决、决策等过程中也有重要价值。国外的研究发现，成熟的认识信念能预测个体对日常生活中两难问题的思维水平，个体越是相信知识具有复杂性、暂定性等特点，越容易采取多元化的视角，乐于修正自己的思维（Schommer-Aikins & Hutter, 2002）。个体日常通过互联网搜索信息时，认识信念会起到一种元认知监控的作用，帮助个体处理复杂甚至互相矛盾的信息（Mason & Boldrin, 2008）。具有成熟的认识信念的个体，更倾向于使用反驳-驳斥的思考方法和产生不同寻常的观点，其批判性思维水平更高，更能认识到比较和评价其他观点以及驳斥的价值（Kuhn, 2001）。国内杨小洋等（2012）的研究表明，中学生创造性思维与其认识信念存在显著的正相关关系；自我提问在认识信念与创造性思维的关系中具有一定的调节作用。霍弗在综述已有研究的基础上，提出在教育领域，个人认识信念具有一种工具性的作用，对于学生灵活使用学习策略进行自我调控学习、获得积极的学习体验和良好的学业成绩具有极其重要的作用。在教育领域之外，个人认识信念有着更为广泛的意义，如仲裁委员会对证据的选择，对环境、医疗和社会政策等问题的看法，对日常阅读、经验、信息的处理等都与个人认识信念有关，认识信念的研究应该成为认知发展研究的主流（Hofer, 2006b）。

第四节　认识信念影响学习过程的整体模式建构

　　如本章上一节所述，探讨学生所持有的认识信念对其学习过程的影响，一直是认识信念研究中的热点问题，也取得了较为丰硕的成果，但尚存在一些有待深入探讨的问题。比如，以往研究中对行动控制的重视不够，仅有我国台湾学者构建了认识信念影响初中生行动控制的模型，大学生的学习具有高度自主性的特点，其行动控制能力对其学习结果有不可低估的重要作用，故而本节在探讨认识信念影响学习过程的作用机制时，把行动控制纳入研究范围之中。另外，已有研究多是零散地探讨认识信念对各学习变量的影响，未能构建认识信念影响学习过程的整体作用模式。此外，多数研究只是探讨认识信念对学习动机、学习策略、学习方式的影响，未能深入厘清认识信念对深层动机（deep motive, DM）、表层动机（surface motive，SM）、深层策略（deep strategy，DS）、表层策略（surface strategy，SS）、深层方式（deep approach，DA）、表层方式（surface approach，SA）的不同作用。基于以往研究的不足，本节旨在厘清大学生的认识信念对深层动机、表层动机、深层策略、表层策略、深层方式、表层方式的不同影响，构建认识信念影响大学生学习过程的整体模式，揭示行动控制在学习历程中的中介作用。

一、研究方法

被试是来自南京师范大学、聊城大学等七所高校的1100名大学生，剔除无效数据后的有效被试为966人，其中男生377人，女生589人；大一279人，大二347人，大三280人，大四60人。我们采用三个问卷进行实证调查，分别是大学生认识信念问卷、行动控制问卷和学习过程问卷R-SPQ-2F（revised two-factor version of the study process questionnaire）。其中行动控制问卷包括求助控制、认知控制、努力控制、环境控制、情绪控制五个维度，学习过程问卷包括深层动机、表层动机、深层策略、表层策略、深层方式与表层方式六个维度。已有研究表明，三个问卷均具有良好的信效度指标（周琰，谭顶良，2013；Kember et al.，2004）。

二、研究结果

（一）各测量变量的基本情况

各测量变量的基本情况如表4-3所示，除表层策略外，其余变量的得分高于临界值3分。深层策略的得分高于表层策略，进一步的检验表明，两者存在统计学上的差异性（$t=18.035$，$p<0.001$）；表层动机的得分高于深层动机，进一步的检验表明，两者存在统计学上的差异性（$t=14.285$，$p<0.001$）；深层方式的得分高于表层方式，进一步的检验表明，两者存在统计学上的差异性（$t=6.551$，$p<0.001$）。这说明大学生的表层方式与深层方式、表层动机与深层动机并存，但无论是何种

动机引发的学习行为，学生均倾向于使用深层策略。

表 4-3　各测量变量的基本情况

项目	M	SD	项目	M	SD	项目	M	SD
知识确定性	3.946	0.483	求助控制	3.415	0.570	深层方式	3.253	0.516
知识简单性	3.987	0.451	认知控制	3.337	0.576	表层方式	3.107	0.435
知识的获得	4.059	0.378	努力控制	3.283	0.575	深层动机	3.175	0.532
学习的能力	3.382	0.578	环境控制	3.683	0.737	表层动机	3.512	0.589
学习的速度	3.463	0.513	情绪控制	3.446	0.592	深层策略	3.391	0.612
学习的价值	3.263	0.542	行动控制	3.407	0.437	表层策略	2.875	0.542
认识信念	3.668	0.285						

（二）认识信念与行动控制、学习动机、学习策略、学习方式之间的相关分析

为了探讨大学生的认识信念与行动控制、学习动机、学习策略、学习方式的关系，本书研究首先对这几个变量进行了相关分析，结果如表 4-4 所示。

表 4-4　认识信念与行动控制、学习动机、学习策略、学习方式的相关

变量	知识确定性	知识简单性	知识的获得	学习的能力	学习的速度	学习的价值	认识信念
求助控制	0.060	0.199***	0.222***	0.140***	0.213***	0.307***	0.345***
认知控制	0.076**	0.257***	0.314***	0.148***	0.254***	0.467***	0.466***
努力控制	0.016	0.155***	0.164***	0.210***	0.376***	0.451***	0.437***
环境控制	0.075*	0.160***	0.219***	0.049	−0.011	0.223***	0.214***
情绪控制	0.104**	0.217***	0.270***	0.080*	0.156***	0.353***	0.356***
行动控制	0.088**	0.275***	0.328***	0.181***	0.289***	0.504***	0.511***
深层动机	0.076*	0.237***	0.285***	0.097**	0.169***	0.551***	0.446***
表层动机	0.095**	0.131***	0.193***	−0.039	−0.040	0.020	0.088**
深层策略	0.130***	0.290***	0.284***	0.058	0.153***	0.432***	0.402***
表层策略	0.035	−0.109***	−0.036	−0.220***	−0.330***	−0.323***	−0.316***
深层方式	0.106**	0.281***	0.310***	0.088**	0.177***	0.548***	0.466***
表层方式	0.075*	−0.021	0.066*	−0.193***	−0.281***	−0.246***	−0.207***

由表 4-4 可知，认识信念及其各维度与行动控制各维度及深层动机、深层策略、深层方式之间多呈显著正相关，与表层策略、表层方式之间多呈显著负相关。

（三）大学生的认识信念对各变量的回归分析

为了进一步揭示认识信念对行动控制、学习动机、学习策略及学习方式的影

响，本书研究采用逐步回归法在SPSS 21.0中进行多元回归分析，首先，考察认识信念对学习动机的影响；其次，考察认识信念和学习动机对行动控制的影响；最后，考察认识信念、行动控制和学习动机对大学生的学习策略、学习方式的影响。结果如表4-5所示。

表4-5 认识信念对各变量的回归分析

因变量	进入预测变量	R	R^2	$\triangle R^2$	F	B	β
表层动机	认识信念	0.088	0.008	0.008	7.528**	0.182	0.088
深层动机	认识信念	0.446	0.199	0.199	239.792***	0.843	0.446
行动控制	深层动机	0.639	0.408	0.408	663.669***	0.409	0.498
	认识信念	0.687	0.471	0.064	429.470***	0.428	0.279
	表层动机	0.696	0.484	0.012	300.685***	0.084	0.113
表层策略	认识信念	0.316	0.100	0.100	106.722***	−0.492	−0.258
	表层动机	0.371	0.138	0.038	76.917***	0.203	0.221
	行动控制	0.392	0.154	0.016	58.320***	−0.187	−0.151
深层策略	深层动机	0.678	0.459	0.459	818.546***	0.602	0.523
	行动控制	0.699	0.488	0.029	458.801***	0.271	0.194
	认识信念	0.701	0.491	0.003	309.800***	0.150	0.070
表层方式	认识信念	0.207	0.043	0.043	43.076***	−0.316	−0.207
深层方式	行动控制	0.662	0.438	0.438	751.353***	0.677	0.573
	认识信念	0.678	0.460	0.022	410.503***	0.314	0.173

由表4-5可知，大学生的认识信念对其学习动机、行动控制、深层策略、深层方式有显著的正向预测作用，对表层策略和表层方式有显著的负向预测作用。此外，深层动机、表层动机对行动控制有显著的正向预测作用；行动控制对深层策略、深层方式有显著的正向预测作用，对表层策略有显著的负向预测作用。

（四）认识信念影响大学生学习过程的整体模式

为构建大学生的认识信念影响其学习过程的整体模型图，本书研究在理论分析、相关分析及回归分析的基础上，构建结构方程模型。图4-5显示的是认识信念对学习动机、行动控制和学习策略的影响，该模型的拟合指数分别为：χ^2/df=3.628，CFI=0.983，GFI=0.989，AGFI=0.954，NFI=0.980，RFI=0.941，NNFI=0.950，RMSEA=0.076，RMR=0.009。各路径系数均达到显著水平（不显著的路径已删除）。

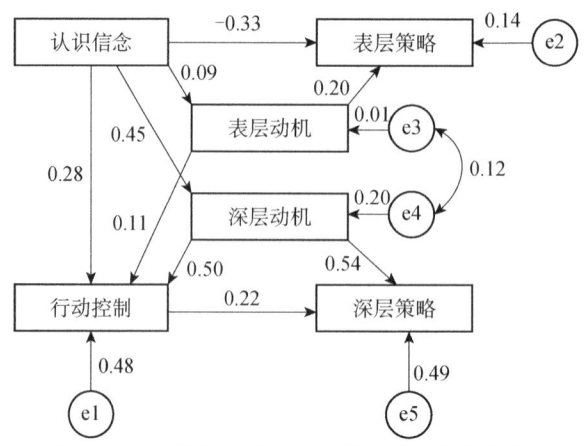

图 4-5　认识信念影响大学生学习过程的整体模式

从图 4-5 可以看出，大学生的认识信念对行动控制既存在显著的直接影响，也可以通过表层动机和深层动机对行动控制产生间接影响。大学生的认识信念对表层策略既存在显著的负向影响，也通过表层动机对表层策略产生间接影响。大学生的认识信念通过学习动机、行动控制对深层策略产生间接影响。

（五）认识信念对学习方式的影响

认识信念通过行动控制对深层方式和表层方式的整体影响路径图见图 4-6。图 4-6 中，行动控制对表层方式的路径系数不显著（$\beta=0.03$，$p=0.438$），不满足中介效应的条件，说明认识信念对表层方式的影响只有直接效应；但认识信念对深层方式的各路径系数均达到显著水平，为了检验可能存在的中介效应，先检验认识信念对深层方式的直接效应，然后检验加入中介变量后模型的拟合情况及路径系数的显著程度。直接效应分析结果的各项拟合指标分别为：$\chi^2(1)=1.480$，$\chi^2/df=1.480$，RMSEA=0.022，RFI=0.984，CFI=0.998，NFI=0.995，IFI=0.998，TLI=0.995。认识信念对深层方式的直接作用路径系数显著（$\beta=0.47$，$p<0.001$）。

在认识信念与深层方式之间加入行动控制这一中介变量后，图 4-6 所示结果的各项拟合指标分别为：$\chi^2(1)=0.892$，$\chi^2/df=0.892$，RMSEA=0.000，RFI=0.994，CFI=1.000，NFI=0.999，IFI=1.000，TLI=1.000。认识信念与行动控制（$\beta=0.51$，$p<0.001$）、行动控制与深层方式（$\beta=0.57$，$p<0.001$）之间的路径系数均显著，但加入中介变量后，认识信念与深层方式之间的路径系数由原来的 0.47（$p<0.001$）变为 0.17（$p<0.001$），路径系数明显减小。

第四章 认识信念的作用机制

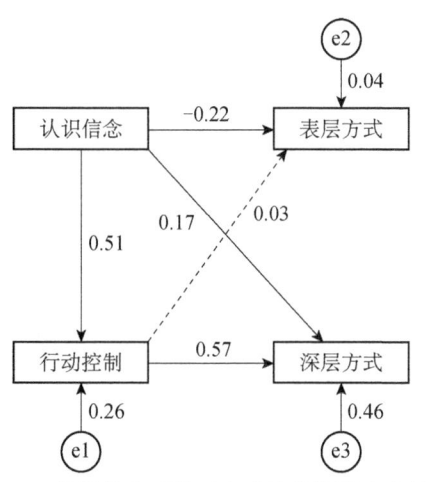

图 4-6 认识信念对学习方式的整体影响路径图

无约束模型中的 $\chi^2(1)=0.892$，$\triangle\chi^2(1)=39.762-0.892=38.870$（$p<0.05$），两模型的差异显著，表明行动控制在认识信念与深层方式之间起部分中介作用，中介效应占总效应的比例为 $0.51\times0.57/0.47\times100\%=61.85\%$。

分别对两个整合模型中认识信念对行动控制、学习策略、学习方式的直接或间接效应进行效应量分析，结果见表 4-6。由此可以发现，认识信念对行动控制的直接效应大于间接效应；认识信念对表层策略的影响主要体现为负向的直接效应，对深层策略的影响为间接效应，其中通过深层动机的影响路径占比最高；认识信念对表层方式只有负向的直接效应，对深层方式则是间接效应大于直接效应。

表 4-6 认识信念对行动控制、学习策略、学习方式的直接或间接效应分析

因变量	作用路径	直接效应值	间接效应值	占总效应的百分比（%）
行动控制	认识信念—行动控制	0.279		54.60
	认识信念—表层动机—行动控制		0.010	1.94
	认识信念—深层动机—行动控制		0.222	43.46
表层策略	认识信念—表层策略	−0.333		95.06
	认识信念—表层动机—表层策略		0.017	4.94
深层策略	认识信念—行动控制—深层策略		0.061	17.44
	认识信念—深层动机—深层策略		0.240	68.04
	认识信念—深层动机—行动控制—深层策略		0.049	13.89
	认识信念—表层动机—行动控制—深层策略		0.002	0.63
表层方式	认识信念—表层方式	−0.221		100.00
深层方式	认识信念—深层方式	0.173		37.14
	认识信念—行动控制—深层方式		0.293	62.86

三、分析与讨论

(一) 各测量变量的基本情况分析

大学生认识信念和行动控制的得分高于临界值 3 分，说明大学生的认识信念和行动控制水平较高，对知识和学习的看法较为成熟，在学习过程中能有效地排除内外因素的干扰，集中注意力于学习本身，具有一定的自制能力和自我管理能力，这与大学生的年龄特点及学习经历的相对丰富有密切的关系。值得关注的是，大学生的表层动机得分高于深层动机，获取资格、害怕失败等表层动机在部分学生身上已成为学习的主要动力，甚至超过内在兴趣等深层动机。这提示我们在教学中要注意引导学生将表层动机内化为深层动机。从调查结果来看，无论何种动机引发的学习行为，学生均倾向于使用深层策略，原因在于大学生的元认知发展水平已相对成熟，已掌握了一些行之有效的深层策略，他们明白只有深入理解所学内容，才有助于学习成绩的提高，采用死记硬背、机械重复的表层策略无法取得良好的学习效果。

(二) 认识信念影响大学生学习过程的整体模式分析

大学生的认识信念对行动控制既存在显著的直接影响，也可以通过表层动机和深层动机对行动控制产生间接影响。从影响系数来看，认识信念通过深层动机对行动控制的影响大于通过表层动机的影响，这说明学生对知识性质和学习过程的看法越成熟，越有助于激发其内在的深层动机，有助于其排除学习过程中的内外干扰，将注意力集中于学习活动中，进而增强其学习坚持性，产生学习上的良性循环。陈萩卿和张景媛 (2007) 的研究发现，认识信念对行动控制的直接效果 (标准化系数值是 0.19) 与间接效果 (标准化系数值是 0.61) 均达到显著水平。其中，认识信念通过学习动机对行动控制产生的间接效果高于认识信念对行动控制的直接效果。本书研究则发现认识信念对行动控制的直接影响要大于认识信念通过学习动机对行动控制产生的间接影响 (直接效应占总效应的 54.60%，间接效应占总效应的 45.40%)。两者产生差异的原因可能与被试的年龄特征及行动控制水平有关。陈萩卿和张景媛的研究中的被试为初一学生，其行动控制水平、自我约束能力要远远低于大学生，因此，认识信念对行动控制的直接效应可能要经过学习动机才能最大水平地发挥作用；而本书研究中的被试为大学生，他们的行动控制水平相对较高，认识信念对行动控制的直接作用更易于显现，可能比通过学习动机对行动控制的间接作用更为明显。

本书研究结果表明，大学生的认识信念对表层策略既存在直接的负向影响，也可以通过表层动机对表层策略产生间接影响。持有成熟认识信念的学生，对于知识间的互联性、组织性以及学习过程的建构性、自主性有更深刻的认识，在学习过程中更倾向于使用深层学习策略挖掘知识间的内在联系，而非通过死记硬背等表层策略记忆所学内容，因此认识信念对表层策略的直接影响系数为负值，即认识信念对表层策略存在直接的显著的负向影响。陈萩卿和张景媛（2007）的研究表明认识信念对学习策略并无直接效果，需通过学习动机与行动控制的中介作用才能间接影响学习策略，认识信念对学习策略有显著的间接效果（标准化系数值达 0.79）。本书研究在细分了深层策略与表层策略后，发现大学生的认识信念对深层策略并无直接影响，而是要通过学习动机与行动控制对深层策略产生影响，这与陈萩卿和张景媛的研究结论基本一致。认识信念通过学习动机、行动控制对深层策略产生间接影响，也与行动控制论的思想吻合（Kuhl，2000）。探讨学习者在学习过程中如何克服内外干扰，保证行动意向直至意向达成是行动控制论的重点。根据该理论的观点，个体形成动机意向之后，会采取各种可能的行动来达成目标，而在完成目标的过程中，个体经常会遇到其他行动意向及内外分心物的干扰。为了确保行动意向的达成，个体必须采取各种可能的行动控制策略。为此，研究者把学生的学习活动区分为前决策阶段（predecisional phase）和后决策阶段（postdecisional phase）。前决策阶段是指和行动意向形成有关的学习动机成分；后决策阶段是指为保证行动意向的完成所采取的学习策略，而行动控制既能通过增强动机保护行动意向，也能支撑学习者付出努力，坚持使用各种学习策略，直到行动意向的达成。我国学者的研究也表明，行动控制在认识信念、学习动机对学习策略的影响中具有不可低估的作用（陈萩卿，张景媛，2007；程炳林，林清山，2002）。

（三）大学生的认识信念对学习方式的影响

大学生的认识信念对表层方式有显著的负向影响，对深层方式有显著的正向影响，认识信念对深层方式的间接影响以行动控制为中介。认识信念作为学生对知识、学习现象与经验的直观认识和体验,这套素朴、直觉、内隐的观念指导着学生的学习活动,支配着他们的学习行为。学生越认为知识具有确定性,知识必须由权威传授,能力是天生的、固定不变的,越倾向于使用表层方式;与此相反,持有学习是一个长期的过程,学习需持续努力的认识信念的学生更倾向于使用深层方式。这与陈对我国香港地区大学生的研究结论基本一致(Chan,2003)。而且,行动控制对表层方式的路径系数未达到显著水平,中介效应不显著,但对深层方式存在部分中介效应,这进一步说明行动控制引发的学习方式是深层方式而非表层方式。大学生在学习过程中会不可避免地面临各种困难、干扰与诱惑,只有通过使用认知控制、情绪控制、努力控制等内部控制策略以及环境控制、求助控制等外部控制策略来有效克服学习中的困难,方能保证学习效果。大学生在以下情境中需发挥行动控制的力量:①个体在无法自由选择其他行动的前提下,被要求完成学习任务;②教室中有大量噪声干扰学习;③个体所面对的学习任务是之前做过的,但过去的表现不佳;④个体相信自己有完成学习任务的能力(Corno,1989)。由于行动控制可帮助学生在受到干扰的学习情境中坚持努力以达成学习目标,因此,行动控制在观念认识层面的认识信念与实际操作层面的深层方式之间架起桥梁,在认识信念与深层方式之间起着部分中介作用。

第五节　认识信念对批判性思维倾向的影响

批判性思维(critical thinking)是指通过逻辑、系统地检查问题、证据以及解决方案,来对结论的有效性和价值进行评估(Woolfolk,2004)。杜威认为批判性思维的本质是反省性思维(杜威,2010);恩尼斯认为批判性思维是个体对相信什么和做什么等做出清晰判断与合理决策的能力(Ennis,1985)。国内学者强调批判性思维是指个体根据事物的本质做出正确判断的能力,面对问题时持质疑、谨慎的心态(王源生,2004)。从皮亚杰的发生认识论学说到个体认识信念发展的相关理论探讨和实证研究均表明,个体的认知成熟水平在一定程度上决定了批判性思维的发展水平,学生认识信念的成熟水平对批判性思维能力的发展具有一定程度的影响（武宏志，2015）。

认知需求（need for cognition）是"个体参与和享受思考的倾向"（Cacioppo & Petty，1982），即个体在面对需要付出较多认知努力的任务时是否愿意主动思考、是否喜欢思考以及是否享受思考带来的乐趣。这一认知需求概念本质上反映了个体在认知动机上的差异，即个体在选择和处理复杂任务过程中所表现出的偏好。高认知需求者在遇到复杂的认知任务时，喜欢主动探索和积极思考，倾向于全面收集有关信息，如实反映信息并享受探索和思考的过程；低认知需求者在遇到复杂的认知任务时，更多地依赖权威人士的指导，倾向于听从他人的意见，较多地采用启发式认知，喜欢利用直觉或根据附近社会比较线索进行分析。

个体的认知需求与信息加工倾向、决策方式、创新行为关系密切（Wu et al.，2014；徐洁，周宁，2010）。从学校教育的视角来看，良好的班级气氛更容易激发学生的认知需求（师保国，许晶晶，2008）。个体所持有的认识信念与认知闭合需要呈显著负相关（Chen P，Chen C，2014），与批判性思维呈显著正相关（Chan N M，2007）。国内研究者认为培养学生成熟的认识信念，对于提升学生的批判性思维水平大有裨益（夏欢欢，钟秉林，2017）。

目前，国内对认识信念的实证研究主要关注其对学习过程和学习结果的影响，较少关注认识信念对思维的影响。故本节研究欲探讨认识信念影响批判性思维的心理机制。研究结果不仅有助于我们了解学生批判性思维的现状，明确批判性思维的重要影响因素，亦可为提升学生批判性思维的教育实践提供新的视角。

一、研究方法

研究对象为535名高中生和360名大学生。高中生的最终有效被试为485人，其中男生212人，女生273人；高一185人，高二300人。大学生的最终有效被试为312人，其中大一101人，大二52人，大三76人，大四83人；文科生170人，理科生142人。

研究工具为认识信念量表、认知需求量表、学习过程问卷和批判性思维倾向量表。认知需求量表为单维度量表。学习过程问卷可以测量学习动机、学习策略及相应的学习方式。批判性思维倾向量表包括寻找真相、开放思想、分析能力、系统化能力、批判性思维自信心、求知欲、认知成熟度七个分量表，总分在70～

420分，每个分量表的得分以40分为临界值，40分以上为正性倾向，反之为负性倾向，总量表得分以280分为临界值，280分以上为正性倾向，反之为负性倾向。所有量表均具有较高的信效度（邝怡等，2005；苏倩，2018；彭美慈等，2004）。

二、研究结果

（一）高中生批判性思维倾向的总体情况

高中生批判性思维倾向的描述性统计结果见表4-7。由表4-7可知，高中生批判性思维倾向的总体平均分（M=275.19）没有达到临界值280分，处于负性倾向，表明高中生批判性思维倾向较弱。批判性思维倾向的七个维度中，开放思想（M=41.80）、分析能力（M=40.84）、求知欲（M=40.96）、认知成熟度（M=43.86）的得分大于临界值40分，处于正性倾向，表明这四个维度的发展状况较好，寻找真相（M=38.71）、系统化能力（M=35.89）、批判性思维自信心（M=33.13）的得分小于临界值40分，处于负性倾向，表明这三个维度的发展状况相对较差。

表4-7 高中生批判性思维倾向的描述性统计结果

项目	min	max	M	SD
寻找真相	16.00	55.00	38.71	6.34
开放思想	23.00	57.00	41.80	5.15
分析能力	19.00	57.00	40.84	5.90
系统化能力	16.00	55.00	35.89	6.42
批判性思维自信心	18.00	57.00	33.13	6.48
求知欲	19.00	60.00	40.96	6.97
认知成熟度	26.00	60.00	43.86	5.97
批判性思维倾向	194.00	347.00	275.19	26.12

（二）大学生批判性思维倾向的总体情况

大学生批判性思维倾向的描述性统计结果见表4-8。由表4-8可知，大学生批判性思维的总体平均分为282.39分，大于临界值280分，处于正性倾向。各特质倾向中，开放思想、分析能力、求知欲和认知成熟度的得分均高于临界值40分，处于正性倾向，表明这四个维度的发展状况较好；寻找真相、系统化能力和批判性思维自信心的得分处于35~39分，小于临界值40分，处于负性倾向，表明这三个维度的发展相对较差。

表 4-8 大学生批判性思维倾向的描述性统计结果

项目	min	max	M	SD
寻找真相	22.00	50.00	38.31	5.83
开放思想	25.00	57.00	42.05	5.26
分析能力	24.00	69.00	41.79	6.05
系统化能力	23.00	56.00	38.90	5.62
批判性思维自信心	19.00	60.00	35.48	6.79
求知欲	15.00	69.00	41.60	7.09
认知成熟度	20.00	59.00	44.26	6.70
批判性思维倾向	218.00	387.00	282.39	25.50

（三）高中生认识信念对批判性思维倾向的影响

采用皮尔逊积差相关计算认识信念、认知需求和批判性思维倾向及各维度之间的相关系数，结果如表 4-9 所示。

表 4-9 认识信念、认知需求与批判性思维倾向的相关

变量	1	2	3	4	5	6	7	8	9	10
1. 认识信念	1									
2. 认知需求	0.508**	1								
3. 寻找真相	0.292**	0.350**	1							
4. 开放思想	0.379**	0.189**	0.304**	1						
5. 分析能力	0.273**	0.293**	0.039	0.254**	1					
6. 系统化能力	0.376**	0.395**	0.410**	0.252**	0.331**	1				
7. 批判性思维自信心	0.162**	0.362**	0.059	0.113*	0.412**	0.314**	1			
8. 求知欲	0.416**	0.469**	0.051	0.264**	0.410**	0.355**	0.495**	1		
9. 认知成熟度	0.244**	0.233**	0.469**	0.282**	0.074	0.341**	0.005	0.141**	1	
10. 批判性思维倾向	0.507**	0.554**	0.548**	0.553**	0.595**	0.720**	0.588**	0.666**	0.538**	1

由表 4-9 可知，三个变量两两之间均呈显著正相关，故可进一步做中介效应检验。运用 AMOS 23.0 建立结构方程模型，见图 4-7。采用极大似然估计检验模型的拟合指标，由于认知需求是单维度量表，故采用因素平衡法对其进行打包处理。模型拟合指标结果：χ^2/df=3.935，GFI=0.917，AGFI=0.878，CFI=0.890，IFI=0.891，RMSEA=0.078。

模型中的各路径系数均达到显著水平，95%置信区间均不包含 0，说明认知需求在模型中起到部分中介作用。其中，直接效应为 0.65，间接效应为 0.18，总效

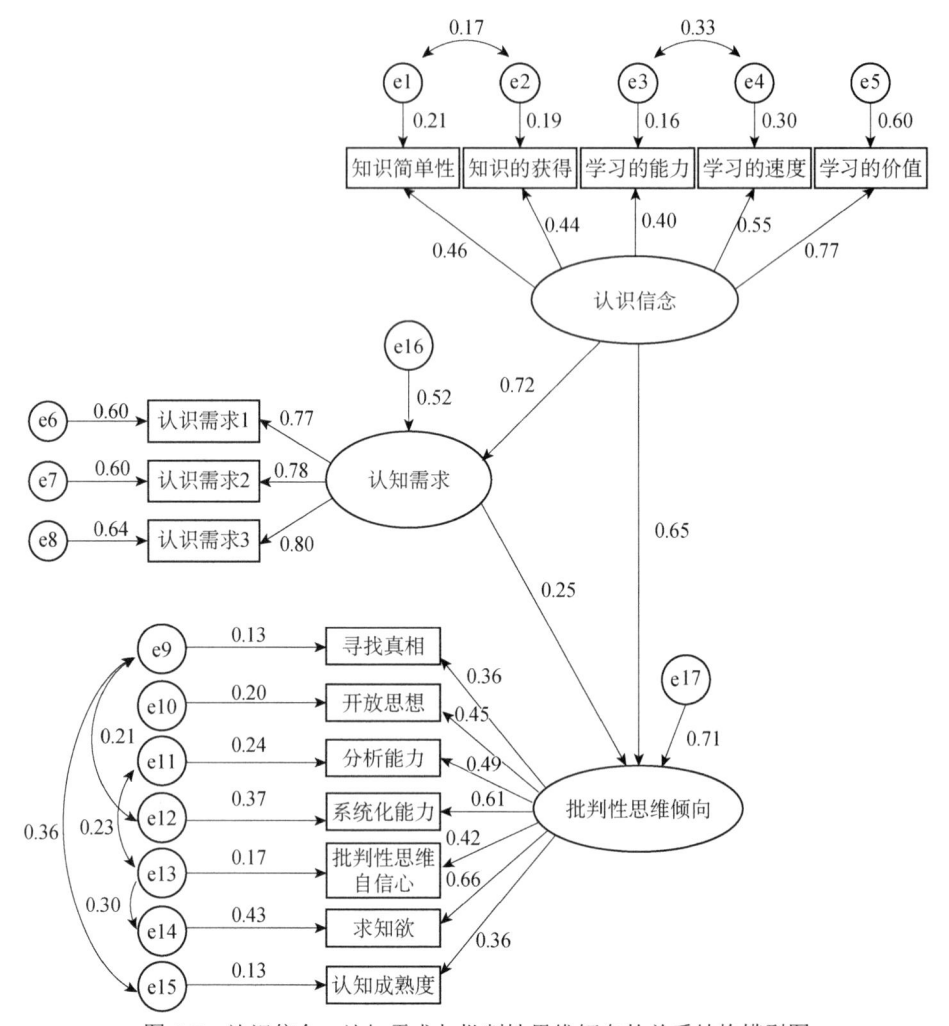

图 4-7 认识信念、认知需求与批判性思维倾向的关系结构模型图

应为 0.83，中介效应占总效应的比例为 21.69%。

（四）大学生认识信念对批判性思维倾向的影响

采用皮尔逊积差相关法对大学生认识信念、学习方式与批判性思维倾向及维度进行相关分析，结果见表 4-10。由表 4-10 可知，认识信念与深层方式、深层动机和深层策略均呈显著正相关，与表层方式、表层动机和表层策略均呈显著负相关；批判性思维倾向与深层方式、深层动机和深层策略均呈显著正相关，与表层方式、表层动机和表层策略均呈显著负相关；认识信念与批判性思维倾向呈显著正相关。

表 4-10　大学生认识信念、学习方式与批判性思维倾向之间的相关

变量	1	2	3	4	5	6	7	8
1. 认识信念	1							
2. 深层方式	0.474**	1						
3. 表层方式	−0.439**	−0.059	1					
4. 深层动机	0.419**	0.948**	0.006	1				
5. 表层动机	−0.485**	−0.251**	0.845**	−0.230**	1			
6. 深层策略	0.478**	0.935**	−0.123*	0.773**	−0.243**	1		
7. 表层策略	−0.309**	0.105	0.907**	0.191**	0.542**	−0.003	1	
8. 批判性思维倾向	0.504**	0.388**	−0.379**	0.328**	−0.377**	0.408**	−0.299**	1

根据中介作用检验程序，以认识信念为预测变量，以批判性思维倾向为因变量，采用结构方程模型分别检验表层方式和深层方式的中介作用。其中，表层方式的中介作用模型见图 4-8，模型拟合结果为：χ^2/df=1.834，GFI=0.997，AGFI=0.971，NFI=0.994，CFI=0.997，IFI=0.997，RMSEA=0.052。深层方式的中介作用模型见图 4-9，模型拟合结果为：χ^2/df=0.800，GFI=0.999，AGFI=0.987，NFI=0.998，CFI=0.999，IFI=1.000，RMSEA=0.001。模型的各项拟合指数均达到标准。图 4-8 的结果显示，认识信念对批判性思维倾向产生显著的正向影响（β=0.38，p<0.001），表层方式对批判性思维倾向的负向预测作用显著（β=−0.23，p<0.001），认识信念对表层方式产生显著的负向影响（β=−0.54，p<0.001）。图 4-9 的结果显示，认识信念对批判性思维倾向产生显著的正向影响（β=0.39，p<0.001），深层方式对批判性思维倾向的正向预测作用显著（β=0.23，p<0.001），认识信念对深层方式产生显著的正向影响（β=0.50，p<0.001）。

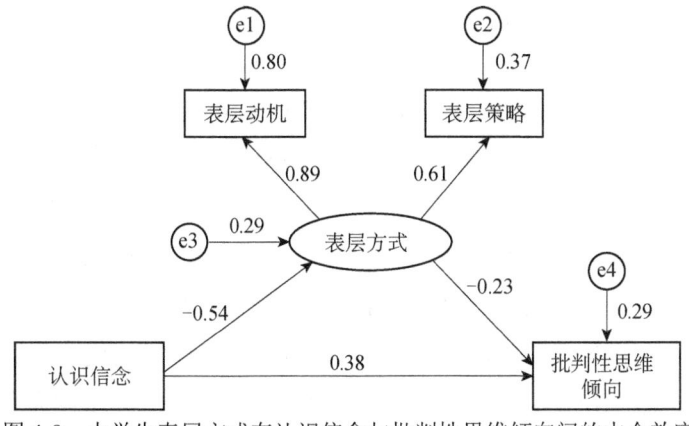

图 4-8　大学生表层方式在认识信念与批判性思维倾向间的中介效应

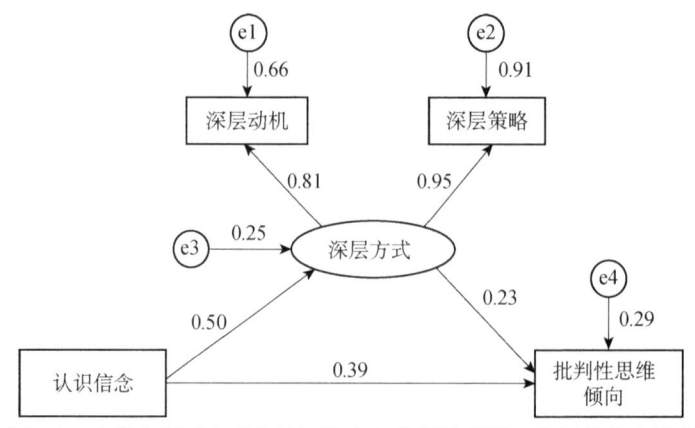

图 4-9 大学生深层方式在认识信念与批判性思维倾向间的中介效应

三、分析与讨论

（一）批判性思维倾向的现状分析

总体来看，高中生批判性思维倾向较弱，表现为在批判性思维倾向和寻找真相、系统化能力、批判性思维自信心三个分维度上均为负性倾向，这与王宽明（2016）的研究结果一致。这一方面源于高中阶段的学业负担较重，学生缺少自主和反思的经历，同时也与东方文化背景下强调对师长权威的服从密切相关。有研究表明，即便是批判性思维倾向总体为正性倾向，个体的批判性思维自信心依然为负性倾向（卢忠耀，陈建文，2017），这提示我们必须重视求真质疑的校园文化氛围创建，重视对高中生批判性思维自信心的培养。相比之下，大学生批判性思维倾向的整体水平较高，属于正性批判性思维倾向，说明青少年的批判性思维倾向随着教育经历的丰富得以不断发展。究其原因，大学的教育方式不同于高中时的接受型教育，大学生获取知识的过程更多地依赖于自己的探索和思考，这对大学生批判性思维倾向的发展产生了潜移默化的影响。同时，大学更加注重创新创业技能的培养，比如，近年来高校开设了创新创业课程，并举办了一年一度的创新创业大赛，这些措施促进了大学生创新思维水平的不断提升。随着知识的不断积累、心理的逐渐成熟以及社会认知度的逐步提高，大学生形成了比较客观的判断标准，甄别信息与解决复杂问题的能力提高，故而大学生的批判性思维倾向水平优于高中生。从大学生批判性思维倾向的各项特质倾向得分来看，开放思想、分析能力、求知欲和认知成熟度表现为正性倾向，寻找真相、系统化能力和批判性思维自信心处于中等水平，故仍需重视批判性思维倾向的全方位培养。

（二）认识信念和认知需求对高中生批判性思维倾向的影响

相关分析的结果表明，认识信念、认知需求和批判性思维倾向两两之间均呈显著正相关。结构方程模型的结果显示，认知需求在认识信念和批判性思维倾向之间起部分中介作用。一方面，认识信念对批判性思维倾向存在显著的直接影响，对批判性思维倾向有显著的正向预测作用，这与国外学者的研究结论一致（Chan N M，2007；Schraw，2001；Valanides & Angeli，2005）。个体的认识信念越成熟，越认可知识的发展性和不确定性，越倾向于辩证地分析观点的合理性，越能冷静、理性地思考问题、分析问题、质疑问题，而非盲目迷信专家权威，其对于不同的观点更具有包容性，更善于通过努力寻找证据去验证观点、寻找真相。另一方面，认识信念又可以通过影响认知需求对批判性思维倾向产生间接影响。个体的认识信念越成熟，其对知识和学习的本质、过程、评价等问题的认识越深刻，认知需求就越高。认知需求反映了个体在面对复杂认知任务时是否愿意主动思考、是否喜欢思考以及是否享受思考带来的乐趣。高认知需求者在遇到复杂认知任务时，喜欢主动探索和积极思考，倾向于全面收集、如实反映有关信息，享受探索和思考的过程，这有助于发展他们的质疑与反思意识、审慎思考和理性评判能力，无疑对批判性思维倾向的发展具有促进作用。反之，低认识信念的个体倾向于认同知识的确定性和能力的先天性，其认知需求也相对较低，在遇到复杂的认知任务时，更多地依赖权威人士的指导，倾向于听从权威的意见，在认知过程中的积极主动性缺失，独立思考的意识和能力不足，这必将妨碍其批判性思维倾向的发展。

（三）认识信念和学习方式对大学生批判性思维倾向的影响

相关分析结果显示：①认识信念与批判性思维倾向呈正相关。认知成熟水平在一定程度上决定着批判性思维的发展水平，大学生认识信念的成熟必须要经过一连串有序的发展阶段，如果学生认识信念的发展水平处于较低阶段，那么他将难以辩证性地看待问题，随着认识水平的不断提高，其才能逐渐成长为一名从不同角度思考问题的批判性思维者。②认识信念与表层方式呈负相关，与深层方式呈正相关。学生的认识信念发展越成熟，其越注重学习知识之间的内在联系以及学习过程的自主建构性，更容易采用深层策略而非表层策略（如死记硬背等）来获取知识。③表层方式与批判性思维倾向呈负相关，深层方式与批判性思维倾向呈正相关。采用深层方式的学生注重已有知识的迁移，通过批判性地分析新的观念和事实来将其与已有的认知结构建立联系，促进理解和应用，故采用深度方式的学生的批判性思维倾向也将得到发展，两者相互促进。采用表层方式的学生则倾向于孤立地看待知识，不加批判地接受权威观点，单纯存储和记忆学习内容，学习过程较为被动，其批判性思维水平相对较低。

中介分析结果表明，大学生的认识信念既可以直接作用于批判性思维倾向，也可以通过学习方式间接影响批判性思维倾向。认识信念对批判性思维倾向产生显著的正向影响，对表层方式产生显著的负向影响，表层方式则对批判性思维倾向产生显著的负向影响。这说明大学生的认识信念越不成熟，越容易采用表层方式，对其批判性思维倾向的发展就越不利。换言之，如果学生认为学习知识是一成不变的，知识之间是毫无联系的，学习是被动的，那么其在学习过程中更多采用的是死记硬背、简单重复、机械式的学习策略，在面对新问题时，很难采用多种视角思考问题，很少对知识进行检查、反思，从而阻碍了其批判性思维倾向的发展。相比之下，大学生认识信念的发展水平越高，越容易采用深层方式，越有利于其批判性思维倾向的发展。换言之，学生对知识的认识越成熟，越有利于其深层动机的激发，其越容易采取深层策略，进而促进其批判性思维能力的发展。这与桑青松和夏萌（2010）的研究结果一致。若学生认为知识是发展变化的、非确定性的，对知识的看法越好奇，越容易采用深层策略去获取知识；若学生把知识与知识之间看作是相互关联的，其越倾向于采用深层策略去发现知识之间的内在联系。在这一过程中，学生需要对知识本质和学习过程进行理性反思，对于相信什么和做什么需要做出理性判断与合理决策，面对问题时需要保持质疑、谨慎的心态，故有助于其批判性思维倾向的发展。

综上所述，认识信念除了直接作用于批判性思维倾向外，还可以通过学习方式间接作用于批判性思维倾向，学习方式在认识信念和批判性思维倾向间起着"桥梁"作用。因此，一方面，可以根据大学生认识信念的不同水平，有针对性地采取不同的方法培养学生的批判性思维能力；另一方面，可以通过引导学生采用正确的学习方式，使其养成良好的辩证思维习惯，促进其批判性思维的发展。

第六节 认识信念对创造性思维倾向的影响

创造性思维是思维活动的高级过程，是在已有经验的基础上发现新事物、创造新方法、解决新问题的思维过程。吉尔福特（Guilford，1967）提出了智力三维结构理论，从智力活动的内容、操作和产物三个维度阐述智力的结构，进而提出智力操作中的发散思维和智力产物中的转换是创造性思维的核心。发散思维与聚合思维相对立，是指不拘泥于一种思维途径，产生尽可能多的观点和答案的能力。转换则是对信息加以重新排列，以突破原有思维模式。一般认为，创造性思维具有流畅性、灵活性和独创性特征。流畅性反映了个体在有限时间内产生观念数量的多少，灵活性反映了个体摒弃惯常思维的能力，独创性则反映了个体产生不同寻常的反应和不落常规的观点的能力。创造性思维受社会因素和个人因素的影响与推动（Sternberg，2006）。其中，社会因素包含文化规范和期望、教育方法、学校和课堂气氛三个方面。个人因素包含领域基础（特定领域的知识经验）、目标导向和信念（为实现目标而坚持不懈的自我效能感和信念）、协作参与、认知技能（创造性思考需要的发散思维、聚合思维等认知技能）、开放性（对新颖思想的接受程度）、任务动机（张羽，王存宽，2020）。

创造性思维需要内外动机，尤其是个体的自主性动机的驱动。国外研究表明，相对于控制性动机，自主性动机对于提高个体的自我效能感和学业成绩、降低辍学率、提升创造力等均有积极作用（Grolnick et al.，2007；Ryan & Connell，1989）。国内学者的研究也发现，自主性动机比控制性动机更有利于激发个体的创造性思维，自主性动机对创造性思维具有正向预测作用（张景焕等，2011）。目前国内研究大多集中于认识信念对学习的影响，但对于认识信念对创造性思维的影响机制，国内研究相对较少，仅有杨小洋等（2012）探讨了自我提问在认识信念影响创造性思维中的调节作用。鉴于此，本节将研究认识信念影响创造性思维的心理机制和作用路径。

一、研究方法

被试是来自山东省两所中学的 700 名高中生,删除掉无效问卷之后的有效被试为 634 名。其中男生 279 人,女生 355 人;高一 179 人,高二 185 人,高三 270 人。研究工具包括自编的认识信念量表、自主性动机量表和威廉斯创造性思维倾向量表。自主性动机量表包含兴趣性、认同性、意愿性和挑战性四个维度;威廉斯创造性思维倾向量表包含冒险性、好奇性、想象力、思维挑战性四个维度。已有研究证明,这些测量工具均具有良好的信效度指标(贾兆丰,2016)。

二、研究结果

(一)高中生创造性思维倾向的现状

如表 4-11 所示,高中生创造性思维倾向的总分介于 73~141 分,标准差为 10.80 分,说明高中生创造性思维水平的波动较大。创造性思维倾向的均值为 108.99 分,平均每题得分 2.18 分,由于该问卷为三点计分,故高中生创造性思维整体处于中等偏上水平。

表 4-11 高中生创造性思维倾向的总体状况

项目	min	max	M	SD
冒险性	16.00	32.00	23.89	2.69
好奇性	20.00	40.00	30.60	3.67
想象力	15.00	39.00	27.14	4.21
思维挑战性	15.00	36.00	27.35	3.37
创造性思维倾向	73.00	141.00	108.99	10.80

采用独立样本 t 检验、方差分析、最小显著差异(least significant difference,LSD)事后比较等方法,分别比较高中生创造性思维倾向及其各维度在性别和年级上的差异,结果见表 4-12 和表 4-13。

表 4-12　高中生创造性思维倾向及其各维度的性别差异分析

项目	男生	女生	t	p
冒险性	23.73±2.72	24.02±2.65	−1.327	0.185
好奇性	30.57±3.88	30.61±3.49	−0.137	0.891
想象力	26.70±4.11	27.50±4.26	−2.384	0.017
思维挑战性	27.34±3.48	27.37±3.29	−0.119	0.905
创造性思维倾向	108.34±10.86	109.50±10.74	−1.341	0.180

表 4-13　高中生创造性思维倾向及其各维度的年级差异分析

项目	高一	高二	高三	F	p	事后比较
冒险性	23.99±2.65	23.87±2.59	23.85±2.78	0.158	0.854	—
好奇性	30.66±3.93	30.34±3.59	30.73±3.55	0.678	0.508	—
想象力	27.40±4.14	27.09±4.30	27.01±4.21	0.470	0.625	—
思维挑战性	27.69±3.21	26.76±3.42	27.54±3.40	4.260	0.015	①>②，③>②
创造性思维倾向	109.74±11.07	108.05±10.93	109.13±10.52	1.153	0.316	—

注：①、②、③分别代表高一、高二、高三。

如表 4-12 和表 4-13 所示，在想象力维度上，男女生得分差异显著，女生得分显著高于男生。在思维挑战性维度上，不同年级学生得分差异显著，高一和高三学生的得分均显著高于高二学生。在创造性思维倾向其他维度和总分上，均不存在显著的性别差异和年级差异。

（二）高中生认识信念、自主性动机、创造性思维倾向之间的关系

对认识信念、自主性动机和创造性思维倾向各维度进行皮尔逊积差相关分析，结果见表 4-14。高中生的认识信念、自主性动机、创造性思维倾向及各维度两两之间均呈显著正相关。

表 4-14　认识信念、自主性动机和创造性思维倾向及各维度的相关分析

变量	认识信念	自主性动机	冒险性	好奇性	想象力	思维挑战性	创造性思维倾向
认识信念	1						
自主性动机	0.412**	1					
冒险性	0.166**	0.255**	1				
好奇性	0.221**	0.229**	0.455**	1			
想象力	0.155**	0.174**	0.457**	0.500**	1		
思维挑战性	0.389**	0.314**	0.404**	0.535**	0.408**	1	
创造性思维倾向	0.298**	0.307**	0.707**	0.815**	0.801**	0.753**	1

（三）自主性动机在认识信念与创造性思维倾向之间的中介效应检验

为进一步研究高中生认识信念影响创造性思维倾向的具体路径，用 AMOS 23.0 建立结构方程模型，如图 4-10 所示。模型拟合指标：χ^2/df=2.847，GFI=0.951，AGFI=0.938，NFI=0.927，IFI=0.952，CFI=0.951，RFI=0.907，RMSEA=0.054。模型适配度很好。模型中各路径系数均达到显著水平，说明自主性动机在认识信念与创造性思维之间起部分中介作用，其中直接效应为 0.27，间接效应为 0.13，总效应为 0.40，中介效应占总效应的比例为 32.50%。

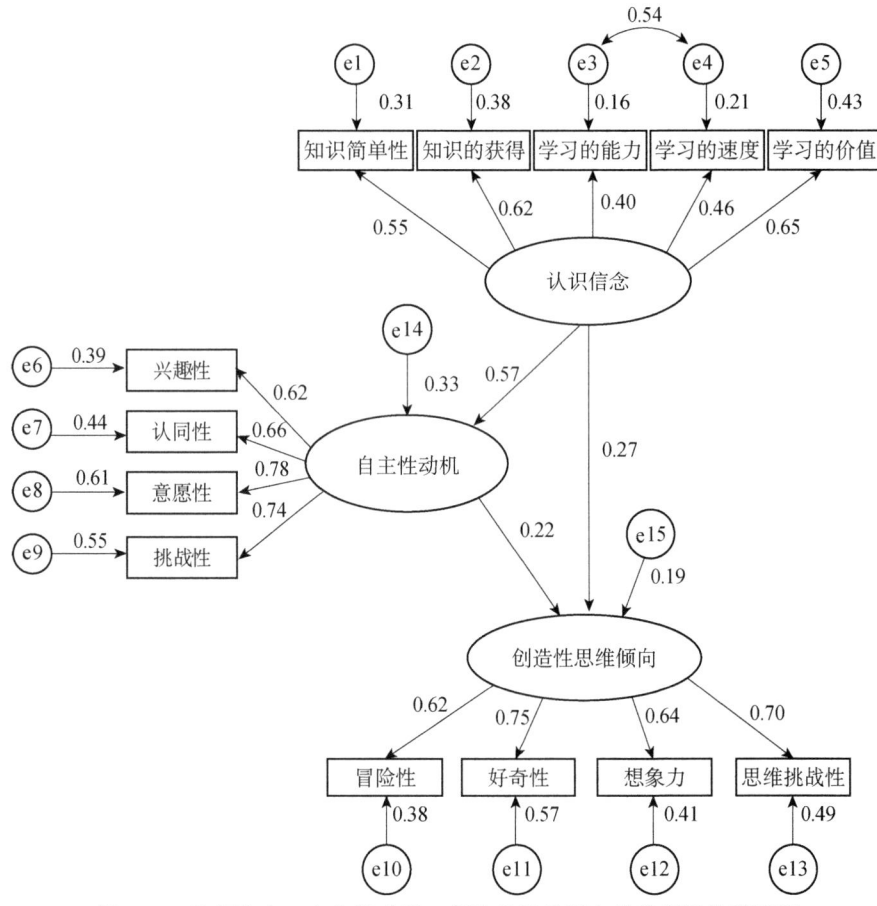

图 4-10 认识信念、自主性动机、创造性思维倾向的关系结构模型图

三、分析与讨论

(一) 高中生创造性思维倾向的总体情况

高中生创造性思维倾向的总分介于 73~141 分, 均值为 108.99 分, 标准差为 10.80 分, 说明高中生创造性思维整体处于中等偏上水平, 但个体间差异较大。创造性思维倾向总分上不存在显著的性别差异和年级差异, 说明高中生创造性思维倾向受人口变量学因素的影响较小。在批判性思维倾向的个别维度上存在性别差异和年级差异。比如, 在想象力维度上, 女生得分显著高于男生, 说明女生的想象力比男生更为丰富; 在思维挑战性维度上, 不同年级学生的得分差异显著, 高一和高三学生的得分显著高于高二学生, 高二年级学生处于思维挑战性的谷底。这可能是因为, 高一学生经过中考的筛选后进入高中, 对高中学习和生活的新鲜感使他们勇于面对挑战性问题, 思维活跃度较高。随着学业压力的增大, 高二学生的思维挑战性开始下降。升入高三后, 随着高考的临近, 学校纷纷营造迎接高考挑战的浓郁氛围, 教师和家长更加注重培养学生直面困难和问题的勇气, 激发他们的思维活跃度, 故而高三学生的思维挑战性得分呈上升趋势。

(二) 高中生认识信念影响创造性思维倾向的心理机制

相关分析的结果表明, 高中生认识信念与自主性动机和创造性思维各维度两两之间均呈显著正相关。结构方程模型的结果发现, 自主性动机在认识信念和创造性思维倾向之间起部分中介作用, 高中生认识信念既可以直接影响创造性思维倾向, 也可以通过自主性动机的中介作用间接影响创造性思维倾向的发展。

首先, 认识信念对创造性思维倾向具有直接影响。舒曼和胡特尔 (Hutter) 的研究发现, 成熟的认识信念能预测个体对日常生活中两难问题的思维水平, 个体越是相信知识具有复杂性、暂定性等特点, 越容易采取多元化的视角, 乐于修正自己的思维 (Schommer-Aikins & Hutter, 2002)。杨小洋等 (2012) 的研究表明, 中学生的认识信念与其创造性思维存在显著的正相关关系。成熟的认识信念使得个体对知识的发展性和互联性的认识更加深刻，在思考问题时更易产生互联的、发散的、新颖的想法，不拘泥于书本知识，不囿于权威观点的束缚，其创造性思维水平更高。丁培书（2018）系统地分析了认识信念的各个维度与创新相关特征的关系。比如，知识确定性维度得分高的个体认为知识是不确定的、发展变化的，这与创新思维所需要的开放性、容忍模糊性密切相关。知识简单性维度得分高的个体关注知识的相互联系，这将有助于其在进行创造性思维活动时将距离远的元素或概念相联结。知识来源和知识判断维度得分高的个体，倾向于认为知识是个体通过与环境和他人的相互作用主动建构而来的；知识正确性的判断是基于内在的标准，而非外在的权威，这有利于个体对经验、事件、行为做出新颖的、富有个人意义的解读，更易产生具有创造性的、不同寻常的观点。同时，认识信念会影响个体对结构不良问题的推理和处理方式；认识信念是发展结构不良问题判断能力的重要成分。所有这些都使得个体的认识信念可以正向预测其创造性思维的发展水平。

其次，认识信念对自主性动机有显著的正向影响。持有成熟认识信念的高中生，对于知识和学习的本质认识较为深刻，更加认同能力的后天发展性和学习的循序渐进性，对学习过程持有自主建构而非机械接受的观点，这使得他们在探究未知领域的知识时有着更加强烈的求知欲，更多地基于自身兴趣和对知识价值的认同等内在动机，而非基于外部任务和指令等控制性动机的要求，因此，他们更易于保持探究的热情和旺盛的好奇心，更易于认同学习和探究的价值。已有研究发现，认识信念对自主学习具有正向预测作用（王婷婷，2004；周琰，2018）。

最后，认识信念通过自主性动机的中介作用对创造性思维倾向产生间接影响。认识信念的提升有助于激发个体的自主性动机，此时个体从事创造性任务的动机并非来自外在因素的驱动，而是源于对任务的内在兴趣和对任务价值的高度认同，倾向于积极思考、主动寻找解决问题的办法（Sheldon，1995），拥有乐于挑战的良好心态，有利于对信息的深度加工，进而在创造性任务上有更好的表现（Deci & Ryan，2008）。由此可见，创造性思维的发展与个体的信念发展水平和动机水平密切相关，教育者可从培养学生成熟的认识信念、激发学生的自主性动机入手，促进其创造性思维水平的发展。

第七节　认识信念影响阅读过程的眼动研究

一、问题提出

学生所持有的认识信念对他们的学习过程与学习结果有重要影响，持有成熟认识信念的个体在概念理解、信息加工、多角度理解文章、多视角评价文章材料的可信度等文本阅读行为中有着比非成熟个体更好的表现（Bendixen & Hartley, 2003; Ferguson & Bråten, 2013; Kardash & Howell, 2000; Kendeou et al., 2011）。舒曼的研究表明，相信学习快捷性的学生往往过分自信，倾向于做出过分简单的结论及获得较低的测验分数，不能对自己的理解水平做出准确的评价；相信知识确定性的学生一般倾向于得出武断的、绝对性的结论（Schommer, 1990）。如果学生相信知识是确定的，知识只是一系列事实的集合，那么他们就倾向于采用集中注意力等方式来记忆这些事实，当能够记住这些事实后，他们就认为自己懂了，事实上他们并未理解所学材料（Schommer et al., 1992）。认识信念与文本加工和文本理解密切相关（Kendeou et al., 2011），被试关于知识来源和知识判断的信念会影响个体的多文本阅读理解（Ferguson & Bråten, 2013）。持有不成熟的认识信念，如认为知识具有确定性和简单性的个体，更倾向于采用非适应性的文本加工过程和获得较差的阅读理解成绩（Bendixen & Hartley, 2003; Kardash & Howell, 2000）。已有研究表明，认识信念对不同文本类型中冲突观点的整合存在重要影响，当呈现给被试的是七篇独立的、不同来源（来自课本、新闻、杂志等）的、包含相互冲突观点的阅读材料时，认识信念成熟的被试能整合冲突信息，获得更好的阅读理解成绩；只有当把阅读材料整合成一篇包含前言、过渡句和结语的无冲突文本时，认识信念不成熟的被试才能有较好的阅读成绩（Bråten & Strømsø, 2006）。

工作记忆是大脑暂时性存储和同时性加工有限容量信息的记忆系统，在人类的高级认知活动中起着非常重要的作用（Logie, 2011）。研究表明，工作记忆尤其是言语工作记忆能力的高低是阅读理解成绩的重要预测指标（Carretti et al., 2009）。

对于工作记忆容量较低的被试来说，当课文的难度增加时，能够保持在工作记忆中的信息数量大大减少，这严重妨碍了个体整体连贯地阅读课文，阻碍了个体有效地建构课文整体表征，导致言语工作记忆能力较低的被试难以取得良好的阅读理解成绩（Cain & Oakhill，2006）。尽管工作记忆是阅读理解的一个很好的预测指标，但它并不是一个完美的预测因素。比如，持有成熟的认识信念的低工作记忆个体在阅读过程中会花费更多的时间有选择地回溯那些与阅读目标和阅读任务相关的文字材料信息，这些有选择的回溯将重要信息恢复并使其进入工作记忆，这种阅读策略补偿了工作记忆中临时储存的容量较低的缺点（Burton & Daneman，2007）。也就是说，尽管某些个体的工作记忆水平低，但是如果他们拥有成熟的认识信念，可以在某种程度上补偿工作记忆的匮乏。

综上，已有研究探讨了认识信念和工作记忆对阅读的影响，但已有研究大多采用问卷调查法，因而无法考察被试的实时阅读过程。由于眼动追踪技术能够更有效地实时、精确地记录阅读过程中的相关信息，所以近期有研究者尝试用眼动仪记录不同认识信念个体在阅读过程中的差异（Yang et al.，2016）。但已有研究仍存在如下局限性：首先，眼动技术在该领域的应用起步较晚，对不同认识信念个体在阅读过程中的眼动指标的选取和分析还有待深入，已有研究尚未揭示认识信念对阅读过程的影响存在于信息加工的哪些阶段。其次，不同认识信念的个体在阅读不同类型的材料，如熟悉材料和非熟悉材料的眼动过程中有无差异，尚需深入研究。最后，已有研究未能区分认识信念对不同类型阅读成绩的影响，如对细节记忆成绩和篇章理解成绩的影响有无差异。鉴于此，本节研究采用眼动追踪法，选取不同类型的阅读材料，通过分析阅读过程中的眼动指标和不同类型的阅读成绩差异，揭示认识信念和工作记忆对大学生阅读过程与阅读成绩的影响。

二、研究方法

（一）研究对象

在预备研究中，对263名大学生认识信念和工作记忆容量的基本状况进行考察。认识信念的测查采用集体施测的方式，被试完成大学生认识信念问卷，得分越高代表认识信念越成熟。根据问卷得分成绩进行排序，排在前27%的作为高分组，排在后 27% 的作为低分组。工作记忆容量的测量在实验室中进行，采用个体施测的方式，根据测量的成绩，按前后 27% 的准则确定工作记忆容量的高低组。根据认识信念和工作记忆容量的高低，挑选出 48 名被试参与眼动实验，每种条件下均为 12 人。所有被试的视力或矫正视力正常，无眼动实验经历，被试完成实验后可获得一份礼物。剔除掉眼动实验中校准不合格的被试，最终获得有效被试 42 名。

（二）实验材料

预备研究中的材料为大学生认识信念问卷，该问卷采用利克特五点计分，得分越高表明被试的认识信念越成熟，即被试越认同知识的发展性和互联性，认为知识的获取需要自己的主动建构，认同知识和学习的价值（周琰，谭顶良，2016）。工作记忆容量的测查材料为包含 8~14 个中文字的 60 个句子，所有句子随机呈现，采用 Daneman 和 Carpenter（1980）的测查方法，要求被试在判断句子是否符合逻辑的同时记住目标字。

正式实验中的材料为四篇阅读文章，分别为《被妖魔化的沙尘暴》《麈尾》《放射性同位素》《兰花的智慧》，每篇文章均包括四段，总字数均在 600 字左右。其中《被妖魔化的沙尘暴》《兰花的智慧》涉及的内容为大学生所熟悉的事物和现象，在实验中将其作为熟悉材料，《麈尾》《放射性同位素》则为非熟悉材料。对于实验材料的选取，正式实验前由 200 名不参加眼动实验的大学生对八篇阅读材料进行熟悉性的评判，采用利克特五点计分，1 为"非常不熟悉"，5 为"非常熟悉"，选取得分最高和最低的文章各两篇，即以上四篇文章分别作为熟悉材料和非熟悉材料。眼动实验后，对参加眼动实验的被试也进行了材料熟悉性的测查，《被妖魔化的沙尘暴》《麈尾》《放射性同位素》《兰花的智慧》四篇文章的熟悉性平均得分分别为 4.65、2.03、2.61、4.39，熟悉材料与非熟悉材料的平均得分存在显著差异（$p<0.001$）。

（三）实验仪器

实验仪器为加拿大 SR Research 公司开发的 EyeLink 1000 眼动仪。实验材料由 19 英寸的显示器呈现，显示器的分辨率为 1024 像素×768 像素。眼动仪采样频率为 250 赫兹。被试距离刺激呈现屏幕约 55 厘米。实验材料呈现和数据记录均由眼动仪专用软件完成。

（四）实验设计

采用2（认识信念：高、低）×2（工作记忆容量：高、低）×2（材料性质：熟悉、不熟悉）的三因素混合实验设计，其中认识信念和工作记忆容量为被试间因素，材料性质为被试内因素。因变量为阅读中的眼动指标和阅读成绩。

（五）实验过程

被试进入实验室后，先熟悉实验室环境，然后进行眼校准。在眼校准之后，给被试呈现指导语，告知被试阅读结束后进行阅读理解测试。接着进行四篇文章的阅读，四篇文章按随机顺序呈现。眼动仪实时记录被试的阅读过程。每阅读完一篇文章后，被试需完成纸笔测验，需回答两个问题：其中一题为细节记忆题，偏重对文章内容的记忆，以选择题的形式考察，分值为2分；另一题为主旨理解题，偏重对全文思想的理解，以问答题的形式考察，分值为3分。每篇文章总分为5分。熟悉材料与非熟悉材料的文章各两篇，两种类型文章的总分均为10分。

（六）兴趣区的划分

根据文章特点，本书研究将阅读材料中的前两段及后两段的主旨句划分为兴趣区。因为前两段为文章核心观点介绍，对文章的理解具有关键作用；后两段为举例论证，除主旨句外，其余均为具体例证介绍。

三、研究结果

（一）总阅读时间

总阅读时间是指阅读者所有注视点的时间的总和（闫国利等，2013）。被试在阅读过程中的总阅读时间见表4-15。以认识信念、工作记忆容量和材料性质为自变量，以被试的总阅读时间为因变量进行重复测量方差分析。结果发现，材料性质的主效应显著，$F(1, 38)=28.392$，$p<0.001$，非熟悉材料的总阅读时间显著长于熟悉材料的总阅读时间。其余主效应和交互作用均不显著。

表 4-15 被试在阅读过程中的总阅读时间（M±SD） （单位：秒）

项目	认识信念高		认识信念低	
	工作记忆容量高	工作记忆容量低	工作记忆容量高	工作记忆容量低
熟悉材料	113.51±30.25	108.72±22.20	95.49±19.72	94.54±36.68
非熟悉材料	135.99±43.31	125.04±27.53	109.41±16.79	104.86±47.03

（二）平均注视时间

平均注视时间是指阅读者所有注视点的持续时间的平均值（闫国利等，2013）。被试阅读过程中的平均注视时间见表 4-16。以认识信念、工作记忆容量和材料性质为自变量，以被试在阅读过程中的平均注视时间为因变量进行重复测量方差分析。结果发现，工作记忆容量的主效应显著，$F(1, 38)=5.076$，$p<0.05$；工作记忆容量高的个体在阅读过程中的平均注视时间显著短于工作记忆容量低的个体。其余主效应和交互作用均不显著。

表 4-16 被试阅读过程中的平均注视时间（M±SD） （单位：毫秒）

项目	认识信念高		认识信念低	
	工作记忆容量高	工作记忆容量低	工作记忆容量高	工作记忆容量低
熟悉材料	216.73±24.68	243.61±28.36	226.75±40.30	243.48±29.03
非熟悉材料	216.47±26.89	246.78±29.62	231.49±39.17	244.81±26.14

（三）兴趣区的第一遍阅读时间

第一遍阅读时间是指阅读者的注视点首次跳向另一兴趣区之前对当前兴趣区的所有注视点的注视时间之和，该指标通常被看作反映信息加工早期阶段的指标（闫国利等，2013）。被试对兴趣区的第一遍阅读时间如表 4-17 所示。以认识信念、工作记忆容量和材料性质为自变量，以被试对兴趣区的第一遍阅读时间为因变量进行重复测量方差分析。结果发现，材料性质的主效应显著，$F(1, 38)=10.694$，$p<0.05$，被试对非熟悉材料的兴趣区的第一遍阅读时间显著长于熟悉材料。其余主效应和交互作用均不显著。

表 4-17 被试对兴趣区的第一遍阅读时间（M±SD） （单位：秒）

项目	认识信念高		认识信念低	
	工作记忆容量高	工作记忆容量低	工作记忆容量高	工作记忆容量低
熟悉材料	11.28±4.90	7.05±6.09	6.41±4.10	4.59±2.38
非熟悉材料	12.42±8.96	10.64±6.94	11.92±7.58	7.65±6.07

（四）兴趣区的第二遍阅读时间

第二遍阅读时间也被称为"回看注视时间"，是指对某兴趣区进行第一遍阅读之后注视点再次回到该兴趣区的所有注视点的持续时间之和，包括第二次甚至第三次离开该兴趣区之后又再次回到该兴趣区的注视时间，该指标通常被看作反映信息加工后期阶段的指标（闫国利等，2013）。被试对兴趣区的第二遍阅读时间见表4-18。

表4-18 被试对兴趣区的第二遍阅读时间（$M\pm SD$） （单位：秒）

项目	认识信念高		认识信念低	
	工作记忆容量高	工作记忆容量低	工作记忆容量高	工作记忆容量低
熟悉材料	7.68±5.15	5.00±3.39	5.58±2.89	6.06±3.76
非熟悉材料	9.82±9.56	9.55±14.06	3.99±3.38	4.20±2.72

以认识信念、工作记忆容量和材料性质为自变量，以被试对兴趣区的第二遍阅读时间为因变量进行重复测量方差分析。结果发现，认识信念的主效应边缘显著，$F(1, 38)=3.803$，$p=0.059$，认识信念与材料性质的交互作用边缘显著，$F(1, 38)=3.328$，$p=0.063$。经简单效应检验表明，对于熟悉材料，认识信念水平不同的个体对于兴趣区的第二遍阅读时间不存在显著差异，$F(1, 40)=0.20$，$p>0.05$；对于非熟悉材料，认识信念高的个体对于兴趣区的第二遍阅读时间显著长于认识信念低的个体，$F(1, 40)=4.56$，$p<0.05$，见图4-11。其余主效应和交互作用均不显著。

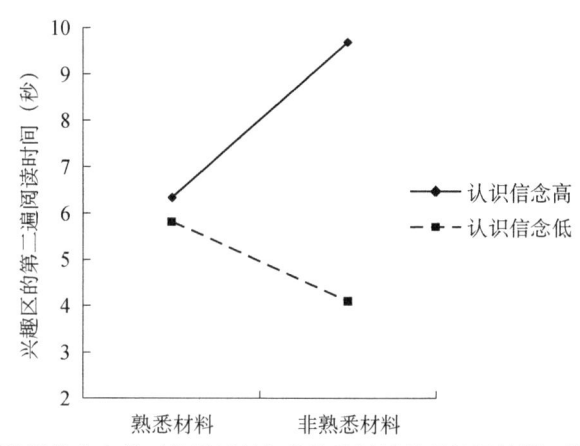

图4-11 不同认识信念个体对熟悉材料与非熟悉材料的兴趣区的第二遍阅读时间比较

（五）兴趣区的总注视次数

被试对兴趣区的总注视次数见表4-19。以认识信念、工作记忆容量和材料性质为自变量，以被试对兴趣区的总注视次数为因变量进行重复测量方差分析。结果发现，认识信念的主效应显著，$F(1, 38)=5.158$，$p<0.05$，认识信念高的个体对兴趣区的注视次数显著多于认识信念低的个体。材料性质的主效应边缘显著，$F(1, 38)=3.773$，$p=0.06$，被试对熟悉材料的注视次数显著少于非熟悉材料。其余主效应和交互作用均不显著。

表 4-19　被试对兴趣区的总注视次数（$M±SD$）

项目	认识信念高		认识信念低	
	工作记忆容量高	工作记忆容量低	工作记忆容量高	工作记忆容量低
熟悉材料	173.73±38.86	181.85±49.34	146.61±27.42	143.71±67.65
非熟悉材料	190.41±68.96	191.35±51.29	159.67±24.65	142.46±67.48

（六）平均瞳孔直径

被试在阅读过程中的平均瞳孔直径见表4-20。以认识信念、工作记忆容量和材料性质为自变量，以被试在阅读过程中的平均瞳孔直径为因变量进行重复测量方差分析。结果发现，工作记忆容量的主效应显著，$F(1, 38)=4.159$，$p<0.05$，工作记忆容量高的个体在阅读过程中的平均瞳孔直径显著小于工作记忆容量低的个体。其余主效应和交互作用均不显著。

表 4-20　被试在阅读过程中的平均瞳孔直径（$M±SD$）（单位：毫米）

项目	认识信念高		认识信念低	
	工作记忆容量高	工作记忆容量低	工作记忆容量高	工作记忆容量低
熟悉材料	1.20±0.38	1.59±0.54	1.22±0.32	1.34±0.42
非熟悉材料	1.21±0.34	1.60±0.54	1.24±0.28	1.39±0.46

（七）阅读成绩

被试在不同类型阅读项目上的成绩见表4-21。以认识信念和工作记忆容量为自变量，以被试在不同类型阅读项目上的成绩为因变量进行方差分析，结果发现：对于熟悉材料，工作记忆容量的主效应显著，$F(1, 38)=6.946$，$p<0.05$，工作记忆容量高的个体的成绩显著高于工作记忆容量低的个体，其余主效应和交互作用

均不显著。对于非熟悉材料，认识信念的主效应显著，$F(1, 38)=4.663$，$p<0.05$，认识信念高的个体的成绩显著高于认识信念低的个体；工作记忆容量的主效应也显著，$F(1, 38)=20.068$，$p<0.001$，工作记忆容量高的个体的成绩显著高于工作记忆容量低的个体；但两者的交互作用不显著。对于细节记忆题，工作记忆容量的主效应显著，$F(1, 38)=10.934$，$p<0.01$，工作记忆容量高的个体的成绩显著高于工作记忆容量低的个体，其余主效应和交互作用均不显著。对于主旨理解题，认识信念的主效应显著，$F(1, 38)=4.178$，$p<0.05$，认识信念高的个体的成绩显著高于认识信念低的个体；工作记忆容量的主效应也显著，$F(1, 38)=15.111$，$p<0.001$，工作记忆容量高的个体的成绩显著高于工作记忆容量低的个体；但两者的交互作用不显著。

表 4-21　被试在不同类型阅读项目上的成绩（$M±SD$）

项目	认识信念高		认识信念低	
	工作记忆容量高	工作记忆容量低	工作记忆容量高	工作记忆容量低
熟悉材料	7.45±1.37	6.11±1.45	7.40±1.71	6.25±1.54
非熟悉材料	7.82±1.94	6.11±1.76	7.30±1.42	4.42±1.44
细节记忆题	6.09±1.76	4.33±2.06	5.90±1.37	4.42±1.08
主旨理解题	9.18±1.47	7.89±2.15	8.80±1.48	6.25±1.29

四、讨论

（一）认识信念对阅读过程和阅读成绩的影响

不同认识信念的个体在阅读过程中的眼动指标差异主要体现在兴趣区的第二遍阅读时间和兴趣区的注视次数上。尤其值得注意的是：当被试第一次阅读文字材料时，认识信念成熟和不成熟的个体在文字加工时间上没有显著差异。然而，在第二遍阅读时间上，认识信念和材料性质存在交互作用。对于熟悉材料，认识信念水平不同的个体对于兴趣区的第二遍阅读时间不存在显著差异；但对于非熟悉性材料，认识信念成熟的个体对于兴趣区的第二遍阅读时间显著长于认识信念不成熟的个体。认识信念成熟的被试比认识信念不成熟的被试能更清楚地区分信息的重要程度以及自己是否理解了关键信息，更多地运用多次阅读的策略；当被试对阅读材料不熟悉或者文字材料与被试的阅读目标有关时,被试会花更长的时间重新加工这些信息。这种有选择地重复进行阅读和信息加工的行为,反映出具有成熟认识信念的被试在面临对相关信息不能充分理解的情况时,会产生不断增加的元认知调控行为,其元认知调控意识不断增强,这验证了前人研究中提出的观点(Bendixen & Hartley,2003;Bråten & Strømsø,2006;Burton & Daneman,2007;Hofer,2004;Kardash & Howell,2000),并从实时的眼动数据方面揭示了调控意识和行为发生在阅读过程中信息加工的后期阶段而非早期阶段,揭示出不同认识信念个体在阅读的不同阶段上的信息加工差异。

从认识信念对阅读成绩的影响来看,在非熟悉材料和主旨理解题上,认识信念成熟的学生的得分显著高于认识信念不成熟的学生,而在熟悉材料和细节记忆题上,两者的得分之间不存在显著差异。这说明认识信念对阅读的影响体现在需要深度理解和主动建构的阅读任务中,而非体现在需要表面理解和细节记忆的阅读任务中。认识信念成熟的个体相信知识的不确定性以及学习过程中的主动建构性,当个体面临需要深度理解和主动建构的学习任务时,认识信念对阅读过程和阅读成绩的影响更大。研究表明,阅读中对材料的成功理解依赖于读者的元理解能力(Thiede et al.,2003),毕竟,除非读者意识到自己遇到了阅读困难或者阅读障碍,否则其不会形成问题解决策略,如放缓阅读速度或者重新阅读。由于元理解能力依赖于相对延迟的元理解判断能力(Lefèvre & Lories,2004),这也使得对信息加工的即时收集分析相比于其他研究方法能够更好地揭示不同信念个体的阅读进程。眼动数据分析揭示出认识信念成熟的个体对文字材料困难性和文字材料相关性的变化更敏感,能够有选择地对困难的和重要的信息加以重新阅读加工,从而准确地整合文字材料中的信息,有助于个体对非熟悉材料的深入理解和良好阅读成绩的取得。

(二)工作记忆对阅读过程和阅读成绩的影响

不同工作记忆的个体阅读中的眼动指标差异主要体现在平均注视时间和平均瞳孔直径上。工作记忆容量高的个体在阅读过程中的平均注视时间和平均瞳孔直径显著小于工作记忆容量低的个体。工作记忆对大学生的平均注视时间有预测作用,与张巧明等(2013)的研究结果相似,工作记忆容量高的被试的平均注视时间更短,精细加工的效率更高。瞳孔大小的变化被用来推测认知加工的努力程度或认知负荷的大小。相同的阅读任务所产生的认知负荷对于不同个体而言是有差异的，工作记忆容量高的个体能够承受的认知负荷可能已经超出了工作记忆容量低的个体的承受限度。在篇章理解加工中，工作记忆的作用不仅体现在信息的保持和储存方面，还体现在信息的不断整合方面，个体需要在当前阅读信息与以往信息之间进行映射，建构语句的连贯表征。与工作记忆容量高的个体相比，工作记忆容量低的个体不得不将大部分的工作记忆资源用来保持信息以免遗忘，他们没有足够的工作记忆资源来进行信息整合，在阅读过程中必须付出更多的努力，反映在眼动指标上，两类个体在阅读过程中的瞳孔直径大小存在显著差异。但是，本书研究并未发现工作记忆和认识信念的交互作用，这与国外研究者（Burton & Daneman, 2007）的研究结论不同，但与张菀芯（2011）的研究结论吻合。国外的研究要求被试阅读文字材料之后，尽可能多地回忆有关文字材料的内容，写下自己记得的所有文字材料内容。本书研究和张菀芯的研究则不要求被试写下自己记得的所有文字材料内容，测查方式是阅读结束后基于对文章内容的回忆和理解完成判断题、选择题或问答题，这种测查方式更符合大学生的阅读实际。或许是测查方式的不同使得被试对于是否需要精确记忆原文的材料的理解存在差异，导致被试的阅读方式及其在阅读过程中的各项指标有所不同，进而导致研究结论不同。

　　从阅读成绩来看，不管是细节记忆题还是主旨理解题，工作记忆容量高的个体的阅读成绩均优于工作记忆容量低的个体。当涉及整合文字材料中的观点时，工作记忆容量低的个体能把较早的相关信息一直保持在工作记忆中的能力较弱，而且他们同时进行信息的储存和加工的能力也较差（Daneman & Carpenter, 1980）。由于本书研究的实验设计借鉴了已有关于认识信念的眼动研究范式（Yang et al., 2016），被试在完成阅读测试时不能再回去重新进行篇章阅读，这也导致工作记忆容量低的个体在测试中的成绩较低。另一个可能的原因是工作记忆容量低的个体在阅读过程中的注意力容易分散。篇章阅读的信息加工除了词汇解码外，还需要被试对词汇语义和句子信息进行组织与概括，最终形成连贯的心理表征。这不但涉及工作记忆的语音回路，还需要中央执行系统和情节缓冲器的参与加工，尤其需要中央执行系统在工作记忆过程中的集中注意和信息整合功能。工作记忆容量低的个体的执行控制能力较低，在完成需要付出努力和集中注意的任务时，工作记忆容量低的个体更容易使任务无关思考进入工作记忆，从而导致其阅读成绩较低（McVay & Kane, 2012）。

五、小结

本节研究的结论如下：①不同认识信念个体在阅读过程中的眼动指标差异主要体现在兴趣区的第二遍阅读时间和兴趣区的注视次数上；②不同工作记忆容量的个体在阅读过程中的眼动指标差异主要体现在平均注视时间和平均瞳孔直径上；③拥有成熟认识信念的个体在非熟悉材料和主旨理解题上的阅读成绩显著高于认识信念不成熟的个体；④工作记忆容量高的个体在细节记忆题和主旨理解题上的阅读成绩显著高于工作记忆容量低的个体；⑤本节研究揭示出认识信念对阅读的影响主要体现在信息加工的后期阶段而非早期阶段，对阅读成绩的影响体现在需要深度理解和主动建构的阅读任务中，而非体现在需要表面理解和细节记忆的任务中。

第八节　认识信念的干预研究

由于学生所持有的认识信念对其学习过程与学习结果有重要影响，如何引导学生认识信念的转变成为科学研究者和教育实践者共同关注的焦点（Bendixen & Rule，2004；Chai et al.，2009；Chen & Chang，2008；Kienhues et al.，2008；Valanides & Angeli，2005）。吉尔认为概念转变（conceptual change）模式同样适用于认识信念的改变，可以借鉴概念转变的理论，创设同样的条件来改变个体的认识信念（Gill et al.，2004）。本迪克森和茹尔提出的认识信念的动态整合模型也有较大影响，为认识信念的转变研究提供了有效的理论指导（Bendixen & Rule，2004）。

一、认识信念转变的理论研究

（一）概念转变理论

概念转变是指个体原有的知识经验由于受到与此不一致的新经验的影响而发

生改变（张建伟，1998）。此处的"概念"并非指心理学中的狭义概念，而是指个体关于某一对象的观点或看法，故"概念转变"又被称为"原理转变"（principle change）或"信念转变"（belief change）。当个体面临与原有经验不一致的新信息，或者新信息与现有信念存在冲突时，个体需要对现有理解、观念做出调整和改造，而非针对细枝末节的变化。概念转变的过程就是认知冲突的引发及其解决的过程。

波斯纳（Posner）等提出的概念转变模型（conceptual change model，CCM）对概念转变的条件以及原有知识经验背景对概念转变的影响做出了解释。该理论认为，概念转变需要满足四个条件：①对原有概念的不满（dissatisfaction）。只有当学生发现原有概念失去了作用，不能解决新问题时，才可能去改变原有观念。让学生看到原有概念无法解释的事实（反例），可以有效地引发认知冲突，导致其对原有概念的不满。②新概念的可理解性（intelligibility）。学生需懂得新概念的真正含义，这不仅仅是指字面的理解，还指对新概念形成整体理解和深层表征。③新概念的合理性（plausibility）。学生需要看到新概念是合理的，这意味着新概念与个体所接受的其他概念、信念是一致的，它们可以一起被重新整合。④新概念的有效性（fruitfulness）。学生需要看到新概念对自己的价值，它能解决其他概念难以解决的问题，并且能向个体展示新的可能和方向，具有启发意义。概念的可理解性、合理性、有效性之间密切相关，其严格程度逐级上升。个体对概念有一定的理解是看到其合理性的前提，看到合理性又是意识到有效性的前提。概念的可理解性、合理性和有效性又被称为概念的状态，不仅新概念的状态会对概念转变产生影响，原有概念的状态也会对概念转变产生影响，两者之间存在交互作用。概念的状态不是概念实际上如何，而是个体所看到、所意识到的可理解性、合理性和有效性。另外，波斯纳等提出，概念转变会受到个体现有的其他概念的影响，他们把影响概念转变的个体的经验背景称为"概念生态圈"（conceptual ecology）（Posner et al.，1982）。

人们对概念转变模型提出了一定的批评，主要包括如下方面：①不要只看到概念内容的改变而忽视了学习者在认识方法上的改变；②不要用纯认知的观点来解释概念转变过程，应该看到动机的、态度的影响，学生的积极态度对概念转变很重要，消极的态度、漠不关心的态度、消极的自我印象、过高的焦虑等都会妨碍认知冲突的产生；③不要过于强调儿童日常经验中的核心信念对具体概念的限制，概念转变常常并不是随核心信念的改变而全部改头换面，而是逐个进行的；

④概念转变并不是一步完成的,而是渐进的,原有概念与科学概念之间存在过渡,有时两种概念在同时使用,或者是把原有概念和科学概念糅合成新的混合概念。

针对以上批评,斯特赖克(Strike)和波斯纳对概念转变模型理论做了一些修改。首先,他们把将要发生转变的概念本身也看成是概念生态圈的一个组成部分,以体现具体概念与个体经验背景之间的双向作用,强调概念生态圈不是静止的,而是不断发展变化的。其次,他们把动机因素放到了概念生态圈中,包括学习动机、对学科性质和价值的认识等(Strike & Posner, 1992)。

沃斯尼阿多(Vosniadou)和布鲁尔(Brewer)从认知心理学的角度提出了概念转变的心理模型建构论(Vosniadou & Brewer, 1992)。他们认为概念转变涉及表征的变化,表征对应于概念的心理模型。心理模型是个体被模式化的目标系统的内部表征,是对某一特定系统的功能部分及其相互关系的表征,是学生理解、推论和预测的基础,这意味着表征的变化就是心理模型的建构。概念转变就是心理模型不断修正与重建的动态过程。学生的有些错误概念难以改变的重要原因就是学生的错误概念往往涉及原有的朴素心理模型。学生对概念的理解是由心理模型决定的,学生原有的错误概念是在原有朴素心理模型的框架内形成的,如果不改变原有的朴素心理模型,错误概念就很难改变。因此,要改变学生的错误概念,就必须要改变其表征整个系统的心理模型,学生学习和理解概念的过程其实就是心理模型建构的过程,学生概念转变的心理过程就是从朴素心理模型向目标心理模型转变的过程。只有支撑错误概念的心理模型发生转变,错误概念才会发生根本转变,才能获得良好的长期效果。

根据认知心理学的研究,心理模型建构(mental modeling)过程包含四个阶段:①激活原有心理模型中的错误概念。学生必须激活与问题有关的已有知识经验(原有心理模型中的错误概念),这是引发认知冲突,促使其进行新模型建构活动的前提。②对原有心理模型中的元素产生不满(认知冲突)。学生原有的表征物理世界的心理模型常常是错误的,为了促进心理模型的转变,必须让学生发现已有的心理模型与接触到的事实资料不相符,引发学生将自己原有的心理模型与新的目标模型进行比较,如果能够认识到两者之间的差异,学生就会产生认知冲突,这是建构新模型的基础。③创建新模型。学生审查和修改原有心理模型中的元素,或重建新模型。④使用新模型。学生使用新模型描述、解释、预测、推论新问题和新情境。虽然新的心理模型已经建立,但整个建构过程并没有结束,要使心理模型真正成为知识体系的一部分，个体还要知道如何运用心理模型，并在此基础上做出解释、推论和预测，由此方才完成整个概念转变过程（袁维新，2009）。

平特里奇（Pintrich）等针对概念转变模型仅局限于认知方面的不足，提出了要重视学生的价值观等情感因素在概念转变中的作用（Pintrich et al., 1993）。齐（Chi）等基于本体论的视角，认为概念转变是具有非科学观念的学生改变其看待概念的方式的过程，概念转变必须从非科学类别转变为科学类别。他们提出概念转变的难易与概念属于不同的本体类别有关，并把概念转变分为两种类型：一是"本体类别内"的概念转变；二是"本体类别间"或称"跨本体类别"的概念转变。两种类型的概念转变机制是不同的，后者的转变难度要大于前者（Chi et al., 1994）。

泰森（Tyson）等试图对主流的概念转变理论加以整合，尝试建构一个整体模型来解释概念转变的机制（Tyson et al., 1997）。他们综合波斯纳等的概念转变模型、沃斯尼阿多和布鲁尔的心理模型建构论、平特里奇等的情绪情感观点以及齐等的本体论观点，提出概念转变的多维解释框架（multidimensional interpretive framework）。这个架构主要是从认识论、本体论与社会情感三个维度来解释学习者的概念转变的。文维尔（Venville）和特里格斯特（Treagust）的研究发现，仅用单维度的理论无法圆满地解释物理课堂中发生的概念转变，只有从本体论、认识论和社会情感多个角度加以综合考虑，才能有效解释概念转变的机制，从而证明了概念转变的多维理论框架的适用性和有效性（Venville & Treagust, 1998）。

多尔（Dole）和西纳特拉（Sinatra）根据认知心理学、社会心理学和科学教育的研究，对概念改变理论进行了补充，对知识获得和知识表征的改变进行了再概念化，提出了知识的认知重组模型（cognitive reconstruction of knowledge model，CRKM）。该模型提出认识信念的改变需要满足三个条件：①要有加工新信息的动力；②新信息是可理解的、合理的、有效的；③元认知的参与必不可少（Dole & Sinatra, 1998）。

（二）认识信念转变的动态整合模型

本迪克森和茹尔认为，现有的多个认识信念理论模型并不能够对认识信念的形成及发展机制做出很好的解释。为此，他们提出了认识信念的动态整合模型（图4-12），希望能用这样一个整合的模型来引领认识信念研究的发展方向（Bendixen & Rule, 2004）。本迪克森和茹尔提出的认识信念的动态整合模型对教

第四章
认识信念的作用机制

育教学具有重要的指导意义，为学校教育中通过日常教学实践引导学生认识信念的转变提供了理论指导。该模型主要涉及以下几个关键要素：①转变机制；②当前信念；③成熟信念；④元认知；⑤转变条件；⑥情感；⑦环境和认知能力；⑧交互影响。他们还进一步阐述了这些关键要素是如何在个体的认识信念发展中起作用的。

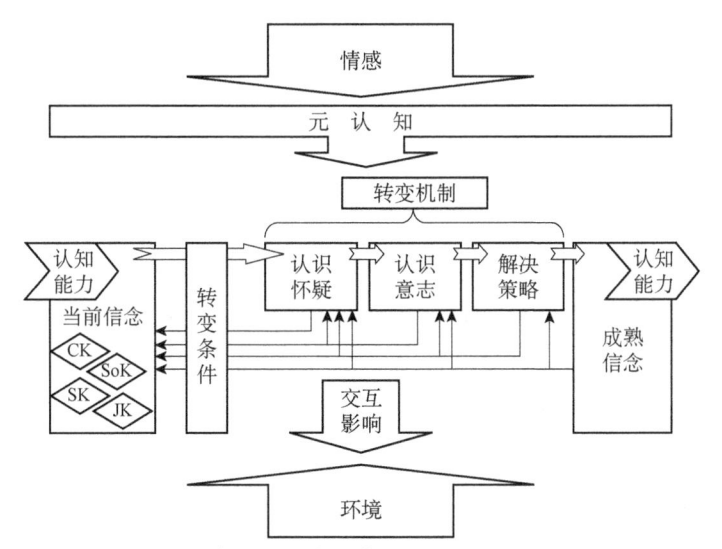

图 4-12　认识信念的动态整合模型（Bendixen & Rule，2004）

注：CK（certainty of knowledge，知识的确定性），SK（simplicity of knowledge，知识的简单性），SoK（source of knowledge，知识的来源），JK（justification for knowing，知识获得的判断）

认识信念的转变机制涉及三个相互作用的成分：认识怀疑（epistemic doubt）、认识意志（epistemic volition）及解决策略（resolution strategies）。认识怀疑的关键要素是个体感到新获得的信息具有可理解性、合理性和有效性。认识意志与动机过程密切相关，在信念的转变过程中具有极其重要的作用，可以使个体维持较高的元认知唤醒状态，保障个体对自身认识信念的自我监控。解决策略包括反思和社会合作。金和基奇纳把反思阶段（即反省水平）作为认识论发展的最高阶段。相比之下，本迪克森和茹尔模型中的反思具有更一般的意义，适用于处于信念发展的任何阶段、任何水平的个体。反思包括对过去信念的重新审视、对当前信念含义的分析以及对于如何做出选择的思考。社会合作有助于个体在思想与信念的碰撞中发展原有的认识信念。需要说明的是：在任一阶段，认识信念都有可能倒退回前面阶段甚至是最初阶段的水平（图 4-12 中央部分每一阶段从右向左指向前面阶段及当前信念的箭头）。

认识信念的转变条件包括两个方面：不和谐（dissonance）和个人因素。不和谐指个体必须认识到目前的信念不能再满意地发挥作用（不和谐与认识怀疑的区别是：前者是指失去信念平衡的更一般的感觉，而后者是对认识信念的具体质疑或对认识观点的评判衡量）。个人因素包括对主题（topic）的兴趣、情感因素、自我效能感等。

本迪克森和茹尔在当前信念中主要探讨了认识信念的具体内涵。他们认同霍弗与平特里奇的观点，即认识信念的核心维度包括知识的确定性、知识的简单性、知识的来源和知识获得的判断四个维度。当个体经历了认识信念转变机制的三个阶段，即认识怀疑、认识意志、解决策略后，个体会形成新的信念，与初始信念相比较，我们可以将这一新的信念称为成熟信念。个体面对新的假设时，与原有信念进行比较并重新形成新的信念的这种自主（self-authoring）过程也包含在成熟信念的形成过程中。即使在成熟信念这一阶段，个体的认识信念水平仍存在倒退的可能性（图 4-12 中从成熟信念指向前面阶段及当前信念的箭头）。

元认知在整个动态整合模型中起着执行控制的重要作用，会对整个系统（包括信念转变机制和信念本身）进行调节和控制，从信念的最初水平到成熟水平无不在其监控之下。个体的元认知水平越高，对有效解决策略的意识水平及有效监控水平就越高，信念转变的可能性也就越大。其中的元认知反思在模型中更是发挥着核心中枢功能。

模型中对情感因素的关注体现了目前教育心理学研究中从脱离情境的"冷认知"向关注情境的"热认知"转型的趋势，人们越来越关注情感因素在信念发展中的作用。个体在认识信念发展的各阶段都有情感因素的参与。譬如，处于认识怀疑阶段时，个体会伴有困惑、焦虑、担忧、痛苦等情感体验，这些情感体验会推动或制约个体的认识信念发展。比如，强烈的认识怀疑情感体验可能会促使个体采取行动，使其进入认识意志阶段。

本迪克森和茹尔在探讨环境因素的作用时，特别强调了同伴关系的重要性。由于同伴间地位的相对平等，学生可能更乐于与同龄伙伴讨论认识两难问题，而非直接听从教师或权威的意见。同时，本迪克森特别强调个体认知能力与环境的动态交互作用在认识信念发展中的重要性。此处他借鉴了皮亚杰和维果斯基的观点，提出儿童的认识信念发展依赖于个体的认知能力与环境的交互作用，这种交互作用会促使个体的认识信念向更高的层次水平发展。个体的认识信念既受其所处的社会环境的影响，同时也会对环境产生反作用，影响环境中与其有联系的其他人的认识信念。譬如，在课堂教学中，当学生面临具有冲突性的问题情境，体验到认识信念上的困惑时，如果教师鼓励学生质疑，多做批判性思考，对权威意见做出审慎评价，则教师作为外在环境因素会促进学生认识信念的发展，而学生的发展又会对环境产生影响，如通过学生间的相互作用、教师与学生间的相互作用，甚至再到教师间的相互作用等，最终引起整个环境内群体的认识信念发展。

二、认识信念转变的实证研究

近年来，教育心理学家特别注重认识信念研究在教育教学中的运用，提出该领域的研究不仅要关注理论建构，更应关注实践应用，探讨帮助学生发展认识信念的教学方法（Bendixen & Rule，2004；King & Kitchener，2002；Magolda，2004；Schommer-Aikins，2004）。希罗提议未来的研究应同时关注教师信念与学生信念的转变（Schraw，2001）。玛古德提出，认识信念的转变是一系列关于认识假设的转变，有些信念的变化是在认识发展之后，依赖于学生的认知发展水平，但有些需要外部的支持（Magolda，2004）。当提供恰当的教育环境时，教育经历对发展学生的认识信念起着重要作用（周琰，谭顶良，2011）。目前，研究者围绕认识信念的提升问题开展了诸多实证研究，既有研究者基于认识信念的动态整合模型开展教学干预（Chen & Chang，2008），也有研究者通过开展批判性思维训练（Valanides & Angeli，2005）、多文本阅读训练（Kienhues et al.，2008）等方式探讨发展学生认识信念的多种途径。

（一）依据动态整合模型开展教学干预

如前所述，教学环境是影响学生认识信念发展的重要因素，在符合学生认知发展水平的基础上，教师可以尝试通过改善课堂教学环境促进学生认识信念的发展。研究者（Chen & Chang，2008）依据本迪克森和茹尔的动态整合模型，设计并实施了科学课的教学干预实验（图4-13）。

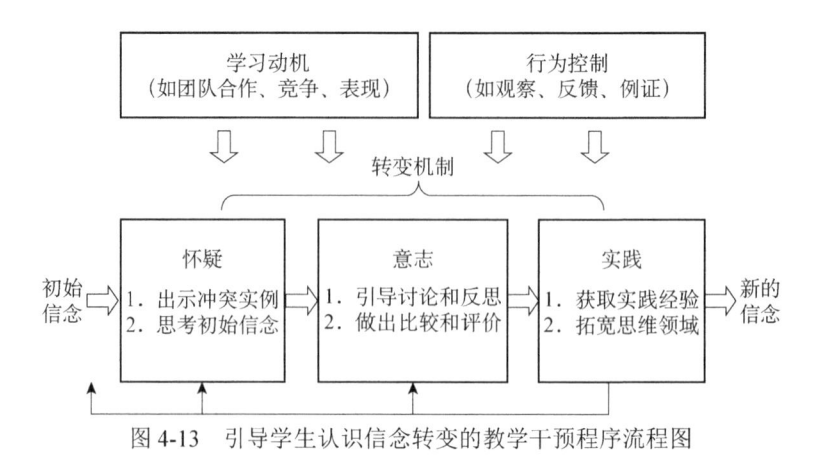

```
                ┌─────────────────┐   ┌─────────────────┐
                │   学习动机        │   │   行为控制        │
                │(如团队合作、     │   │(如观察、反馈、   │
                │  竞争、表现)     │   │    例证)         │
                └─────────────────┘   └─────────────────┘
                   ⇓       ⇓   转变机制   ⇓       ⇓
```

┌──────────────┐ ┌──────────────┐ ┌──────────────┐
│   怀疑   │ │   意志   │ │   实践   │
│1. 出示冲突实例│→│1. 引导讨论和反思│→│1. 获取实践经验 │ → 新的信念
│2. 思考初始信念│ │2. 做出比较和评价│ │2. 拓宽思维领域 │
└──────────────┘ └──────────────┘ └──────────────┘

初始信念 →

图 4-13　引导学生认识信念转变的教学干预程序流程图

如图 4-13 所示，该干预实验的流程如下：①怀疑阶段，教师出示与学生原有认识经验存在冲突的具体例子，引导学生重新思考他们的认识信念。②意志阶段，引导学生进行讨论和反思，通过协作进行比较和评价。③实践阶段，通过回答开放性问题、写评论、完善观察报告等任务帮助学生获取实践经验，拓宽思维领域，体验新的认识系统的运作。例如，在"绳子"的教学单元中，首先让学生思考绳子所具有的功能；接着，教师出示学生没有考虑过的、没有见过的例子，如古代的人用在绳子上打结的方法来记事、记数；然后，教师提出开放性问题并引导学生讨论，如这个例子与你知道的关于绳子的知识有何不同之处？此前你关于知识的变化持什么观点？见到这些例子后，你的观点是否与以前有了什么不同？原因何在？等等；最后，教师指导学生完成如下任务：完善关于事物或知识变化的观察报告，写出本单元的学习评论。干预实施过程中，教师通过团队合作、团队竞争等方式激发学生保持良好的学习动机，通过观察、反馈等方式增强学生的行为控制能力。陈和张的研究结果表明，干预有效增强了学生的认识信念，并且提高了其学习策略的使用水平及行为控制水平（Chen & Chang，2008）。

（二）通过批判性思维训练提升认识信念

教学中对学生进行批判性思维训练也有助于其认识信念的转变。已有研究证实，认识信念、批判性思维、推理技巧之间存在联系，具有成熟的认识信念的个体更倾向于使用批判性思维。例如，库恩的研究指出，评价主义者比绝对主义者和多元主义者更倾向于使用反驳-驳斥的思考方法及产生不同寻常的观点，更能认识到比较和评价其他观点以及驳斥的价值（Kuhn，2001）。有研究者指出，当鼓励学生进行合作、给予学生反思自己想法和评价自己信念的机会时，他们的认识信念更容易发生转变（Hofer，2001；Southerland et al.，2001）。希罗曾提出一系列的批判性思维技巧，如分析证据、判断资料的可信度、做出价值评判等，并指出帮助学生获得批判性思维技巧的同时可促进学生认识信念的转变（Schraw，2001）。瓦兰奈德（Valanides）和安杰利（Angeli）通过三种干预方式对学生进行批判性思维训练。结果表明，在结构不良的具有冲突观点的情境中，清晰地陈述批判性思维的原则，把批判性思维教学与鼓励学生反思、讨论、评价他们的思维相结合，对学生认识信念的转变具有显著作用（Valanides & Angeli，2005）。

在学科认识信念的转变方面，也有类似的研究成果。例如，在转变学生数学认识信念的教学实验研究中，一般是通过改变教学策略、教学方法等改变学习环境，实验组采用基于社会建构主义的教学策略方法，而控制组采用传统教学策略方法。譬如，梅森（Mason）和斯克里瓦尼（Scrivani）的干预实验创设的数学学习环境有如下特点：一是协商的课堂文化；二是重视数学交流，鼓励学生通过小组讨论和全班讨论的方式进行社会认知合作（socio-cognitive interaction）；三是尝试引入一些非常规问题情境。例如，对于现实中的问题和不确定问题，学生要面对多种问题表达方式、多种解决方式和不同的答案。对于现实问题，学生需要建立数学模型，不能机械套用传统的固定解法，目的是刺激学生思考问题的性质，关注问题的结构而非表面细节（Mason & Scrivani，2004）。他们的实验研究表明，相比于传统教学策略方法，基于建构主义的教学策略方法有效发展了学生的数学认识信念，促进了其信念的转变，同时提高了他们解决常态问题与非常态问题的成绩，而且学生的数学自我评价水平也有了提高。

（三）通过多文本阅读训练提升认识信念

近年来，研究者开始尝试通过阅读训练，尤其是通过多文本阅读提升学生的认识信念。基恩豪斯（Kienhues）等采用多文本干预的方式来诱发认识信念的改变，并将被试随机分为三组，即冲突组、一致组与控制组，其中冲突组阅读文章间观点相互冲突的多篇文章，一致组阅读文章间观点一致的多篇文章，控制组不阅读任何文章。研究者测量了三组被试认识信念的前后变化情况。结果发现，冲突组和一致组的认识信念变化幅度均显著高于控制组（Kienhues et al.，2008）。弗格森（Ferguson）和布拉滕（Bråten）采用多文本阅读任务来诱发认识信念的改变，结果发现，被试依靠主观判断的比例降低，阅读干预对被试的知识判断信念产生了影响（Ferguson & Bråten，2013）。海因德（Hynd）让高中生阅读三种类型的文章，即驳斥型文章、双面的非反驳型文章和叙述型文章，要求学生在阅读完成之后，评价哪类文章的说服力更强。结果发现，驳斥型文章具有更强的说服力，在改变学生的认识信念上具有更高的可操作性（Hynd，2001）。当然，前人的研究结果也存在分歧，比如，基恩豪斯等的实验研究发现，驳斥型文章仅对认识信念不成熟组起促进作用，而对认识信念成熟组却起了反作用，他们的认识信念变得更不成熟（Kienhues et al.，2008）。丁培书（2018）采用多文本阅读和让被试反省自身观点改变经历的方式对被试进行认识信念的干预，其中多文本阅读方式中呈现的阅读材料是对同一问题的不同看法，旨在从知识确定性和论证技巧（知识判断）来进行干预。反省自身观点组的干预聚焦于四个问题：一是认真回忆改变自己观点或完善自己观点的经历；二是反思自己的原有观点是怎样一步步发生转变的；三是思考自己的原有观点发生变化的条件；四是如何判断改变后的观点是合理的。结果发现，这两种干预方式都是有效的，而且认识信念干预还能使被试的创新表现更好，在经典的发散思维测试任务中，可以提高被试的新颖性得分；在现实问题解决任务上，可以提高被试的适用性得分。研究者由此提出，让学生多阅读含有矛盾观点或如何提出新观点的文章，以及批判性或创新评价类的文章，多反省和总结自己改变旧观点或提出新观点的经历，有助于学生认识信念的提升。

（四）综合运用多种方法开展教学干预

国内研究者根据本迪克森和茹尔提出的认识信念转变的动态整合模型，参照金和基奇纳提出的转变学生认识信念的教学原则，结合国内大学生认识信念的发展特点，设计并实施了提升大学生认识信念的教学干预课程（周琰，2011）。根据本迪克森和茹尔（Bendixen & Rule，2004）的观点，学生的认识信念转变要经历认识怀疑、认识意志及解决策略三个阶段，而且认识信念转变的动态整合模型中特别强调学生的元认知水平、认知与环境的交互作用。也就是说，在认识信念的转变过程中，创设恰当的教学环境，引发学生的认知冲突，促进学生对知识和学习性质的反思是至关重要的环节。研究者遵循金和基奇纳提出的原则进行教育干预：①尊重学生原有的认识信念。不论学生原有的信念水平发展处于什么阶段，都需要尊重其基本的信念假设。如果学生觉得不受尊重或缺少支持，就不愿参与到后续的活动中，不愿意投入到具有挑战性的讨论与思辨中。②与学生讨论结构不良问题，呈现不同的观点，以及各种观点的证据与推理论证的过程。③提供让学生理性地分析他人观点的机会，培养学生在面对不一致信息时发展并捍卫自己观点的能力。④帮助学生学会系统地收集资料，评估各种不一致的信息，检视信息来源，评估证据的可信度，依据证据做出解释性的判断。⑤及时给学生提供反馈并提供认知与情绪方面的支持。⑥帮助学生反思检视自己对知识和知识获得过程的想法。⑦鼓励学生在各种情境下练习推理，获得运用思辨技巧的机会与信心（King & Kitchener，2002）。

国内研究者在实际操作中，尝试综合运用多种方法开展教学干预。一是价值观辨析，如提升大学生学习的价值信念即采取这一方式。此方式借鉴了品德教育中价值观辨析的操作过程，遵循价值观辨析的如下原则：引发学生对知识学习的态度和价值陈述；无批评地和无批判地接受学生的思想、情感、观点和信念；提出问题以帮助学生反思自己的信念。二是采取模拟辩论的方式，对一些知识学习中的认识两难问题，由教师给出正反方观点，学生思考自己更倾向于哪一方观点，并补充支持或反对观点的证据及理由。这一方式既有助于引发学生的深入思考，又可为正式辩论做准备，防止学生因准备不充分或过于拘谨而不能投入到辩论中。三是采取正式辩论的方式，在模拟辩论的基础上，由学生选出正反方代表各三人，每次围绕一个核心问题参与辩论，仿照辩论赛的流程，设置立论、驳立论、质辩、自由辩、总结陈词等几个环节。对学习的能力信念、学习的速度信念和知识的获得信念的教育干预主要采用模拟辩论和正式辩论的方式。四是在教学过程中渗透批判性思维的思想，逐步让学生了解批判性思维的准则及常用的技巧。这一方式的目的是培养学生理智的怀疑和反思精神以及良好的思维习惯和技能。五是引入有助于提升学生认识信念的关键案例并进行讨论（周琰，2011）。

采取价值观辨析、模拟辩论及正式辩论的方式进行干预训练时，注意结合教材内容，从中发掘有利于培养学生成熟认识信念的材料，引出学生感兴趣的讨论话题。在教学中渗透批判性思维训练时，注意穿插并举例说明批判性思维的如下准则：①批判性思维者是灵活的，能容忍模棱两可和不确定性；②批判性思维者能识别固有的偏见和假设；③批判性思维者保持一种怀疑的态度；④批判性思维者区分见解和事实；⑤批判性思维者不会过于简单化；⑥批判性思维者使用逻辑推断过程；⑦批判性思维者在得出结论之前要检验有效的证据（伦道夫·史密斯，

2010）。批判性思维训练中所强调的理智的怀疑与反思精神，深思熟虑和严谨审慎的思考态度，追求清晰性、一致性和可靠性的思维习惯，以及独立自主和自我校正的思维技能都有助于学生重新认识知识的来源，深刻体会知识的获得过程中个人的主观能动作用，消解学生对权威的盲目崇拜。在使用关键案例讨论法时，材料的选取应始终围绕有利于培养学生成熟的认识信念这一主题展开。

整个干预课程的设计应贯穿如下理念：首先，通过提供实例引发学生的认知冲突，让学生通过感触不一致及冲突的信息体会原有认识信念的局限性与不足，进而对原有认识信念产生怀疑，这是学生认识信念转变的重要前提（Bendixen & Rule，2004；Hofer，2001）。其次，在产生认识怀疑的基础上，引导学生通过辩论、小组讨论、价值观辨析等方式对不同观点进行比较与评估，反思自己对知识和学习的已有想法，做出信念调整的选择。最后，教师鼓励学生积极调整自己的认识信念，鼓励学生把新的认识信念以及新的思维方式运用到以后的学习与生活中，让学生有机会体验新的认识信念的运作。也就是说，学生认识信念的提升要经历察觉不一致的信息、反思原有的认识信念、体会新的认识信念的运作的过程。这种察觉反思与应用的设计理念符合动态整合模型中提到的认识信念的转变历程要经历认识怀疑、认识意志、解决策略三个阶段的观点（Bendixen & Rule，2004），也与探究学生认识信念转变的其他学者的观点相吻合（King & Kitchener，2002；Kuhn & Weinstock，2002）。

干预教学实施过程中应特别注意以下几点：一是引导鼓励学生反思，对知识与学习观点的反思有助于学生认识信念的成熟（Kuhn & Weinstock，2002；Schraw，2001）。只有经历比较、评价、反思的历程，学生的认识信念才会得以发展。教师要营造鼓励学生反思的学习氛围，提供学生反思的各种机会，培养学生动脑思考的习惯，提升学生的反思能力。二是重视教学过程中的互动。学生在与教师或同伴的互动过程中，了解他人对知识和学习的看法，检视自己的认识信念。这与国外学者的观点一致：社会互助有助于学生体会他人的认识信念并与自己的观点相对照，引发其对自己信念的检视与反思（Bendixen & Rule，2004；Mason & Scrivani，2004；Schommer-Aikins，2004）。三是注重教学中实例的选择，呈现的实例要有足够的强度来引发学生的认知冲突。学生的信念系统是在内外因素的共同作用下形成与发展的。随着学习经验的增加和认知发展的不断成熟，学生会不断调整自己的原有认识信念。信念的调整始于认识的怀疑，所以教学时呈现的例子要具备足够的强度且和原有认识信念不一致，要有助于学生意识到原有认识信念的局限性，引发学生的认知冲突，这是认识怀疑产生的关键。四是教师需要提供情绪支持。学生认识信念的调整要经历面对认知冲突、反思原有认识信念的过程，当学生面对与原有信念不一致的新信息时，其会产生认知失衡进而重新检视自己原有的认识信念系统。从本迪克森和茹尔（Bendixen & Rule，2004）、陈萩卿和张景媛（2007）及本书研究的情况来看，学生面对不一致信息时，不同学生的反应状况并不相同，部分学生在面对不一致的信息时会产生一些负面情绪体验，会忽略、拒绝、排斥或暂时搁置这些不一致的信息，缺乏调整认识信念的动机。因此，教师要关注学生对不一致信息的感受，及时提供情绪支持，采用灵活的方法激发学生的热情。

数据分析的结果表明，教学干预有效提升了学生的认识信念水平，尤其表现在知识确定性、知识的获得、学习的能力、学习的速度维度上。此外，长效后测数据分析的结果表明，教学干预具有长时有效性（周琰，2011）。这说明教学中营造有助于学生反思自己认识信念的学习环境，通过辩论、小组讨论、批判性思维训练等方式引导学生重新审视对知识与学习的看法，有助于学生认识信念的成熟与发展。由于干预设计建立在较成熟的动态整合模型的理论基础上，遵循了调整学生认识信念的一般原则，并参考了提升学生认识信念的已有研究，恰当的设计理念与周密的课程安排为实验的有效实施奠定了良好的基础。本书研究在干预过程中注重实例的选取，所设计的小组讨论、辩论均围绕认识信念的几个维度展开，同时，整个干预过程重视师生互动与生生互动，营造了鼓励学生反思的良好氛围，高度关注学生在信念转变过程中的情绪反应，这些均有助于良好干预效果的获得（Bendixen & Rule，2004；Kuhn & Weinstock，2002；Mason & Scrivani，2004；Schommer-Aikins，2004；Schraw，2001）。

三、提升学生认识信念的若干思考

一是提高教师的认识信念水平。综合来看，教师信念比教师知识的作用更大，使教师成为优秀教师的，不是他们的知识或方法，而是教师对学生、对自己、对教学目的和教学任务等所持有的信念。当前教师信念研究主要集中在教师认识信念、自我效能信念、学生信念和教学信念等方面，这几个方面既彼此独立，又相互联系，共同构成了教师信念系统（辛伟豪等，2018）。蔡的研究结果表明，多数教师的教学信念、学习信念和认识信念彼此一致，他将该现象称为"嵌套的认识论"（nested epistemologies）（Tsai，2002）。一般情况下，教师信念系统内的若干个信念之间存在一致性，比如，持有相对主义认识信念的教师往往更加倾向于建构主义教学信念。陈及其合作者的研究结果表明，教师的认识信念可以显著预测职前教师学习信念（Chan，2010）和教学信念（Cheng et al.，2009）。这说明，认识信念处于教师信念系统的较高位置，能影响或预测其他相关信念。故而，教师的认识信念可被视为教师的"元认知"，其通过对教学信念等因素的影响，进而"控制或改变"教师的教学活动，引导和影响着教师的教学专业知识发展与教学成效。同时，教师的认识信念发展是内外因素交互作用的结果，既受到个体知识和价值观等内部因素的影响，也受到教学情境、外在期望和政策要求等外在情境因素的影响。情境因素、教师教育和教师专业发展可以在一定程度上改变教师的认识信念。比如，研究者通过教师职业准备项目的实施，有效地改变了教师的认识信念和教学信念（Chai et al.，2009）。也有研究者提出从改进教科书的设计入手（梁永平，王林琴，2008），认为教师的认识信念水平在很大程度上受到现行教科书的影响。现行的教科书在设计认识主题时，只重视知识的结论态内容，即认识主题一般只涉及知识是什么和知识有什么用这两方面，这属于科学认知水平，没有上升到认识论的层次。发展学生的认识信念需要反思性活动，现行教科书一般没有设计小结活动，即使设计也只是简单地回顾所学知识及其应用，这样的教科书设计导致某些教师不重视引导学生进行反思性活动。他们提出并尝试运用提高教师认识信念水平的 WWHW 思维模型，即科学知识是什么（What），科学知识的价值是什么（What），科学知识是如何得出的（How），科学知识为什么是合理性的（Why）。教科书设计者可以借助该模型，从认识主题、探究活动、显性和反思性话语、作业设计四个方面来提高基于认识信念的教科书设计水平，比如，尽可能显性地呈现认识信念的探究活动，包括显性说明研究目的、研究方案的选择和变量控制的方法、实验现象与理论模型之间的关系等，同时，设计具有认识信念水平的反思性活动。教科书应该提供框架和机会来引导与提高教师的认识信念意识，通过教师认识信念的提升，引导学生反思探究过程，帮助学生发展成熟的认识信念。

二是采用多样性的教学组织形式与灵活的教学手段。比如，教师可在综合干预中采取辩论、价值观辨析、案例分析、批判性思维训练等多种教学组织形式，同时特别注重把个人反思与小组内讨论、小组代表汇报、教师概括总结等加以有机结合。相对来说，这些教学方式可在一定程度上改变学生在学习过程中的被动状态，激发学生的参与兴趣，引发学生的深度思考。此外，学生必须学会主动查找和筛选材料，自主地进行知识建构、发现问题并加以探讨，而非被动接受一套固定的知识；同时必须学会表达自己的观点，学会与同伴沟通合作。通过这种开放式的教学，学生逐渐体会到主动探究知识的乐趣，体会到自己能力的提高。

三是开设多样化的选修课程，使学生体会到学科知识之间的互联性、交融性、渗透性，有条件的学校可专门开设批判性思维的选修课，对学生进行批判性思维训练，既有助于培养他们良好的思维习惯，同时也有助于提高他们的认识信念水平。在谈到对大学生进行批判性思维训练的重要性时，谷振诣先生曾经说过："与无知相比，无理显得更加糟糕。大学生是职业的学习者，对于职业的学习者来说，多少具备一点理智的怀疑与反思精神，深思熟虑和严谨审慎的思考态度，追求清晰性、一致性、正当性和可靠性的思维习惯，以及独立自主和自我校正的思维技能，要比储备知识更有劲。"（谷振诣，刘壮虎，2006）

四是组织辩论比赛。辩论中涉及正反两方面的观点对撞与驳斥。当个体面对同一问题的两种冲突观点，抑或是对同一问题的不同看法时，其更容易产生认知冲突，进而寻找解决冲突的方法，这有利于个体认识信念的发展成熟。从基于样例学习的角度看，包含两种矛盾观点的材料是对知识不确定性的最好诠释，能使个体意识到针对同一事物，人们的看法并非是唯一确定的。根据库恩和乌德尔（Udell）的论证模型，论证技巧的发展需要经过以下步骤：①用强论据（如实验或调查数据等）而非假证据（如个人生活经验等）支持理论；②想出有证据支持的替代理论；③生成反驳自己观点的论据，思考并回答"不同意我的观点的人将会说什么"的问题；④驳斥替代观点，即通过驳斥-反驳证据来支持自己的观点，该过程包括仔细评价已有证据和反驳证据，权衡证据的价值，进行综合分析，从而得出某种观点比另一种观点更加正确或需要更进一步的证据支持等（Kuhn & Udell, 2003）。辩论对于发展学生的论证推理能力和理性思考能力无疑大有裨益。学校定期举办辩论比赛，鼓励广大学生对专业知识、时事政治、社会热点进行思考与争辩，在学校中形成一种崇尚争鸣、倡导理性、鼓励思辨的良好氛围，让校园处处彰显读书、思辨与讨论的身影，既可以丰富学生的课余生活，也有助于提高他们的认识信念水平。

五是及时补充介绍知识研究的新进展，引导学生树立终身学习理念。教学中不仅要重视课本知识的系统传授，还应拓宽学生的视野，注意结合教材内容补充前沿研究的最新进展，鼓励学生通过网络资源，或通过邀请专家学者就某领域的研究新进展进行介绍等来获取专业学习方面的最新信息，通过灵活多样的方式，让学生体会到知识发展的动态过程，感悟到人类探索过程的永无止境，体会到人类认识的有限性，进而树立终身学习理念。

总之，通过有效的途径改进学生的学习及教师的教学，培养学生成熟的认识信念，有利于学生的终生发展，有利于学习型社会的创建，也能为当前的教学改革提供有力的参考和支撑。

第五章
主题认识信念研究

第一节　从一般认识信念到主题认识信念的演进

目前，认识信念研究主要包含三个方面：一般认识信念、领域特殊性认识信念、主题认识信念。如前所述，研究者将一般认识信念定义为个体对知识、学习现象与经验所持有的直觉和潜在的认识。领域特殊性认识信念是指在特定学科学习中对知识和知识获得持有的信念。主题认识信念是学习者对特定主题知识本质以及知识如何获得持有的信念。

最初，研究者多测查一般领域认识信念，并未区分不同学科领域的认识信念。但是，伴随着认识信念的领域一般性（domain general）和领域特殊性（domain special）之争（Limón, 2006; Muis et al., 2006），研究焦点集中于认识信念是否会随着学科领域的不同而有所差异。一系列的实证研究发现，个体的认识信念的确会随着学科领域的不同而有所差异。比如，个体对"硬（hard）学科"和"软（soft）学科"（Hofer, 2004），以及不同学科（物理、化学、生物、医学）（Topcu, 2013; Zhang & Ding, 2013; Oh et al., 2016）之间所持有的认识信念的维度和水平确实存在差异。埃尔比和哈默提出的认识信念资源（epistemological resources）理论认为，个体的认识信念资源包括知识的来源、立场、形式、活动等内容，这些内容具有情境特殊性；认识信念研究应该基于现实的学习情境展开，教师应注意在不同学科中激活学生特定领域的认识信念资源，因为个体在学习某一特定学科领域的知识时，会激发与该学科领域相匹配且具有该学科领域特有结构维度的领域认识信念（Elby & Hammer，2001；Louca et al.，2004）。

对于一般领域认识信念和特殊领域认识信念的关系，研究者通过比较不同学科领域（比如，数学和历史）认识信念的特点，发现不同学科领域认识信念既存在差异，也存在一些共性。差异反映了代表具体学科领域知识和知识获得的特殊领域认识信念，共性则反映了个体对普遍性的知识和知识获得过程所持有的一般领域认识信念（Buehl & Alexander，2005）。因此，一般领域认识信念和特殊领域认识信念可以在个体身上同时存在（Buehl & Alexander，2005；Muis et al.，2006）。舒曼和迪尔通过实证研究证实，个体的一般领域和特殊领域（数学）认识信念可以共存；一般领域认识信念通过数学特殊领域认识信念对数学问题解决产生间接影响，而且数学知识丰富的被试在一般和特殊两个层次的认识信念水平基本一致，而对于数学背景知识贫瘠的被试，两个层次的认识信念水平则差异显著（Schommer-Aikins & Duell，2013）。

即使面对同一领域的知识，个体对待同一领域不同主题的认识信念也存在差异（Elby & Hammer，2001；Trautwein & Lüdtke，2007b）。比如，同样是生物学理论，个体在自然选择理论和恐龙灭绝这两个主题上所持有的认识信念完全不同（Trautwein & Lüdtke，2007b）。同样是物理学领域，个体对物理概念和物理学习过程所持有的信念也存在差异（Muis & Gierus，2014）。由此，主题认识信念研究引起学者的关注。从一般领域到特殊领域，再到特殊主题，人们对于认识信念的认识也伴随着层次的细化而逐渐深化（林文毅等，2017）。目前，主题认识信念的研究吸引了研究者的极大兴趣。国外学者已围绕"气候变化""手机辐射"等具有争议的代表性主题开展了相关研究，尤其对主题认识信念和多文本阅读理解的关系进行了深入探讨（Strømsø et al.，2010；Gil et al.，2010a，2010b）。

认识信念研究中涉及的首要问题是测量工具的编制。在一般认识信念研究领域，目前国外研究中应用最多的测查工具是舒曼的SEQ问卷。由于认识信念受社会文化因素的影响（Khine，2008），SEQ在亚洲国家施测时出现了维度上的差异和较低的信效度指标（Chan & Elliott，2002；王婷婷，2004）。为此，国内学者基于中国文化背景编制了中学生认识信念问卷（王婷婷，2004）和大学生认识信念问卷（周琰，谭顶良，2016）。在领域特殊性认识信念的测量方面，比尔等编制了历史和数学领域的认识信念量表（Buehl et al.，2002；Buehl & Alexander，2005），还有研究者对与物理、生物、化学三种学科知识相关的认识信念进行了问卷调查

（Topcu，2013）。国内学者在学科认识信念的测量方面也做了大量工作，先后编制了初中生数学认识信念量表（唐剑岚等，2007）、中学数学教师认识信念量表（谢圣英，2014）、高中生英语认识信念量表（宋志燕等，2008）、小学生科学认识信念量表（杜秀芳，2009）等。

综上，目前国内研究中一般认识信念和特殊认识信念的测量工具相对成熟，但尚未开发主题认识信念的测量工具。国外主题认识信念的测量工具一般采用挪威学者编制的气候变化主题认识信念问卷（Bråten et al.，2008）。受文化因素和地理环境的影响，东西方不同群体持有的主题认识信念可能存在差异。因此，有必要在中国文化背景下检验主题认识信念问卷的适用性，以期为主题认识信念的深入研究提供测量工具，奠定研究基础。

第二节 主题认识信念问卷的修订及信效度检验

本节修订了国外学者编制的气候变化主题认识信念问卷，把气候变化主题认识信念问卷翻译为中文版，并进行信效度检验，验证中国文化背景下主题认识信念问卷的适用性，为后续研究奠定基础。

一、研究方法

研究对象为山东省某高校的480名大学生。初次施测的样本为140名大学生，所得数据用于项目分析和探索性因素分析。二次施测的样本为340名大学生，采用经探索性因素分析后的问卷进行施测，所得数据用于验证性因素分析。

研究工具采用挪威学者编制的气候变化主题认识信念问卷（Bråten et al.，2008），该问卷包含四个维度：知识的证明、知识复杂性、知识确定性和知识的来源。Bråten等指出，尽管主题认识信念问卷以"气候变化"为主题，但研究者可根据需要，将该问卷的主题替换为其他主题内容。该问卷采用利克特十点计分，1～

10分别表示"完全不同意"到"完全同意",部分题目采用反向计分,总分越高表示主题认识信念越成熟。

首先由教育心理学专家和心理学研究生分别对气候变化主题认识信念问卷进行翻译,对不符合中文表达习惯和不易理解的项目予以删除。然后选取15名研究生和30名本科生进行小范围预测,请他们对题目的可读性和适宜性等做出评价,就题目表述是否符合中文特点、题目含义是否易于理解、表述有无歧义等问题发表意见,在此基础上对问卷部分题目进行调整,得到正式施测版本的主题认识信念问卷。

二、研究结果

(一)项目分析

首先对数据进行CR分析以及题总相关分析,CR值和题总相关值均达到显著水平,说明所有题目均符合测量学要求,结果见表5-1和表5-2。

表5-1 主题认识信念问卷的CR值

项目	高分组	低分组	CR值	项目	高分组	低分组	CR值
Q1	9.09±1.24	7.62±1.83	3.89***	Q10	7.91±2.75	5.03±1.80	5.12***
Q2	9.21±1.04	6.29±2.10	7.26***	Q11	6.85±3.12	4.44±1.96	3.82***
Q3	8.38±2.13	6.09±1.77	4.83***	Q12	7.21±2.42	5.12±1.89	3.97***
Q4	8.79±1.30	6.59±1.92	5.54***	Q13	8.82±1.60	5.26±1.90	8.36***
Q5	8.68±1.45	6.59±2.02	4.90***	Q14	8.47±1.93	6.47±2.18	4.01***
Q6	9.15±1.71	7.91±1.42	3.24**	Q15	9.47±1.56	7.76±1.97	3.96***
Q7	9.79±0.54	7.18±1.87	7.86***	Q16	9.76±0.65	7.88±2.27	4.65***
Q8	9.12±1.67	6.97±1.59	5.44***	Q17	8.47±2.00	6.88±2.33	3.01**
Q9	9.59±0.96	6.79±1.74	8.22***				

表5-2 主题认识信念问卷的题总相关

项目	题总相关	项目	题总相关	项目	题总相关	项目	题总相关
Q1	0.41***	Q6	0.25**	Q11	0.31***	Q16	0.44***
Q2	0.61***	Q7	0.57***	Q12	0.38***	Q17	0.26**
Q3	0.43***	Q8	0.43***	Q13	0.59***		
Q4	0.48***	Q9	0.58***	Q14	0.33***		
Q5	0.41***	Q10	0.41***	Q15	0.37***		

（二）探索性因素分析

采用主成分分析法对所有项目进行因素分析，经正交旋转的最大方差法得出旋转后的因素负荷矩阵见表 5-3。

表 5-3　主题认识信念问卷的因素负荷矩阵

项目	因素 1	因素 2	因素 3	因素 4
Q4	0.75			
Q5	0.70			
Q2	0.68			
Q3	0.67			
Q1	0.39			
Q8		0.74		
Q7		0.72		
Q9		0.67		
Q6		0.36		
Q12			0.71	
Q11			0.70	
Q13			0.66	
Q10			0.60	
Q17				0.74
Q16				0.69
Q14				0.63
Q15				0.46

表 5-3 的结果表明，主题认识信念问卷的 17 道题目在各自的公共因素上都有较高的负荷值，最低负荷为 0.36，最高负荷为 0.75，所有题目的共同度介于 0.36～0.63。抽取的四个因素的特征根分别为 3.91、2.00、1.32、1.13，分别可解释总变异的 14.82%、12.50%、11.13%、10.77%，说明这 17 道题目是其各自对应维度的有效测量指标，问卷具有良好的结构效度。

（三）验证性因素分析

采用极大似然法进行估计检验，验证性因素分析结果见图 5-1，模型的各项拟合指标分别为：χ^2/df=2.21，GFI=0.93，AGFI=0.90，NFI=0.93，IFI=0.88，CFI=0.88，TLI=0.85，RMSEA=0.06，表明该模型拟合较为良好。

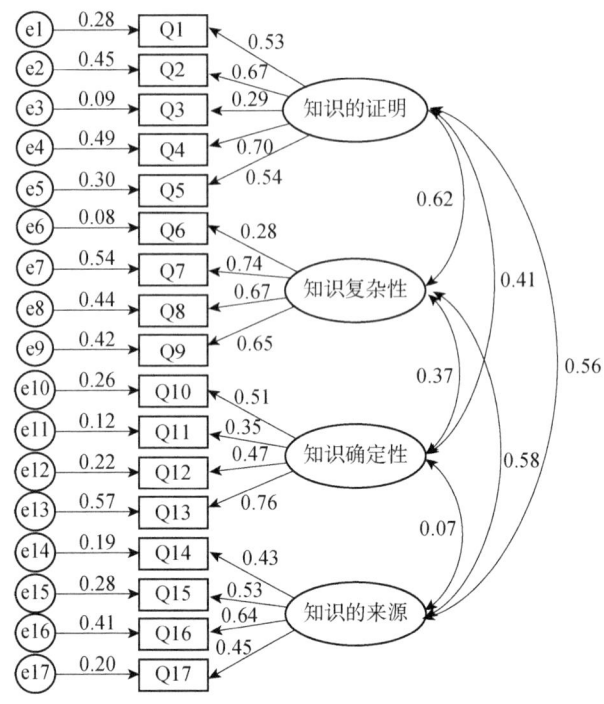

图 5-1 主题认识信念问卷结构模型的验证性因素分析结果

（四）信度分析

采用 Cronbach's α 系数来估计问卷的内部一致性信度。知识的证明、知识复杂性、知识确定性、知识的来源四个维度的内部一致性系数分别为 0.72、0.62、0.62、0.59，总问卷的内部一致性系数为 0.73。

（五）效标关联效度

以往研究证实，个体所持有的主题认识信念与多文本阅读理解尤其是冲突文本阅读中的学习策略使用密切相关（Muis et al., 2015）。为此，本书研究让被试阅读四篇气候变化的冲突文本，文本内容涉及气候变化的原因（人为 vs. 自然）和结果（积极 vs. 消极）(Bråten et al., 2008)，阅读完成后，采用平特里奇等（Pintrich et al., 1993）编制的学习策略问卷考察被试在阅读过程中的学习策略使用情况。该问卷包含复述策略、精细加工策略、批判性思维、元认知调节四个维度。结果如表 5-4 所示，主题认识信念各维度与学习策略各维度大部分呈显著正相关，效标关联效度较高。

表 5-4　主题认识信念与学习策略的相关

变量	1	2	3	4	5	6	7	8	9	10
1. 知识的证明	1									
2. 知识复杂性	0.37**	1								
3. 知识确定性	0.21**	0.13*	1							
4. 知识的来源	0.34**	0.33**	−0.03	1						
5. 主题认识信念	0.76**	0.65**	0.57**	0.56**	1					
6. 复述策略	0.27**	0.15**	0.02	0.20**	0.24**	1				
7. 精细加工策略	0.32**	0.25**	0.14*	0.19**	0.34**	0.51**	1			
8. 批判性思维	0.31**	0.17**	0.10	0.15**	0.28**	0.35**	0.42**	1		
9. 元认知调节	0.33**	0.19**	0.08	0.19**	0.31**	0.58**	0.53**	0.43**	1	
10. 学习策略	0.39**	0.25**	0.11*	0.23**	0.38**	0.75**	0.78**	0.68**	0.88**	1

三、讨论

根据原始量表维度的划分标准和因素分析的结果，修订后的主题认识信念包含四个维度：知识的证明、知识复杂性、知识确定性、知识的来源。其中知识的证明包含 5 道题目，主要测查个体对特定主题知识获得的评判标准，即认为可以根据感觉、经验、权威等来证明知识是合理的，还是认为应该使用推理规则、整合资源、合理评估专家意见等来证明，涉及个体如何评价观点、如何使用证据、如何利用权威知识以及如何评价专家见解等。知识复杂性维度包含 4 道题目，主要测查个体对特定主题知识之间互联性的认识，即相信知识是孤立的、零散的、具体的事实的积累，还是相信知识是相对的、复杂的、高度互联的整体。知识确定性维度包含 4 道题目，主要考察个体对特定主题知识的确定性与发展性方面的认识，即认为知识是确定不变的，还是认为知识是暂定的和不断发展变化的。知识的来源维度包含 4 道题目，主要考察个体对特定主题知识来自何处的看法，即认为知识独立于自身之外，起源或存在于外部权威那里，还是认为知识来源于个体自身的积极建构，以及自我与他人的互动建构。

数据分析的结果表明，修订后的主题认识信念问卷有较好的信效度指标。在信度方面，除知识的来源维度信度偏低外，其余维度尚可。目前大多数认识信念测量工具的信度系数都偏低，包括国外研究中广泛使用的 SEQ，其内部一致性信度也在 0.70 左右（Hofer，2004）。国内认识信念的相关研究中，大部分一般认识信念问卷的信度在 0.57～0.76（任中棠，2008；周琰，谭顶良，2016），陈和艾利奥特编制的我国香港地区大学生认识信念量表的信度介于 0.60～0.69（Chan & Elliott，2002）。国外研究中使用的主题认识信念问卷的信度也在 0.70 左右（Bråten & Strømsø，2010；Trevors et al.，2017）。相比较而言，本书研究修订的主题认识信念问卷的信度尚在接受范围之内。在效度方面，项目分析、探索性因素分析和验证性因素分析的结果表明，17 道题目均具有良好的区分度，各项拟合指数均满足拟合优度指标，模型拟合度良好，问卷具有良好的结构效度。本书研究修订的主题认识信念问卷与效标问卷的相关分析结果表明，修订后的问卷具有较高的效标关联效度。因此，该问卷是一个比较可靠的测量工具，可用于中国文化背景下主题认识信念的测量。

四、小结

修订的主题认识信念问卷由知识的证明、知识复杂性、知识确定性、知识的来源四个维度构成，含有 17 道题目，具有较高的信效度，可以作为中国文化背景下主题认识信念的测量工具。

第三节　多文本阅读理解的理论模型与实证研究

在当今信息时代，人们可以通过各种媒介（如互联网、电视、报纸、书籍、杂志等）接触到大量关于同一主题的信息，但不同媒介提供的同一主题信息可能尚未达成一致，甚至存在冲突与矛盾。例如，阅读者在面临全球变暖、转基因食品、手机辐射、药物的健康风险等有争议的热点问题时会产生较大的认知冲突（Richter & Maier，2017）。为了解决这一矛盾，阅读者不仅要理解单一来源的信息，还要整合关于同一主题但来自不同信息源的全部信息，建立关于同一主题的连贯的心理表征。多文本读写能力较高的读者可以通过对多种来源的信息进行定位、评估、利用，建构有意义的整合性心理表征以解决多文本信息带来的认知冲突

（Bråten & Strømsø，2010）。

目前，国外关于多文本阅读理解的研究不论是在理论建构、测量方式，还是在实证研究方面都取得了可观的成果。美国的学术期刊《教育心理学家》（*Educational Psychologist*）采用专刊形式报道了多文本阅读理解的相关研究（Braasch & Bråten，2017；List & Alexander，2017a，2017b；Richter & Maier，2017；Rouet et al.，2017；Stadtler，2017；Strømsø，2017）。相比较而言，我国在该领域的研究尚处于起步阶段。多文本阅读理解的研究不仅有助于我们探讨个体阅读过程的认知机制，而且对于提高阅读者的多文本读写技能具有重要意义。本节在总结多文本阅读理解研究方法的基础上，对多文本阅读理解的理论模型和影响因素进行了梳理，最后对未来可进一步深入探讨的方向进行了展望，以推动国内该领域的研究进程。

一、多文本阅读理解的概念与测量

（一）多文本阅读理解的概念

多文本阅读理解译自"multiple document comprehension""multiple text comprehension"。"multiple text comprehension"是近年来多文本阅读理解研究中最常见的术语。多文本阅读理解（multiple text comprehension，MTC）是指个体基于多来源而不是单一来源呈现的信息理解复杂主题或问题所调用的技巧和策略，形成关于同一主题的连贯心理表征的过程（List & Alexander，2017a；Wineburg，1991）。其中，确认（identifying）、选择（selecting）、加工（processing）、理解（comprehending）、验证（corroborating）、评估（evaluating）和整合（integrating）多文本信息是阅读者在多文本阅读中最常用的技巧和策略（Rouet & Britt，2011）。

多文本阅读理解研究最早可以追溯到历史研究领域。温内博格在研究专家和新手如何整合多文本来源的历史材料时发现，与新手相比，历史专家会采用来源（sourcing）策略、验证（corroboration）策略和情境化（contextualization）策略对不同文本来源的历史事件的可信度进行判断，从而达到对多种历史观点进行理解和整合的目的（Wineburg，1991）。此后，许多学者对历史领域的多文本阅读理解进行大量研究后发现，阅读多来源的历史文本可以使读者避免局限于特定的文本信息，创建更加灵活的文本信息表征（Britt & Aglinskas，2002；Britt & Sommer，2004；Kurby et al.，2005；Wiley & Voss，1999；Wineburg，1998；Wolfe & Goldman，2005）。伴随着研究的深入，多文本阅读理解研究也从历史领域逐步扩展到个体为了获取特定主题的知识而阅读多个文本的其他领域。

（二）多文本阅读理解的测量

目前，多文本阅读理解的测量主要通过揭示阅读过程和测查阅读结果两方面进行。其中，前者主要通过眼动指标和出声思维法来揭示；后者主要利用验证任务和写作任务进行测查。

眼动指标和出声思维法旨在揭示学习者参与阅读的认知过程，测量阅读者在阅读过程中整合内容所做的心理努力以及整合与阅读表现的关系，考察不同类型的阅读者在多文本阅读过程中使用的阅读策略的差异。阅读中的眼动指标差异表明，与一致版本材料相比，阅读者对矛盾版本材料中的信息来源的注视次数较多，说明阅读者通过验证信息来源来评判信息的可靠性程度（Braasch et al.，2012）。通过出声思维法对阅读冲突性文本的过程进行记录编码，可以了解阅读者在阅读过程中的信息加工策略，揭示阅读策略的使用和阅读效果的关系。高水平学习者为了综合可靠文本材料的信息会更多地使用自我解释策略；而低水平学习者倾向于重复阅读过的信息，但在信息解释、推理方面付出的努力较少（Goldman et al.，2012）。当阅读冲突文本时，精细加工策略和整合策略的使用有助于阅读者取得更好的阅读成绩（Anmarkrud et al.，2014；Wolfe & Goldman，2005）。

验证任务和写作任务是考察阅读者对文本主题理解、整合结果的主要方式。验证任务包括三种，分别是句子验证任务（sentence verification task，SVT）、文本内推理验证任务（intratextual inference verification task，IntraVT）和文本间推理验证任务（intertextual inference verification task，InterVT）。SVT 的内容来自单一文本材料，主要考察个体对文本的浅层理解水平，检验字面理解和回忆水平（Royer et al.，1996）。IntraVT 的内容是由单一文本内容与常识相结合而来的，主要考察个体对单一文本内容的深层理解水平。InterVT 的内容来自多个文本，个体需对多文本的信息整合进行正误判断，主要考察个体对多文本材料的理解水平（Bråten et al.，2008）。个体对文章的整合（integration）和转换（transformation）水平主要通过写作任务的释义（paraphrases）、细化（elaboration）、赘言（additions）、错误观点（misconceptions）和来源转换（switches）的编码程度进行评定（Magliano et al., 1999）。在文本写作中，阅读者的句子表述与原意相同，但更换了表述词则记为释义；加入先前知识或者综合原文多于一句以上的正确表述则记为细化；表述与文本内容无关的先前知识则记为赘言；句子表述完全错误则记为错误观点；来源转换则主要记录了阅读者对不同文本的信息来源进行整合使用的能力。验证任务和写作任务从不同的角度对阅读者的文本理解和整合水平进行了测量，两者是不可或缺的多文本阅读理解的测量方式（Gil et al., 2010a）。

二、多文本阅读理解的相关理论

研究者从认知和动机等角度对多文本阅读过程、影响因素以及表现结果进行分析，相继提出了基于任务的多文本相关性评估和情境提取（multiple documents task-based relevance assessment and context extraction，MD-TRACE）模型、两步验证模型（two-step of validation model）、差异引起的源理解（discrepancy-induced source comprehension，D-ISC）模型、认知情感投入模型（cognitive affective engagement model，CAEM）、阅读的问题解决（reading as problem solving，RESOLV）模型。

（一）MD-TRACE模型

MD-TRACE模型强调相关性在多文本阅读理解中的关键作用，认为文本内容与阅读者信息需求的相关性是影响多文本加工的关键要素（Rouet & Britt, 2011）。该模型阐述了阅读者产生连贯的多文本阅读理解所利用的外部资源、内部资源以及阅读中涉及的五个核心步骤（图5-2）。

外部资源主要包含外部任务要求（如问题或者任务本身、处理任务的指令）、搜索设备、信息来源、文本组织者（三者合称为信息资源）、文本内容和读者生成的任务产品。内部资源包括永久性资源（permanent resources）和暂时性资源（transitory resources）。永久性资源包含先前知识、执行文本搜索和阅读理解所需要的记忆、阅读和搜索技能及自我调节技能。暂时性资源是对当下阅读活动的表征，包含任务模型和文本模型。其中任务模型是指读者对任务要求的理解，文本模型是指读者对文本内容和文本之间关系的理解。

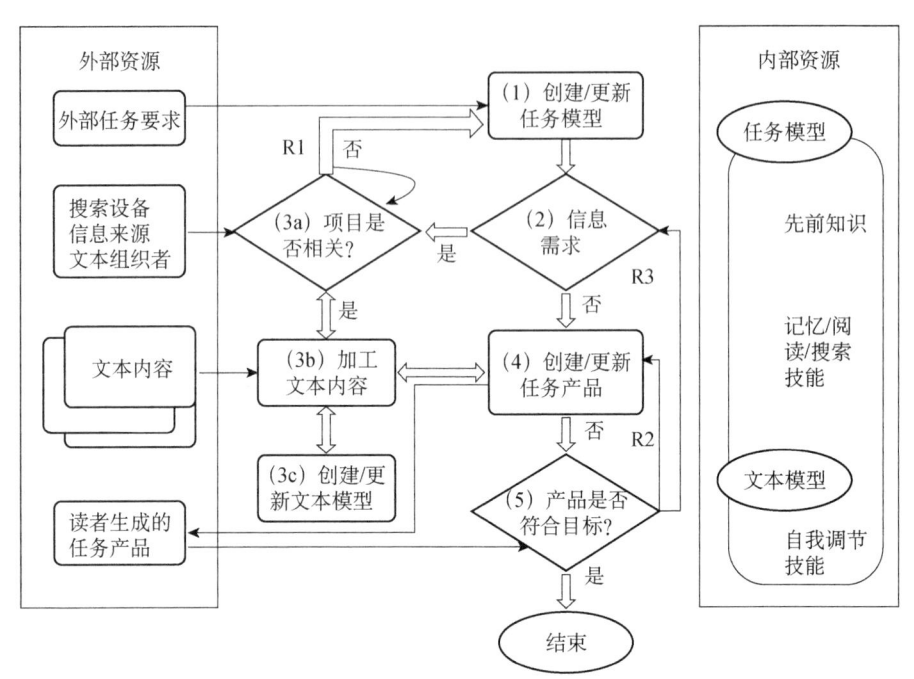

图 5-2 多文本阅读理解的 MD-TRACE 模型（Rouet & Britt，2011）

MD-TRACE 模型提出阅读者为完成多文本阅读理解过程，形成连贯主题表征，要经历以下五个步骤：任务模型的建构；个体信息需求的评估；选择、加工和整合文本信息；任务产品的建构；产品质量的评估。第一步，阅读者根据自我对外部任务规范的解释形成动态的任务模型，并计划一组能够实现任务目标的行为，同时，任务模型也会成为阅读者内部资源的一部分。第二步，阅读者根据任务规范对信息需求进行评估，同时，阅读者也会根据任务产品的状态多次调整需求信息。第三步包含三个独立而又相互关联的子步骤：首先，通过评价信息相关性对文本进行选择[图 5-2 中的(3a)]，如果获取的信息与最初的任务表征不一致，阅读者会重新调整最初的任务表征（图 5-2 中的 R1）；其次，阅读者利用多个文本来提取和整合内容信息[图 5-2 中的(3b)]，阅读多个文本的速度和深度取决于个人的特征（如先前知识）；最后，读者将特定文本中的信息与其他文本中与之相互补充、支持或矛盾的信息相结合，建立来源-内容链接并形成文本模型[图 5-2 中的(3c)]。第四步，阅读者利用文本信息建构对任务的反应，以创建或者更新任务产品，此时的任务产品又会成为外部资源的一部分。第五步，评估任务产品是否满足任务目标。如果没有满足任务目标，阅读者会回到第四步（图5-2中的R2）和第二步（图5-2中的R3），以继续调整需求信息，搜索相关文本。

MD-TRACE模型注重文本内容与阅读者信息需求的相关性在任务模型创建中的作用，关注任务模型和文本模型的建构过程以及内部资源和外部资源对模型建构的影响，其提出的多文本阅读中的五个步骤具有一定的合理性。但是，MD-TRACE模型尚有需要深化和实证检验之处。如何通过评估加工内容和形成任务产品的过程理解任务表征的动态更新、个体内部资源和外部资源的不同如何影响阅读者的阅读决策等问题都需要未来研究的检验。

（二）两步验证模型

两步验证模型（Richter & Maier，2017）探讨了个体理解多文本中的冲突信息所涉及的认知过程，强调先前信念在多冲突文本常规验证过程中的重要作用，阐述了平衡心理模型形成的条件（图5-3）。

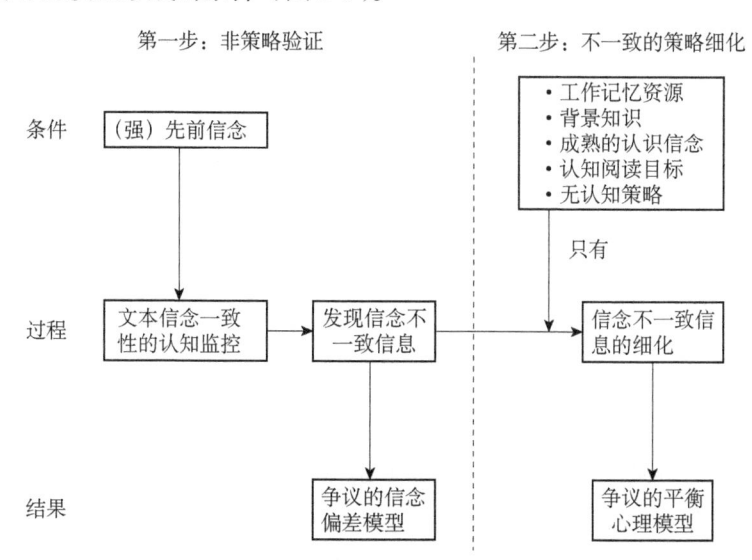

图5-3 多文本阅读理解的两步验证模型（Richter & Maier，2017）

根据可靠性评价理论（Maier & Richter，2014），阅读者对与先前信念相一致的文本信息具有更高的可靠性评价。该模型认为在文本阅读的第一步中，阅读者会习惯性地依赖于先前知识和信念对文本信息进行解释与评价。在阅读者例行的无意识、自动化常规验证过程中，个体倾向于把认知资源集中在读者认为可信的信息上，与先前信念相一致的文本信息具有加工优势，不一致的信息将获得较少的认知资源。最终，与先前信念一致的信息会成为心理模型的一部分，继续监控之后输入信息的有效性。即使为冲突信息提供相关证据，持强烈先前信念的阅读者在有时间压力的情境下，仍然倾向于关注与自己信念一致的信息，通常会形成偏差模型（Ecker et al., 2014；Van Strien et al., 2014）。但是，在特定的情境下，阅读者会有意识地对文本信息进行深入、细致的评估，这主要表现在两步验证模型的第二步。工作记忆资源和先前知识丰富的阅读者能够积极搜索文本的额外信息以促进与文本不一致信息的理解（Richter & Maier, 2017）。在有认知阅读目标的前提下，阅读者会对与先前信念不一致信息进行精细加工。在元认知层面，具有成熟认识信念和积极采用认知策略的读者能够对文本信息进行推论（Richter, 2011；Richter & Schmid, 2010）。这些都促进阅读者对不一致信息进行加工，以建构更加丰富、平衡的心理模型。

两步验证模型阐述了偏差模型与平衡模型产生的条件和过程，其所强调的先前信念在冲突文本常规验证过程中的重要作用也得到了实证研究的支持（Van Strien et al., 2014）。但是，个体的多文本信息加工过程是否仅仅是递进式的两步加工模式？个体在进行了策略细化和信息细化之后，是否一定能形成平衡的心理模型？如果仍然无法达成平衡的心理模型，是否会退行到第一步，形成偏差模型？这些问题还需要后续研究的验证。

（三）D-ISC模型

个体维护认知一致性是社会认知的中心机制（Lewandowsky et al., 2012），阅读者在阅读时通常会寻求文本材料信息一致性。D-ISC模型主要强调在文本阅读过程中，冲突信息导致阅读者对来源特征（如作者、写作风格、出版社等）的关注、评估、表征和使用（Braasch & Bråten, 2017）。

D-ISC模型假设差异是来源策略的推动力。Braasch和Bråten（2017）主要描述了三种引发阅读者关注来源特征的情境：同一文本中存在冲突信息；不同文本表达的内容信息有冲突；个人先前信念和文本信息存在冲突。多个信息源呈现的信息不一致会导致阅读者很难建构连贯、综合的情境心理模型。这时，阅读者就会转移注意力资源，建构包含来源特征（如信息作者、专业特长）和组成成分的心理表征（Braasch et al., 2012）。对来源特征可信度进行评估和建立来源-内容链接，有助于读者更好地解释文本中的语义内容、整合文本知识，避免出现信息超载和概念碎片化（Braasch et al.，2012，2016；Rapp & Braasch，2014）。在信息丰富的环境中，阅读者要想成功地理解文本材料，必须要使用可利用的来源特征以解释文本呈现的语义内容，建构整合所有文本材料相关信息的表征（Anmarkrud et al.，2014；Beker et al.，2016；Braasch et al.，2012；Wiley & Voss，1999）。

文本材料之间的差异会导致阅读者对文本来源特征的关注，但并非所有阅读者都可以充分利用文本材料的来源优势。国外学者利用认识信念问卷对以色列大学生进行调查后发现，只有持多元化和评估主义的阅读者在遇到冲突信息时才能更好地利用来源策略的优势（Barzilai & Eshet-Alkalai，2015）。只有当文本材料内容与阅读者的先前信念存在矛盾时，阅读者才会更深入地处理和表征来源特征（Bråten et al.，2016）。如果文本材料内容与阅读者的先前信念比较一致，阅读者更有可能对来源和语义进行浅层编码（Braasch et al.，2016）。在某个主题上，若文本之间的内容可达成一致或者其差异是微弱的、难以察觉的，为了减轻额外认知负荷，部分阅读者就会忽略对来源的关注，继续建构情境或者跨多个文本的连贯的心理表征（Braasch et al.，2016；Kurby et al.，2005）。

D-ISC 模型认为，文本中的差异是来源策略的潜在触发因素，对来源信息的关注和表征是建构文本间模型的重要步骤。因此，阅读者在文本中遇到矛盾信息时，可有意识地使用来源策略以帮助自己理解文本主题内容。当文本中出现了明确的来源特征时，有经验的阅读者将会策略性地关注、评估冲突观点的信息来源特征，以深层次地协调、评估语义内容和信息来源之间的关系；当文本中未出现来源特征时，阅读者如何解决文本中的冲突问题仍需深入探讨（Hinze et al.，2014；Rapp et al.，2014）。此外，文本来源特征仅是多文本阅读的影响因素之一，其他因素与来源特征的综合作用是未来研究需要关注之处。

（四）CAEM

利斯特（List）和亚历山大（Alexander）将多文本阅读理解的研究视角从注重阅读认知过程和使用行为的"冷"观点转变到了对阅读动机的"热"观点的关注上，强调兴趣和态度这两种情感因素在文本加工中的作用（List & Alexander，2017b）。他们根据阅读中情感投入和来源评估策略使用的不同水平，把阅读者分为四类——脱离型、情感型、评估型、批判分析型。脱离型的阅读者缺乏对任务主题的情感投入和对来源进行评估的习惯，会接受或者是默认外部分配的任务，对文本访问数量有限且使用策略较少。情感型的阅读者在进行多文本阅读时，较少考虑评估和验证信息来源。但是，此类阅读者对文本的内容具有较高的情感投入，表现出更多的兴趣和积极的态度。鉴于整合技能不足，阅读者会在阅读中积累和自己态度相一致的信息，忽略与自己态度不一致的信息。与情感型的阅读者相比，评估型的阅读者在文本阅读中具有较多的策略投入（对来源特征和信息进行验证），但阅读动机较低，主要表现在评估型的阅读者通常会采用启发式来评估文本，但不会投入过多的情感。批判分析型的阅读者对多文本阅读的任务主题具有较高的阅读动机，并且在阅读技巧上也表现出很高的策略使用水平。

四种类型的阅读者在文本时间、文本访问、文本处理、文本来源、停止文本使用等多文本使用行为，以及回忆、整合、个体内变化等多文本处理结果方面有不同表现（表 5-5）。

表 5-5　四种类型的阅读者在文本使用行为和文本处理结果的差异

项目	脱离型	情感型	评估型	批判分析型
文本时间	快速寻找"答案"	阅读感兴趣文本	读取可靠来源	读取可靠来源，提供可靠信息
文本访问（数量、质量、访问顺序）	按算法式进行顺序访问，直到获得最满意答案	优先访问感兴趣文本	基于启发式地访问可靠文本，选择有限数量的文本	与任务需求和认知产品相匹配的大量高信度文本
文本处理	略读	表层阅读	表层阅读	深层加工
文本来源	很少采用来源策略	很少采用来源策略	采用来源策略	采用来源策略
停止文本使用	寻找到答案	满足主题兴趣或者信息饱和	访问所有可靠文本或者是预定数量文本	成功实现预期认知产品
回忆	回忆量最小	回忆量最大，完善图式中的"空位"	回忆文档信息能力强，准确记忆内容来源	以综合的、有组织的方式回忆文本和文档信息
整合	较少观测到整合	整合很差	联系文本信息，但整合较弱	存在调节和整合
个体内变化	知识增加	态度两极化	知识修正	知识和态度修正

CAEM 强调兴趣和态度这两个动机变量在多文本阅读过程中的作用，较好地吻合当下心理学研究中"冷"认知取向向"热"认知取向转变的趋势，但对于兴趣和态度之外的其他"热"认知变量的关注不够，其他变量（如认识信念、价值观）对文本加工过程的影响也不容小觑（Strømsø，2017）。另外，先前知识对阅读者默认立场的形成具有直接或间接的影响，并且会影响来源评估和文本使用，但先前知识的作用并没有被明确建立在模型之中。

（五）RESOLVE模型

RESOLVE 模型（Rouet et al., 2017）认为，阅读是一种适应性的问题解决过程，读者可以根据自己的目标和计划选择性地使用文本，强调阅读目标在多文本阅读理解过程中的重要作用。阅读目标产生于阅读者自我设定和阅读者与物理环境、社会环境的互动中（Rouet et al., 2017），阅读过程中的表征有情境模型和任务模型两种模式。

RESOLVE 模型提出阅读过程发生在阅读者对物理、社会的情境理解中。阅读者通过特征提取、模式匹配和已存在的模式的激活形成有关物理和社会阅读情境的心理表征，即情境模型。该模型主要包含影响阅读过程的要求（或者阅读需要）、要求者（如老师、家长、同辈）、受众、支持和障碍、自我五大维度。RESOLVE 模型强调阅读者的能力和资源会影响其对阅读环境中线索的解释，因此不同的个体所建构的情境模型各不相同，并且使用的阅读策略也存在差异。任务模型是目标和目标达成方法的主观表征，阅读者利用先前形成的情境模型来建构任务模型。阅读发生在特定的任务和需求情境之下，阅读者受先前领域知识、任务环境的熟悉性、主题兴趣等的影响，对任务需求的解释也不同，由此引发阅读者对阅读内容和阅读方式的决定行为（White et al., 2010）。

RESOLVE 模型从问题解决的视角分析了多文本阅读理解的过程，有助于人们更好地理解多文本阅读理解的心理机制，但其提出的情境模型、任务模型及其相互关系，阅读目标的生成如何受阅读者自我因素的影响以及阅读者与物理环境、社会环境的互动等问题尚需进一步的实证研究支持。

三、多文本阅读理解的实证研究

目前，多文本阅读理解的实证研究并未聚焦于理论模型的实证检验，而是更多地关注多文本阅读理解的影响因素研究。实证研究结果表明，阅读者的先前知识、阅读信念、阅读任务和阅读策略等均会影响多文本阅读理解的过程和结果。

（一）先前知识

与阅读主题相关的先前知识是影响多文本阅读理解的最重要因素（Alexander &

Jetton，2000）。在多文本阅读理解研究中，先前知识是研究者关注的首要变量。多文本阅读过程中，来源策略、验证策略、情境化策略的使用都需要先前知识的参与（Bråten & Strømsø，2010），SVT、IntraVT、InterVT 与先前知识之间呈显著正相关（Strømsø & Bråten，2009），先前知识量的高低会影响立论任务中被试的文本理解水平（Gil et al.，2010b）。挪威学者的研究发现，先前知识对阅读努力程度、深加工策略、情境兴趣、阅读结果具有显著的正向预测作用，且阅读者的先前知识既可以通过中介变量间接影响阅读者的表现，也可以直接影响其阅读理解行为（Bråten et al.，2014）。因此，在多文本阅读理解研究中，为了避免先前知识对研究结果产生影响，研究者通常将先前知识作为控制变量（Maier & Richter，2013）。

（二）阅读信念

多文本阅读理解研究中的信念研究主要包含先前信念和主题认识信念两方面。先前信念是指对于某一主题，个体接受为真或者希望为真的态度、观点和立场，并且不需要验证（林文毅等，2018）。持强烈先前信念的个体在文本写作中的添加性信息更多，更愿意坚持原有立场；持中立或者较弱的先前信念的个体在文本写作中更倾向于借用新文本材料中的信息（Van Strien et al.，2014）。个体偏好整合与自己先前信念相一致的信息，先前信念越强烈，其偏好越明显（林文毅等，2018）。主题认识信念是个体对某一领域主题知识和知识如何获取的看法，主要包含主题知识的确定性、简单性、来源、验证四个维度（Gil et al.，2010a；Pieschl et al.，2008）。研究表明，主题认识信念对多文本阅读理解的影响主要体现在信念的成熟度或复杂程度方面，持复杂认识信念的个体的多文本阅读理解水平更高（Strømsø et al.，2010；Mateos et al.，2016）。先前信念和主题认识信念均是影响多文本阅读理解的重要变量。

（三）阅读任务

阅读者在阅读时会受到阅读目标的驱动，而任务指导语的作用则在于帮助阅读者形成阅读目标。目前研究者主要通过"总结-立论"（summary-argument）范式来考察不同阅读任务对多文本阅读理解的影响，但对于总结和立论对阅读理解影响优势的研究结果尚未达成一致。第一种观点是总结任务具有加工优势。持有该观点的学者认为总结任务可以加强记忆内容的表征，所以能够促进事实和概念知识的建构

(Wade-Stein & Kintsch，2004）。在认识信念的确定性维度上，具有复杂认识信念的被试在总结条件下的成绩显著好于立论条件（Gil et al.，2010a）。第二种观点是立论任务具有加工优势。阅读者在立论任务比在总结任务中有更多的转换性信息（Le Bigot & Rouet，2007），撰写的文章内容能更好地整合先前知识，具有更多的因果联系（Naumann et al.，2009），在立论任务情境下要比在叙述、总结、解释文章情境下对文章主题有更深的、更具整合性的理解（Wiley & Voss，1999）。先前知识丰富的阅读者似乎更能发挥立论任务的加工优势（Gil et al.，2010b）。第三种观点是总结和立论的加工过程不存在孰优孰劣，两者都能促进多文本阅读理解。持有该观点的学者通过实证研究发现，总结和立论任务均能促进阅读者对多文本内容的深刻理解，两种条件下阅读者的成绩差异并不显著（Bråten & Strømsø，2011）。后续研究应进一步探讨分歧产生的原因，揭示影响阅读任务加工优势的各种因素和作用机制，如阅读者的先前知识、认知情绪、个性特征等如何影响总结和立论任务下的阅读结果。

（四）阅读策略

阅读者在理解多文本材料过程中主要使用来源策略、验证策略、情境化策略、记笔记策略（Wineburg，1991）。有经验的阅读者在遇到有冲突的多文本材料时通常会采用来源策略来帮助理解文本。使用文本来源（如作者、出版社、出版时间、写作风格）对文本内容做出解释和可靠程度的评估，有利于阅读者形成连贯的心理表征（Anmarkrud et al.，2014；Braasch et al.，2012；Bråten et al.，2016；Wineburg，1991）。温内博格（Wineburg）在比较历史专家和学生对多个历史文本的整合理解时发现，历史专家更多地比较两种材料之间的不一致之处，通过回溯之前的阅读文本材料以验证观点或事实（Wineburg，1998）。在出声思维记录分析中，与学生相比，历史专家倾向于重点记忆历史事件发生的时间、地点等情境性线索，以对观点进行分析。在书面材料阅读中，记笔记是帮助阅读者进行阅读理解的重要手段。采用记笔记策略能够促进阅读者对论点的建构，有利于其对文本的深水平、整合性理解（Britt & Sommer，2004；Hagen et al.，2014）。

（五）其他因素

除了上述提及的先前知识、阅读信念、阅读任务和阅读策略之外，研究者还发现工作记忆、情绪状况及语言的精通性等因素也会对多文本阅读理解产生影响。

工作记忆容量高的个体能够发挥执行功能的优势，能够综合多种文本信息以获得对文本中潜在关系的更深刻理解（Banas & Sanchez，2012）。梅森等通过记录皮肤电活动调查了多文本阅读与情绪活动之间的关系，结果表明，在查阅来源信息和将来源信息与内容相联系方面，低情绪反应的学生要优于高情绪反应的学生（Mason et al.，2017）。戴维斯（Davis）等的研究发现，语言精通性是阅读理解最有利的预测指标，相对于双语阅读群体，单一语言阅读群体的语言精通性与阅读理解之间的关联性更强（Davis et al.，2017）。

四、小结与展望

当今社会，现代技术的发展大大增加了知识产量和知识传播量，培养学生的多文本阅读技能是适应信息社会发展的重要方面。尽管多文本阅读理解研究取得了一定成果，但未来仍需要在以下几个方面进行深入研究。

第一，聚焦理论模型的整合与验证。五个多文本阅读理解模型从不同的理论角度解释了多文本阅读理解的认知加工过程。兴趣和态度对多文本阅读理解的影响是 CAEM 关注的焦点。任务模型和目标、计划的建构是 RESOLVE 模型的核心。建构的不同目标倾向将会影响阅读者对多文本阅读理解材料的加工，这与 MD-TRACE 模型的步骤 1、2 更为相似。两步验证模型和 D-ISC 模型关注的是阅读者如何处理冲突性的多文本，这更符合 MD-TRACE 模型的步骤 3。后四种模型分别从动机、情境、目标和强调阅读者如何处理冲突性的多文本等方面对 MD-TRACE 模型的不同方面进行了描述和扩展。但是，模型之间尚缺少理论整合和实证检验，目前已发表的实证研究大多聚焦于多文本阅读理解的影响因素，对于理论模型的支持和验证亟待加强。

第二，丰富多文本阅读理解研究主题，提升生态效度。目前，多文本阅读理解研究主题主要局限于气候变化、手机使用、太阳辐射、转基因食品等热点冲突性话题。这类主题文本内容的冲突是以清晰的方式存在的。但是，真实语境中阅读者阅读的某个话题的文本内容差异是以微弱的形式存在的（Braasch & Bråten，2017），需要未来研究对其进行进一步的考察。另外，尽管在实验室研究中，成熟的阅读者在多文本阅读中会将来源策略作为加工文本的一项重要技能（List & Alexander，2017b），但在自然阅读环境中，阅读材料的信息来源通常比较模糊或者不完整，甚至来源错误。因此，研究来源信息不明确情境下阅读者对多文本阅读的心理加工过程尤为重要。

第三，扩展文本材料呈现方式，继续开发高信度的多文本阅读理解的测量工具。在实验室研究中，研究者通常会将有关某一主题的几篇固定的文本材料呈现给阅读者。但是，在日常多文本阅读中，阅读者不仅仅会借助于固定的文本材料，在遇到有冲突的文本信息时，其还会继续搜索其他相关文本材料或者借助于互联网进行资料收集。未来研究中可以采取印刷文本和电子文本交互呈现的方式，揭示阅读者在不同呈现方式下对冲突文本的心理加工机制，这样可以更贴近现实生活中个体的信息获取途径，研究结论亦可为实践应用提供参考。此外，SVT、IntraVT和InterVT是近年来多文本阅读理解研究中普遍使用的测量方式，但这类测量工具的问卷信度在0.60左右（Bråten et al., 2008），信度水平普遍偏低，未来研究中应该继续开发高信度的测量工具。

第四，进一步拓宽研究对象，关注中小学生多文本阅读理解能力的发展。目前的研究主体主要集中在大学生群体，但是，随着互联网的飞速发展，知识媒介类型的增多，中小学生接触冲突信息的机会大大增加。斯塔德尼克（Stadtler）等让九年级的学生阅读关于提高风能或是太阳能的多文本材料，阅读后的文本来源评估测试表明，中学生在未被明确要求注意来源的情况下几乎不会关注来源信息（Stadtler et al., 2014）。在多文本阅读理解模型中，模型创建者都强调关注来源的重要性。两步验证模型提供了帮助阅读者获取来源技能的干预措施；CAEM认为批判分析型的阅读者会通过考虑来源以帮助自己理解文本中的不一致信息，而不是形成有偏差的模型；D-ISC模型强调文本中出现的冲突信息会引发阅读者对来源信息的关注（比如，"谁说了什么"），以构建文本间模型。由此可见，在多文本阅读理解中，文本来源对阅读者整合理解文本信息具有重要的作用。中小学生对文本来源的忽视应引起研究者的关注，未来可以对中小学生阅读冲突性文本的心理过程进行深入研究。

第五，采用多种研究手段揭示多文本阅读理解的认知神经机制。在多文本阅读理解加工机制研究中，研究者通常采用出声思维法和眼动技术考察阅读进程中的策略使用差异，但尚未见到多文本阅读理解差异产生的神经机制的证据。未来研究中可以采用事件相关电位（event-related potential, ERP）和功能性磁共振成像（functional magnetic resonance imaging, fMRI）等技术，以考察多文本阅读理解的时间进程和激活脑区，为揭示多文本阅读理解的认知加工机制提供更多的认知神经科学证据。

第四节 主题认识信念和阅读任务对多文本阅读理解的影响

如前所述,主题认识信念和多文本阅读理解的关系是目前认识信念领域研究的热点问题,国外学者围绕"气候变化""手机辐射"等具有代表性的争议主题开展了相关研究,尝试揭示主题认识信念影响多文本阅读理解的心理机制（Strømsø et al., 2010；Gil et al., 2010a, 2010b）。考虑到主题认识信念和阅读任务均是影响多文本阅读理解的重要变量,而且"总结"和"立论"两种不同的阅读任务对阅读理解影响的加工机制与加工优势问题存在诸多分歧,本节将系统探讨主题认识信念和阅读任务对多文本阅读理解的影响,考察影响阅读任务加工优势的因素及其作用途径。

一、研究方法

（一）研究对象

同本章第二节中验证性因素分析中的被试。

（二）研究工具

1. 主题认识信念问卷

采用本章第二节修订的主题认识信念问卷,前述研究已证明该问卷的信效度指标较好。

2. 气候变化先前知识问卷

气候变化先前知识问卷包含14道题目,每选对1题得1分。最后所得总分越高,代表被试关于气候变化的先前知识越丰富（Bråten et al., 2008）。

3. 认知情绪问卷

认知情绪问卷包含7道题目,采用利克特五点计分,用于测量好奇、无聊、困惑、惊奇、焦虑、沮丧、兴奋七种认知情绪。已有研究证明,该问卷具有良好的信效度指标（Pekrun et al., 2017, Muis et al., 2015；宗亚义，2019）。

4. 阅读材料

阅读材料选自挪威学者研究中所使用的气候变化阅读材料（Strømsø et al., 2010）。经过翻译、回译、专家修改与矫正等多轮程序，最终得到能够清晰、准确地表达原文意义的四篇中文阅读材料。四篇材料分别针对气候变化的原因（人为原因 vs. 自然原因）和气候变化的结果（积极结果 vs. 消极结果）进行讨论。

5. 学习策略问卷

平特里奇编制的学习策略问卷包含复述、精细加工、批判性思维、元认知调节四个维度，该问卷采用利克特七点计分。已有研究证明，该问卷具有良好的信效度指标（Pintrich et al., 1993；Muis et al., 2015；宗亚义，2019）。

6. 文本理解测量问卷

使用三种任务测量被试的文本理解情况，分别是 SVT、IntraVT 和 InterVT。其中，SVT 包含 23 道是非判断题，用于测验阅读者对所有文本材料的浅层理解水平；IntraVT 包含 21 道是非判断题，用于测验阅读者对单一文本材料的深层理解水平；InterVT 包含 14 道是非判断题，题目来自两个或两个以上文本材料的信息组合，用于测量阅读者对多文本阅读材料的整合理解水平。

（三）研究程序

被试首先完成主题认识信念问卷和先前知识问卷，然后进行四篇阅读材料的阅读，最后完成认知情绪问卷和文本理解测量问卷。

不同阅读任务的启动采用不同的指导语控制。立论任务强调：被试在阅读完成后需要根据阅读过的四篇阅读材料，写一篇关于气候变化的短文，要求在短文中提出自己的观点，并围绕提出的观点进行论证。总结任务则强调：阅读完成之后，被试需要根据阅读过的四篇阅读材料写一篇总结气候变化的短文。

二、研究结果

（一）各变量之间的相关分析

各变量之间的相关系数见表 5-6。由表 5-6 可知，主题认识信念与 InterVT 得

表 5-6　各变量之间的相关分析

变量	1	2	3	4	5	6	7	8	9	10	11	12	13
1. 主题认识信念	1												
2. 先前知识	0.25**	1											
3. 好奇	0.13*	0.05	1										
4. 无聊	−0.06	−0.17**	−0.47**	1									
5. 困惑	−0.01	−0.06	0.01	0.12*	1								
6. 惊奇	0.11*	−0.05	0.20**	−0.11	0.33**	1							
7. 焦虑	0.02	−0.01	0.03	0.07	0.24**	0.32**	1						
8. 沮丧	−0.03	−0.14*	−0.04	0.23**	0.16**	0.18**	0.56**	1					
9. 兴奋	0.06	−0.04	0.29**	−0.12*	0.15**	0.23**	−0.03	0.13*	1				
10. 学习策略	0.38**	0.17**	0.21**	−0.13*	−0.09	0.02	−0.03	0.01	0.15**	1			
11. SVT	0.10	0.19**	0.08	−0.07	0.06	0.15**	0.15**	0.01	0.04	−0.12*	1		
12. IntraVT	0.09	0.11*	0.09	−0.11*	−0.05	0.05	0.01	0.03	0.01	0.04	0.06	1	
13. InterVT	0.14*	0.15**	0.16**	−0.19**	−0.02	0.09	0.02	−0.05	−0.03	−0.01	0.22**	0.30**	1

分的相关显著，与 SVT 和 IntraVT 得分的相关不显著，故后续只探讨主题认识信念对 InterVT 的影响。

（二）主题认识信念对 InterVT 成绩的影响

由各变量间的相关情况可知，主题认识信念、好奇、InterVT 两两之间呈显著正相关，符合中介效应检验条件。为进一步探究主题认识信念对 InterVT 成绩的作用路径，运用 AMOS 21.0 建立中介模型，见图 5-4。模型各项拟合指标良好，χ^2/df=2.461，GFI=0.985，AGFI=0.955，IFI=0.937，CFI=0.934，TLI=0.858，RMSEA=0.063。

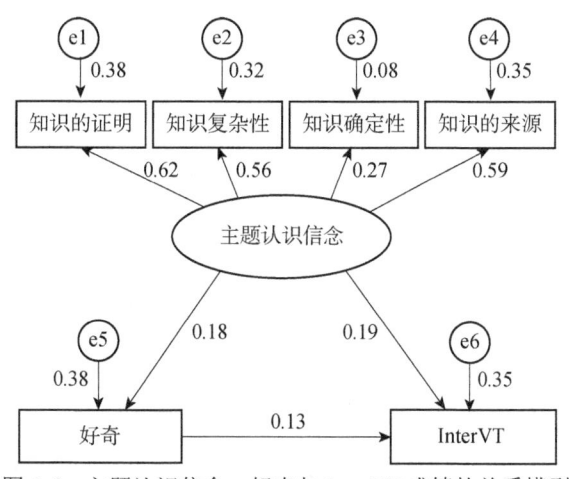

图 5-4　主题认识信念、好奇与 InterVT 成绩的关系模型

模型中各路径系数均达到 0.05 的显著水平，95%的置信区间不包含 0，说明好奇在主题认识信念与 InterVT 中起部分中介作用。主题认识信念对 InterVT 的直接效应为 0.19，间接效应为 0.02，总效应为 0.21，中介效应占主效应的比例为 9.52%。

为深入揭示不同认识信念水平对认知情绪、阅读策略和阅读成绩的影响，本书研究按主题认识信念的得分情况将被试划分为三组，其中得分前 27%的被试划为高分组，得分后 27%的被试划为低分组，剩余被试划为中间组。

（三）不同阅读任务下主题认识信念对认知情绪的影响

由相关分析的结果可知，主题认识信念与好奇和惊奇两种认知情绪呈显著正相关，与其他认知情绪的相关不显著，故此处的数据分析重点探讨主题认识信念和任务类型对好奇和惊奇两种认知情绪的影响,具体得分见表5-7。此外,为控制被试的先前知识对阅读过程和阅读结果的影响,本书研究把先前知识作为数据分析中的协变量。

表 5-7 好奇和惊奇认知情绪的得分情况（$M \pm SD$）

项目	高认识信念		中等认识信念		低认识信念	
	总结	立论	总结	立论	总结	立论
好奇	3.41±0.89	2.96±1.01	2.83±0.82	2.59±0.92	2.97±0.98	2.76±0.88
惊奇	2.63±1.09	2.83±1.17	2.51±1.03	2.12±1.06	2.32±1.07	2.27±1.13

以主题认识信念和任务类型为自变量,以先前知识为协变量,以好奇和惊奇认知情绪为因变量进行方差分析。结果发现,在好奇认知情绪上,主题认识信念的主效应显著,$F=7.30$,$p<0.01$;任务类型的主效应显著,$F=8.14$,$p<0.01$;主题认识信念与任务类型的交互作用不显著,$F=0.44$,$p>0.05$。进一步的多重比较发现,高认识信念学生的好奇认知情绪得分显著高于中间组,其余各组之间的差异不显著;立论任务下的好奇认知情绪得分显著低于总结任务。

在惊奇认知情绪上,主题认识信念的主效应显著,$F=5.38$,$p<0.01$;任务类型的主效应不显著,$F=0.35$,$p>0.05$;主题认识信念与任务类型的交互作用不显著,$F=1.92$,$p>0.05$。进一步的多重比较发现,高认识信念学生的惊奇认知情绪得分显著高于中间组和低分组。

（四）不同阅读任务下主题认识信念对学习策略的影响

不同阅读任务下学习策略的得分情况见表5-8。以主题认识信念和任务类型为自变量,以先前知识为协变量,以学习策略为因变量进行方差分析。结果发现,主题认识信念的主效应显著,$F=24.13$,$p<0.001$;任务类型的主效应不显著,$F=0.01$,$p>0.05$;主题认识信念与任务类型的交互作用不显著,$F=0.83$,$p>0.05$。进一步的事后多重比较结果表明,高认识信念学生的学习策略得分显著高于中间组和低分组。

表 5-8 学习策略的得分情况（$M \pm SD$）

项目	高认识信念		中等认识信念		低认识信念	
	总结	立论	总结	立论	总结	立论
学习策略	5.19±0.65	5.08±0.93	4.59±0.70	4.55±0.74	4.22±0.67	4.41±0.69

（五）不同阅读任务下主题认识信念对InterVT成绩的影响

不同阅读任务下InterVT成绩的得分情况见表5-9。以主题认识信念和任务类型为自变量，以先前知识为协变量，以InterVT成绩为因变量进行方差分析。结果发现：主题认识信念的主效应不显著（$F=1.28$，$p>0.05$），任务类型的主效应显著（$F=4.13$，$p<0.05$），主题认识信念与任务类型的交互作用显著（$F=3.44$，$p<0.05$）。对交互作用进行简单效应分析发现，对于不同认识信念水平的个体来说，立论条件下，高认识信念个体的阅读成绩显著高于低分组（$F=4.71$，$p<0.05$）；总结条件下，两者的差异不显著（$F=0.99$，$p>0.05$）。从不同任务类型来看，持中等认识信念和低认识信念的个体在总结条件下的表现要显著好于立论条件（中等认识信念：$F=6.99$，$p<0.05$；低认识信念：$F=4.71$，$p<0.05$），高认识信念个体的总结和立论成绩差异不显著（$F=0.76$，$p>0.05$）。

表5-9　InterVT成绩的得分情况（$M±SD$）

项目	高认识信念		中等认识信念		低认识信念	
	总结	立论	总结	立论	总结	立论
InterVT成绩	14.59±2.05	14.75±2.49	15.20±2.41	13.99±2.65	14.42±2.26	13.94±2.26

三、分析与讨论

（一）各变量间的相关分析

相关分析的结果发现，主题认识信念与好奇和惊奇两种认知情绪以及学习策略呈显著正相关，说明对知识持有动态变化与复杂互联信念的个体更易对不同来源、观点各异的阅读材料产生好奇和惊奇等积极认知情绪，从而在阅读过程中更多地使用复述、精细加工、元认知调节等各种学习策略。研究发现，主题认识信念与SVT和IntraVT的相关不显著，与InterVT呈显著正相关，前两类任务反映了阅读者对文本材料的浅层理解水平和对单一文本的深层理解水平，后者反映了阅读者对来自两个或两个以上文本材料的信息结合水平，说明认识信念成熟的阅读者在对来自多个文本之间的信息进行整合推理时更具优势。

（二）好奇认知情绪在主题认识信念和InterVT之间的中介作用分析

好奇认知情绪在认识信念和 InterVT 之间起部分中介作用。认知情绪不是传统意义上的情绪，它是个体在对阅读材料进行信息加工时产生的与认知过程密切相关的情绪，涉及由认知、动机和行为等组成的心理协调系统（Markey et al., 2014），认知情绪会通过影响认知资源、记忆过程以及学习策略、动机等各种各样的心理机制来影响学习效果（Pekrun, 2006；Pekrun et al., 2009）。持有成熟认识信念的个体对阅读材料中的冲突信息感知较为敏锐，更易产生好奇认知情绪。好奇认知情绪又会激发个体的阅读兴趣，促进其对冲突文本信息的加工和整合。多文本阅读理解的两步验证模型认为，在文本阅读的第一步中，个体倾向于把认知资源集中在读者认为可信的信息上，与先前信念相一致的文本信息具有加工优势，不一致的信息将获得较少的认知资源，通常会形成偏差模型。但在文本阅读的第二步中，具有成熟认识信念的读者会有意识地对文本信息进行深入、细致的评估，厘清看似矛盾的内容之间的关系，积极促进其对文本中不一致信息的理解（Richter & Maier, 2017），建构更加丰富、平衡的心理模型（Richter, 2011；Richter & Schmid, 2010）。因此，持有成熟认识信念的学生更容易取得较好的文本间阅读理解成绩。

（三）不同阅读任务下主题认识信念对认知情绪的影响分析

高认识信念的被试要比中等认识信念被试产生更多的好奇认知情绪，高认识信念的被试要比中、低认识信念被试产生更多的惊奇认知情绪。持有高认识信念的个体对知识的发展性和互联性持有更加积极的态度，当有与自己原有信念相互矛盾的信息出现时，个体更容易感知到阅读材料中的不一致，对不一致信息持有包容而非摒弃的心态，更加关注文本材料对矛盾信息的解释，引发好奇和惊奇认知情绪。好奇和惊奇认知情绪的产生有助于激发个体的探索行为，以填补个体原有图式中存在的空缺（Rouet et al., 2017）。

（四）不同阅读任务下主题认识信念对学习策略的影响分析

高认识信念被试的学习策略得分显著高于中、低认识信念被试，说明高认识信念个体在阅读过程中会更有意识地使用各种阅读策略。当遇到与原有知识不一致的信息时，高认识信念个体更有可能发挥其批判性思维的优势，利用精细加工策略辨别新旧知识的异同，寻找新旧知识之间的联系，审慎地评价不同观点的证据及可信度，阅读过程中会更多地采用元认知监察和元认知调控等策略对矛盾信息进行加工。

（五）不同阅读任务下主题认识信念对阅读表现的影响分析

对于不同认识信念水平的个体来说，立论条件下，高认识信念学生的InterVT成绩显著高于低分组，总结条件下两者的差异不显著。这是因为立论任务要求个体形成自己的观点并围绕自己的观点进行论证，高认识信念个体对气候变化知识持开放的态度，相信知识的互联性和复杂性，能够批判性地对不同来源的信息进行审慎解读，分析与权衡各种观点的证据和可信度，进而形成自己的观点。在总结任务下，阅读者不需要提出自己的观点及围绕观点进行论证，只需要对全部文本材料进行完整的信息加工，对全部文本信息进行总结，故而立论条件下，高认识信念学生的InterVT成绩更高。由于中、低认识信念的阅读者往往持有知识确定性和知识简单性的信念，更易把知识视为孤立的、零散的知识点的集合，其批判性思维水平较低，不能审慎地、批判地分析不同观点的合理性，更倾向于接受与自己观点一致的信息。因此，中、低认识信念阅读者在立论条件下的信息加工更可能形成偏差模型，不易形成平衡、整合性的心理模型（Richter，2011；Richter & Schmid，2010）。

四、小结

本节研究的结论如下：①主题认识信念与好奇和惊奇两种认知情绪以及学习策略呈显著正相关，与InterVT得分的相关显著，与SVT、IntraVT得分的相关不显著。②好奇认知情绪在认识信念和InterVT之间起部分中介作用。主题认识信念既可以直接影响InterVT成绩，也可以通过好奇认知情绪间接影响InterVT成绩。③高认识信念水平的被试在多文本阅读信息加工过程中会产生更多的好奇和惊奇认知情绪，更能有意识地使用各种学习策略。④主题认识信念和任务类型在InterVT成绩上出现交互作用。对不同认识信念水平的个体来说，高认识信念个体在立论条件下的成绩显著高于低认识信念个体，而在总结条件下，两者的差异不显著。从不同阅读条件来看，持中、低认识信念的个体在总结条件下的成绩要显著高于立论条件，高认识信念个体在总结和立论条件下的成绩差异不显著。

第五节　主题认识信念和动机策略对多文本阅读理解的影响

上节探讨了两种不同的阅读条件下，主题认识信念影响多文本阅读理解的作用机制，考察了主题认识信念对认知情绪、学习策略和阅读成绩的影响。多文本阅读理解需要个体对不同来源的信息进行整合加工，消耗的认知资源通常会显著多于单一文本阅读时消耗的认知资源，此时个体的阅读动机对于阅读过程中信息加工与信息整合的影响不容忽视。为此，本节加入了动机因素，考察主题认识信念如何通过阅读动机和阅读策略对多文本阅读产生影响，揭示自主性动机和阅读策略在主题认识信念影响多文本阅读理解中的链式中介作用。

一、研究方法

（一）研究对象

山东省某高校本科生320人，剔除不认真作答的被试后，有效样本为292人。

（二）研究工具

1. 主题认识信念问卷

参考气候变化主题认识信念问卷（Bråten et al., 2008），把气候变化主题改编为手机辐射主题。对该问卷进行探索性和验证性因素分析的结果表明，知识的来源和知识的证明两个维度具有较好的信效度指标。

2. 自主性动机量表

自主性动机量表包括兴趣性、认同性、意愿性和挑战性四个维度（贾兆丰，2016）。本书研究中，该量表的内部一致性信度系数为 0.81。

3. 阅读策略量表

多文本阅读策略量表包含精致化策略和信息收集策略两个维度（Bråten & Strømsø，2011）。本书研究中，该量表的内部一致性系数为 0.78。

4. 阅读材料

被试阅读五篇关于手机辐射的主题文本。五篇文本的主题分别是关于手机辐射原理的、论述手机辐射有害的、论述手机辐射有益的、论述手机辐射无害的以及如何减少手机辐射的，控制五篇文本的字数均衡，都在 700 字左右。为避免阅读顺序的影响，五篇文本以随机顺序呈现。

5. 文本理解测量问卷

采用以手机辐射为主题的 IntraVT 来测量阅读者对单一文本材料的深层理解水平。该任务包含 27 道是非判断题，答对 1 题得 1 分。采用 InterVT 测量阅读者对阅读材料的整合水平，InterVT 题目是由来自两个或两个以上文本材料的信息组合而成的，包含 14 道是非判断题，答对 1 题得 1 分。

（三）研究程序

以班级为单位进行整群抽样，集中施测并当场回收问卷，完成所有问卷的被试可获得精美小礼物。被试首先完成主题认识信念问卷和自主性动机量表，然后完成五篇文本的阅读任务，最后完成文本理解测量问卷和阅读策略量表。对收集的问卷进行整理，剔除无效问卷。对于有效问卷，采用 SPSS 26.0 和 AMOS 23.0 进行数据统计分析。

二、研究结果

（一）各变量间的相关分析

各变量间的相关分析结果见表 5-10。由表 5-10 可以发现，主题认识信念各维度与自主性动机和阅读策略各维度均呈显著正相关。

表 5-10　主题认识信念、自主性动机、阅读策略与多文本阅读成绩的相关

变量	1	2	3	4	5	6	7	8	9	10	11
1. 知识的证明	1										
2. 知识的来源	0.30**	1									
3. 认识信念	0.85**	0.76**	1								
4. 兴趣性	0.01	0.14*	0.08	1							
5. 认同性	0.19**	0.32**	0.31**	0.33**	1						
6. 意愿性	0.16**	0.31**	0.28**	0.40**	0.64**	1					
7. 挑战性	0.22**	0.19**	0.25**	0.31**	0.53**	0.52**	1				
8. 精致化	0.18**	0.33**	0.30**	0.23**	0.31**	0.29**	0.34**	1			
9. 信息收集	0.07	0.35**	0.25**	0.20**	0.31**	0.28**	0.21**	0.60**	1		
10. IntraVT	0.03	0.05	0.05	0.02	0.15**	0.18**	0.11	0.18**	0.17**	1	
11. InterVT	−0.05	0.07	0.01	−0.01	0.05	0.14*	0.03	0.12*	0.12*	0.35**	1

（二）主题认识信念影响多文本阅读的作用机制

为探讨主题认识信念影响多文本阅读的作用机制，揭示自主性动机和阅读策略的中介作用，运用 AMOS 23.0 建立结构方程模型，见图 5-5。模型各项拟合指标良好，χ^2/df=1.55，AGFI=0.95，NFI=0.95，IFI=0.98，CFI=0.97，TLI=0.97，RMSEA=0.04。

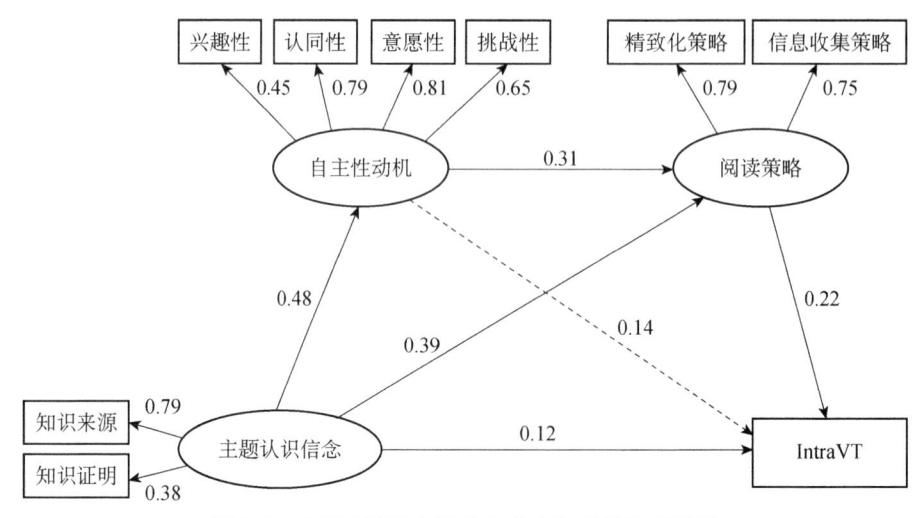

图 5-5　主题认识信念影响多文本阅读的作用模型

采用 Bootstrap 法抽样 5000 次对模型中的中介作用机制进行检验，结果发现，主题认识信念→IntraVT 这一路径的 95% 置信区间为 [−3.09，0.51]，包含 0，表明

直接效应不显著；主题认识信念→自主性动机→IntraVT 这一路径的 95%置信区间为[-0.18，1.74]，包含 0，表明自主性动机的中介效应不显著。其余两条路径，即主题认识信念→阅读策略→IntraVT 和主题认识信念→自主性动机→阅读策略→IntraVT 的 95%置信区间分别为[0.12，2.25]和[0.04，0.85]，均不包含 0，表明阅读策略的中介作用和自主性动机与阅读策略的链式中介作用显著。

三、分析与讨论

结合相关分析和结构方程模型的结果来看，主题认识信念是影响多文本阅读理解的重要因素，但是其对多文本阅读成绩的直接路径不显著，其对多文本阅读成绩的影响主要是通过阅读策略的中介作用，以及自主性动机与阅读策略的链式中介作用两条路径实现的。首先，主题认识信念会影响自主性动机，对于知识的来源和知识的证明持有审慎观点的被试，更容易对冲突文本材料感兴趣。换言之，冲突材料更能激发他们探寻知识来源、验证观点可信度的好奇心，进而激发他们的阅读动机。其次，动机对多文本阅读成绩的影响还需通过阅读策略的中介作用实现，持有自主性动机的个体更倾向于在文本材料的信息加工和整合过程中运用精致化策略和信息收集策略，从而达成对多文本材料的深层理解。最后，高效的阅读策略的使用是提高多文本阅读理解成绩的重要途径，两条作用显著的路径中均包含阅读策略的中介作用。这提示我们，提高个体的多文本阅读水平不仅应培养其成熟的认识信念，还应教给其有效的阅读策略，使个体在阅读不同来源及观点冲突的文本时，能够熟练掌握信息收集和精细加工等阅读策略，促进其对不同来源和观点的材料进行信息加工与整合，逐步成为拥有娴熟阅读策略的学习者。

另外，主题认识信念影响多文本阅读理解中的 InterVT 成绩的中介模型不成立，这与以往研究存在分歧。这或许与文本材料的性质有关，目前关于手机辐射的文本信息中，占据主流的信息是关于手机辐射有害的，被试形成了手机辐射对健康有影响的先验知识，很难把辐射无害甚至有利的观念与先验知识整合在一起，故而难以在 InterVT 中取得令人满意的成绩。按照两步验证模型的观点，与先前信念一致的文本信息具有加工优势，不一致的信息获得的认知资源较少，此时阅读者建构的是有偏差的认知模型。只有在有明确的阅读目标的前提下，阅读者才会对不一致信息进行精细加工，进而建构平衡的心理模型（Richter & Maier，2017）。未来研究者在编制多文本阅读材料时，可以选取利弊观点均衡的事件作为研究主题，以更好地揭示多文本阅读理解的心理机制。

第六节　主题认识信念影响多文本阅读理解的眼动研究

前面两节采用问卷调查法揭示了主题认识信念对多文本阅读理解的影响机制，但问卷研究无法对阅读加工过程进行实时记录。相比之下，眼动追踪技术拥有能够对个体的阅读过程进行实时记录的优势（闫国利等，2013）。因此，本节研究利用眼动追踪技术，通过收集阅读过程中的各项眼动指标，揭示不同阅读任务条件下主题认识信念实时影响多文本阅读理解的认知加工机制。

一、研究方法

（一）研究对象

选取某高校学生126人完成气候变化主题认识信念问卷，计算其总分。选取总分前27%的高分组被试和后27%的低分组被试参加眼动实验。独立样本 t 检验结果表明，两组被试的主题认识信念总分的差异达到显著水平（t=16.93，p<0.001）。实验过程中眼动校正未通过者9名，数据不合格者7名，删除这些被试的数据后，最终有效被试为52名。

（二）实验设计

采用2（主题认识信念：高、低）×2（阅读任务类型：立论、总结）的两因素被试间设计。自变量为主题认识信念和阅读任务类型，因变量为眼动数据指标（总注视时间、兴趣第一次加工时间、兴趣区注视次数、兴趣区回视时间、兴趣区回视次数等）。为控制被试的先前知识对阅读过程和阅读结果的影响，本书研究把先前知识作为协变量。

（三）实验材料

本节研究采用的主题认识信念问卷、先前知识问卷和四篇阅读材料与本章第四节使用的研究材料相同，信效度指标参见前文所述。

（四）实验仪器

使用 Eyelink1000 眼动记录仪，采样率为 500 赫兹，显示器分辨率为 1024 像素×768 像素，刷新率为 60 赫兹。

（五）实验程序

实验开始前进行主题认识信念问卷的测试，按前后 27% 的比例完成被试的筛选工作，同时完成先前知识问卷的测试，然后安排被试去眼动实验室进行眼动实验。

正式实验时，被试先阅读屏幕上的指导语。如前所述，立论任务指导语强调，阅读完成后被试需要根据阅读材料写一篇立论短文，提出自己的观点，并围绕自己的观点进行论证。总结任务指导语强调，阅读完成后被试需要根据阅读材料写一篇总结短文，对四篇阅读材料进行总结。随后，完成阅读前的眼动校正工作。通过校正的被试，开始正式阅读关于气候变化的四篇文本材料，其中前两篇文本材料围绕气候变化的原因是人为原因还是自然原因展开，后两篇文本材料围绕气候变化结果是积极结果还是消极结果展开。阅读过程中，眼动仪自动记录被试的各项眼动指标。

（六）数据分析

导出眼动仪自动记录的眼动数据结果，剔除被试因头部移动和眨眼等导致的不合格数据后，利用 Excel 和 SPSS 21.0 进行统计分析。

二、研究结果

首先，对四篇阅读材料的总注视时间和总注视次数进行统计分析，然后在此基础上对兴趣区的眼动指标进行分析。根据多文本阅读的相关理论，文本来源在阅读者信息加工过程中具有重要作用，因此，将文本来源划分为兴趣区。由于文本中的首段内容是对整篇文章的总体介绍，涉及对文本中关键信息的理解，而其他部分为例证，因此，将阅读材料首段也划为兴趣区。

（一）总注视时间

四篇阅读材料的总注视时间见表 5-11。以认识信念和阅读任务类型为自变量，以总注视时间为因变量进行方差分析。结果发现，四篇文本中，认识信念的主效应均不显著（$F_1=0.51$，$p_1>0.05$；$F_2=0.79$，$p_2>0.05$；$F_3=0.23$，$p_3>0.05$；$F_4=0.04$，$p_4>0.05$）。在"自然原因"和"积极结果"两篇文本中，阅读任务类型的主效应显著（$F_1=5.16$，$p_1<0.05$；$F_2=5.22$，$p_2<0.05$）；而在"人为原因"和"消极结果"两篇文本中，阅读任务类型的主效应不显著（$F_1=2.48$，$p_1>0.05$；$F_2=1.14$，$p_2>0.05$）。对主效应显著的两篇文本的总阅读时间进行独立样本 t 检验分析，结果发现，被试在总结条件下的总注视时间显著长于立论条件（$t_1=2.04$，$p_1<0.05$；$t_2=2.14$，$p_2<0.05$）。四篇阅读文本中，阅读任务类型和认识信念的交互作用均不显著（$F_1=0.10$，$p_1>0.05$；$F_2=0.15$，$p_2>0.05$；$F_3=0.02$，$p_3>0.05$；$F_4=0.01$，$p_4>0.05$）。

表 5-11　四篇阅读材料的总注视时间（$M±SD$）　　　　（单位：秒）

项目	高认识信念 立论	高认识信念 总结	低认识信念 立论	低认识信念 总结
人为原因	73.75±23.54	91.26±33.04	82.90±31.03	93.81±41.80
自然原因	85.83±31.42	123.79±50.54	87.26±28.41	96.85±42.84
消极结果	106.91±32.4	118.16±48.21	98.21±37.79	111.06±51.24
积极结果	74.20±26.59	94.47±28.28	69.93±28.11	90.49±45.36

（二）总注视次数

四篇阅读材料的总注视次数见表 5-12。以认识信念和阅读任务类型为自变量，以总注视次数为因变量进行方差分析。结果发现，四篇文本中，认识信念的主效应均不显著（$F_1=0.84$，$p_1>0.05$；$F_2=0.45$，$p_2>0.05$；$F_3=0.11$，$p_3>0.05$；$F_4=0.02$，$p_4>0.05$）。在"自然原因"和"积极结果"两篇文本中，阅读任务类型的主效应显著（$F_1=4.80$，$p_1<0.05$；$F_2=5.83$，$p_2<0.05$）；而在"人为原因"和"消极结果"两篇文本中，阅读任务类型的主效应不显著（$F_1=2.20$，$p_1>0.05$；$F_2=1.69$，$p_2>0.05$）。

对主效应显著的两篇文本的总阅读时间进行独立样本 t 检验分析，结果发现，被试在总结条件下的总注视次数显著多于立论条件（t_1=2.03，p_1<0.05；t_2=2.29，p_2<0.05）。四篇阅读文本中，阅读任务类型和认识信念的交互作用均不显著（F_1=0.30，p_1>0.05；F_2=1.55，p_2>0.05；F_3=0.01，p_3>0.05；F_4=0.01，p_4>0.05）。

表 5-12　四篇阅读材料的总注视次数（$M±SD$）

项目	高认识信念 立论	高认识信念 总结	低认识信念 立论	低认识信念 总结
人为原因	269.59±89.48	336.45±124.89	316.55±112.95	344.69±138.09
自然原因	317.00±121.53	455.00±186.23	332.00±110.57	361.00±149.45
消极结果	387.00±124.53	442.00±177.99	364.00±136.33	418.00±188.19
积极结果	274.00±100.27	356.00±111.29	265.00±94.75	338.00±158.27

（三）文本来源眼动指标

文本来源眼动指标的总体情况如表 5-13 所示。以认识信念和阅读任务类型为自变量，以文本来源首次加工时间、文本来源注视次数、回视次数、回视时间为因变量进行方差分析。结果发现，在文本来源首次加工时间上，认识信念的主效应边缘显著（F=4.00，p=0.05）；独立样本 t 检验结果表明，高认识信念被试对文本来源的首次加工时间要显著长于低认识信念被试（t=2.33，p<0.05）。阅读任务类型的主效应不显著（F=0.46，p>0.05）；认识信念与阅读任务类型的交互作用不显著（F=0.47，p>0.05）。

在文本来源注视次数上，认识信念的主效应不显著（F=0.29，p>0.05）；任务类型的主效应显著（F=5.20，p<0.05）；独立样本 t 检验结果表明，总结条件下的被试对文本来源的注视次数显著多于立论条件（t=2.11，p<0.05）。认识信念与阅读任务类型的交互作用不显著（F=0.29，p>0.05）。

在文本来源回视次数上，认识信念的主效应不显著（F=0.67，p>0.05）；阅读任务类型的主效应显著（F=5.27，p<0.05）；独立样本 t 检验结果表明，总结条件下的被试对文本来源的回视次数显著多于立论条件（t=2.06，p<0.05）。阅读任务类型与认识信念的交互作用不显著（F=0.72，p>0.05）。

在文本来源回视时间上，认识信念的主效应不显著（F=0.05，p>0.05）；阅读任务类型的主效应显著（F=4.24，p<0.05）；独立样本 t 检验结果表明，总结条件

下被试对文本来源的回视时间显著长于立论条件（t=2.05，p<0.05）。阅读任务类型与认识信念的交互作用不显著（F=0.11，p>0.05）。

表 5-13 文本来源眼动指标的总体情况（$M±SD$）

项目	高认识信念 立论	高认识信念 总结	低认识信念 立论	低认识信念 总结
首次加工时间（秒）	2.15±1.52	1.72±1.05	1.28±0.81	1.27±0.54
注视次数	23.47±9.76	31.45±18.45	17.82±10.28	29.92±23.32
回视次数	4.41±2.62	7.36±4.01	4.27±1.95	5.46±4.27
回视时间（秒）	4.00±2.44	5.42±2.13	3.81±2.00	5.65±4.33

（四）首段眼动指标

文本材料的首段眼动指标如表 5-14 所示。以认识信念和阅读任务类型为自变量，以首段注视次数、首段回视次数和首段回视时间为因变量进行方差分析。结果发现，在首段注视次数上，认识信念的主效应不显著（F=0.25，p>0.05）；阅读任务类型的主效应显著（F=6.49，p<0.05）；独立样本 t 检验结果表明，总结条件下被试的首段注视次数显著多于立论条件（t=2.51，p<0.05）。认识信念与阅读任务类型的交互作用不显著（F=0.32，p>0.05）。

在首段回视次数上，认识信念的主效应不显著（F=0.15，p>0.05）；阅读任务类型的主效应不显著（F=2.18，p>0.05）；认识信念与阅读任务类型的交互作用显著（F=5.99，p<0.05）。简单效应分析结果表明，高认识信念被试在总结条件下的首段回视次数高于立论条件（F=8.36，p<0.05），低认识信念被试在两种阅读任务条件下的差异不显著（F=0.48，p>0.05）。

在首段回视时间上，认识信念的主效应不显著（F=1.17，p>0.05）；阅读任务类型的主效应不显著（F=2.41，p>0.05）；认识信念与阅读任务类型的交互作用不显著（F=0.41，p>0.05）。

表 5-14 首段眼动指标的总体情况（$M±SD$）

项目	高认识信念 立论	高认识信念 总结	低认识信念 立论	低认识信念 总结
注视次数	166.12±48.64	266.45±150.24	188.09±64.64	209.92±67.44
回视次数	6.24±3.46	11.82±6.46	9.64±4.20	8.31±5.77
回视时间（毫秒）	32.39±9.11	40.72±13.77	31.02±18.84	34.98±11.78

三、分析与讨论

（一）总注视时间和总注视次数分析

总注视时间反映了个体对阅读材料的加工时间和阅读过程中的信息加工速度，总注视次数可以反映个体阅读中的认知加工负荷。对于把气候变化的原因归为"自然原因"和把气候变化的结果归为"积极结果"的两篇阅读材料，个体在总结条件下的总注视时间要显著长于立论条件，且总注视次数也显著更多。当下主流的科学观点和各种媒体信息倾向于把气候变化的原因归结为人为因素对环境的破坏，对于气候变化的结果也倾向于从温室效应、北极熊生存条件恶化等负面的消极结果进行介绍。"自然原因"和"积极结果"这两篇阅读材料把气候变化的原因归为天文条件和太阳磁场等自然原因，从开辟新航道等积极视角介绍气候变化的结果，这无疑与被试日常接触到的信息和持有的原有信念相矛盾，问卷调查的研究结果也表明，被试在阅读这两篇文本时常伴随好奇和惊奇等认知情绪。在总结条件下，任务要求个体对四篇文本材料的观点进行总结概括，此时个体阅读这两篇文本时的认知负荷增加，加工时间明显变长，加工速度变慢，总注视次数增多。在立论条件下，任务要求被试提出自己的观点并且围绕自己的观点进行论证，此时个体可以选择坚持原有信念，忽略与原有信念不一致的文本信息。可靠性评价理论（Maier & Richter，2014）和两步验证模型（Richter & Maier，2017）认为，阅读者对与先前信念相一致的文本信息具有更高的可靠性评价，与先前信念相一致的文本信息具有加工优势，不一致的信息将获得较少的认知资源。因此，在立论条件下，阅读者会在与自己先前信念相悖的"自然原因"和"积极结果"文本材料上分配较少的心理资源，对这两篇阅读材料的总注视时间要显著短于总结条件，且总注视次数也显著更少。

（二）文本来源的眼动指标分析

本书研究发现高认识信念个体对文本来源的首次加工时间显著长于低认识信念个体，这一结果支持多文本阅读理解的 D-ISC 模型。D-ISC 模型强调多文本阅读过程中的冲突信息导致阅读者对来源特征的关注、评估、表征和使用（Braasch & Bråten，2017）。当多个文本中存在矛盾信息时，有经验的阅读者将会策略性地关注、评估冲突观点的信息来源特征，以深层次协调、评估语义内容，对来源信息的关注和表征是高认识信念个体建构文本间模型的重要步骤。学者的调查发现，只有持多元化和评估主义的高认识信念个体在遇到冲突信息时才能更好地利用来源策略优势（Barzilai & Eshet-Alkalai，2015）。由此，高认识信念个体对文本来源的首次加工时间显著长于低认识信念个体。

从文本来源的注视次数、回视次数和回视时间来看，总结条件下的次数显著多于立论条件，且时间也更长。如前所述，总结条件下个体需要对所有阅读材料进行加工概括，此时个体会通过增加注视次数、回视次数和回视时间来对所有的来源信息进行总结概括与记忆。当多文本材料中存在相互矛盾的信息时，个体需要将互相矛盾的信息整合到心理模型中，此时文本来源可以帮助阅读者理解文本主题，填充自己认知图式中的空白。但在立论条件下，个体可以选择性地搜索阅读与自己原有观点一致的文本材料，对与自己先前信念相悖的文本材料分配较少的心理资源，故对文本来源的注视次数、回视次数较少，且回视时间更短。

（三）首段眼动指标分析

四篇阅读材料中的首段内容均为对整篇文章内容的总体介绍，涉及对文本中核心观点的凝练和对关键信息的理解，可以帮助阅读者形成对文章的整体认知。研究发现，总结条件下，个体对首段的注视次数更多。如前所述，总结条件下，个体需要对所有文本内容进行概括与总结，个体通过增加首段的注视次数来增进对全文核心观点的理解，以利于对全文内容的概括与总结。立论条件下，个体需要提出自己的观点并围绕自己的观点进行论证，此时个体可以选择坚持原有观点，忽略与原有观点不一致的两篇阅读材料的首段信息。高认识信念个体在总结条件下的首段回视次数显著多于低认识信念个体，说明高认识信念的阅读者能够更加有效地利用首段文本信息对核心观点进行提炼，通过更多的回视次数达成对文本内容的整合、概括和总结。

四、小结

本节通过分析不同认识信念个体在总结和立论两种阅读任务中的眼动指标

差异，揭示了认识信念和阅读任务类型对阅读过程的实时影响。研究结果发现：①在总结条件下，被试对文本材料的总注视时间及对文本来源的回视时间显著短于立论条件，且对文本材料的总注视次数、文本来源的注视次数和回视次数、首段的注视次数等显著多于立论条件，说明总结条件比立论条件更具有加工优势。②高认识信念个体在文本来源的首次加工时间上显著长于低认识信念个体，说明高认识信念个体在遇到冲突信息时能更好地利用来源策略。③高认识信念个体在总结条件下对首段内容的回视次数显著多于立论条件下的回视次数，说明高认识信念个体能够更加有效地利用首段文本信息对材料进行概括与总结。

第六章
学科认识信念研究

第一节　语文认识信念对学业情绪和学业成绩的影响

伴随着认识信念研究的领域一般性与领域特殊性之争，学科认识信念研究成为教育心理学研究的热点问题。刘儒德和邓利（2002）采用开放性问题和问卷调查的方法对小学生语文认识信念进行调查，结果发现，小学生对语文的认识总体上比较素朴、直观和肤浅，局限于自身的语文学习活动范围，停留在感性认识水平，受教师强调语文知识与技能学习的影响。比如，小学生对语文性质的认识集中于语文的知识性和内容性，倾向于认为语文是有关语言、文字和文化知识的科目，对语文的基础性和德育性认识较弱；学习语文的方法集中在语文文字训练角度，倾向于接受学习；学习语文的目的集中于增长知识和提高语言交际能力方面。相比之下，目前对初中生语文认识信念的研究较为薄弱，对于语文认识信念影响学习过程和学习结果的作用机制的研究较为匮乏。基于此，本节在调查初中生语文认识信念现状的基础上，探讨认识信念对学业情绪和学业成绩的影响，揭示认识信念、学业情绪等内部因素和教师支持等外部因素对语文学业成绩的影响路径，为促进学生语文认识信念的发展、减少学习中的消极学业情绪、提高语文成绩提供借鉴。

一、研究方法

选取山东省两所普通初级中学学生 400 人进行问卷调查，最终获得有效被试 366 人。其中男生 206 人，女生 160 人；初一年级 118 人，初二年级 122 人，初三年级 126 人。研究工具包括语文认识信念问卷、学业情绪问卷和教师支持问卷。语文认识信念问卷改编自刘儒德和邓利（2002）的小学生语文认识信念问卷，结合初中生的学习实际对题目进行修订，该问卷包括语文知识性质、语文学习能力、语文学习过程、语文学业体验四个维度。学业情绪问卷包括四个维度：积极高唤醒（自豪、高兴、希望）、积极低唤醒（满足、平静、放松）、消极高唤醒（焦虑、羞愧、生气）和消极低唤醒（厌倦、无助、沮丧、疲乏、心烦）（董妍，俞国良，2007）。教师支持问卷选自欧阳丹（2005）的研究。我们收集了所有被试的语文期末考试成绩，并在同一学校同一年级内对原始成绩进行标准化，得到语文成绩的标准 Z 分数，作为学业成绩的测量指标。

二、研究结果

（一）语文认识信念的总体情况

初中生语文认识信念以及各维度得分见表 6-1，该量表为利克特五点计分，部分维度得分偏低，说明初中生对语文知识性质、语文学习能力和语文学习过程的认识尚不成熟，这几个维度的最低分仅为 1 分，均值也都在 4 分以下。

表 6-1　语文认识信念的总体情况

项目	min	max	M	SD
语文知识性质	1.00	5.00	3.251	0.782
语文学习能力	1.00	5.00	3.275	0.706
语文学习过程	1.00	5.00	3.287	0.927
语文学业体验	1.73	4.82	3.760	0.506
语文认识信念	2.29	4.81	3.525	0.438

（二）语文认识信念、教师支持、学业情绪和语文成绩的相关分析

采用皮尔逊积差相关计算各变量的相关系数，结果见表 6-2。

表 6-2　语文认识信念、教师支持、学业情绪和语文成绩的相关分析

变量	教师支持	语文认识信念	积极高唤醒	积极低唤醒	消极高唤醒	消极低唤醒	语文成绩
教师支持	1						
语文认识信念	0.313**	1					

续表

变量	教师支持	语文认识信念	积极高唤醒	积极低唤醒	消极高唤醒	消极低唤醒	语文成绩
积极高唤醒	0.368*	0.460**	1				
积极低唤醒	0.426**	0.365**	0.503**	1			
消极高唤醒	−0.176**	0.090	0.103	−0.373**	1		
消极低唤醒	−0.428**	−0.247**	−0.288**	−0.568**	0.531**	1	
语文成绩	0.142**	0.178**	0.108*	0.035	−0.014	−0.159**	1

从表 6-2 可知，语文认识信念与积极高唤醒和积极低唤醒情绪均呈显著正相关，与消极高唤醒情绪的相关不显著，与消极低唤醒情绪呈显著负相关；与语文成绩呈显著正相关。

（三）语文认识信念对学业情绪的预测作用

为探讨语文认识信念和教师支持对学业情绪的预测作用，分别以语文认识信念和教师支持为自变量，以学业情绪为因变量进行回归分析，结果见表 6-3。

表 6-3　语文认识信念和教师支持对学业情绪影响的回归分析

因变量	预测变量	B	β	t	R	R^2	F
积极高唤醒	语文认识信念	7.416	0.382	8.077***	0.517	0.267	66.138***
	教师支持	0.139	0.248	5.245***			
积极低唤醒	语文认识信念	4.696	0.257	5.326***	0.490	0.240	57.464***
	教师支持	0.182	0.345	7.166***			
消极高唤醒	语文认识信念	3.921	0.161	3.001**	0.233	0.054	10.455***
	教师支持	−0.157	−0.227	−4.217***			
消极低唤醒	语文认识信念	−4.521	−0.125	−2.527*	0.444	0.197	44.524***
	教师支持	−0.404	−0.388	−7.842***			

表 6-3 的结果表明，语文认识信念和教师支持会共同作用于学业情绪，对学业情绪有一定的预测作用，可建立如下回归方程：

积极高唤醒=0.382×语文认识信念+0.248×教师支持　　（式 6-1）

积极低唤醒=0.257×语文认识信念+0.345×教师支持　　（式 6-2）

消极高唤醒=0.161×语文认识信念−0.227×教师支持　　（式 6-3）

消极低唤醒=−0.125×语文认识信念−0.388×教师支持　　（式 6-4）

为进一步厘清语文认识信念和学业情绪等内部因素以及教师支持等外部因素对语文成绩的影响，在 AMOS 23.0 中构建结构方程模型，结果发现，只有消极低唤醒的中介作用显著，如图 6-1 所示。模型拟合指标为：χ^2/df=0.928，GFI=0.999，AGFI=0.987，IFI=0.999，CFI=0.999，TLI=0.998，RMSEA=0.001。结果表明，语文认识信念既可以直接正向影响语文成绩，也可以和教师支持共同负向预测消极低唤醒，通过消极低唤醒的中介作用间接影响语文成绩。其余学业情绪的中介作用均不显著。

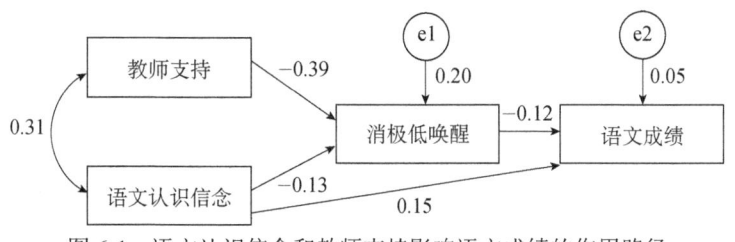

图 6-1 语文认识信念和教师支持影响语文成绩的作用路径

三、分析与讨论

（一）语文认识信念的现状

总体来看，初中生的语文认识信念尚不成熟，语文知识性质、语文学习能力和语文学习过程几个维度的最低分均为 1 分，均值也在 3.25～3.29。从对语文知识性质的认识来看，部分学生对语文知识性质的认识尚不成熟，比如，认为语文就是字词和语句的组合；语文学得好，就是字写得好、会分析句子、写文章会用各种修辞；等等。从对语文学习能力和语文学习过程的认识来看，初中生的语文认识信念还比较素朴，停留在感性认识水平上，比如，认为语文的学习能力基本是天生的，有的同学天生伶牙俐齿，表达能力强；还有的同学记忆力好，背诵课文有优势；如果中考不考语文，就不必花费那么多时间去背诵课文、去模仿着写作文；等等。总体来看，初中生对于语文学习过程中所需要的持之以恒、长期积累的认识不足；对于语文与生活、语文与其他学科的密切联系的认识普遍比较肤浅，局限于识字技能、读懂题目意思等，这与刘儒德和邓利（2002）对小学生语文认识信念的调查结果基本一致。当下的语文核心素养强调四个方面：语言建构与运用、思维发展与提升、审美鉴赏与创造、文化传承与理解。从我们的调查来看，学生的语文认识信念受到教师强调语文知识与技能学习的影响，部分学生只在语言建构与运用中体会到语文学习的价值，对于其他三个方面的认识非常肤浅。如此看来，我们的语文教育依然任重而道远，如何培养学生的大语文观，让学生认识到生活处处有语文，认识到语文在思维发展、审美鉴赏和文化传承方面的重要作用，是语文教育今后重要的努力方向。

（二）语文认识信念对学业情绪的影响

从相关分析的结果来看，语文认识信念与积极高唤醒和积极低唤醒均呈显著正相关，和消极高唤醒的相关不显著，和消极低唤醒呈显著负相关。从回归分析的结果来看，语文认识信念和教师支持共同预测学生的学业情绪，对积极学业情绪有显著的正向影响，对消极低唤醒情绪则有显著的负向影响。持有成熟认识信念的学生，对于语文学习过程中的自主建构及能力与努力的辩证关系有比较清楚的认识，学习过程中更多地伴随自豪、高兴、希望、满足等积极情绪，不易产生羞愧、厌倦、心烦疲乏等消极情绪。

（三）学业情绪在认识信念影响学业成绩中的中介作用

中介效应分析的结果显示，消极低唤醒在语文认识信念影响语文成绩的过程中起部分中介作用，这说明语文认识信念既可以直接正向影响语文成绩，也可以和教师支持共同负向影响消极低唤醒情绪，通过消极低唤醒情绪的中介作用间接影响语文成绩。教师支持是影响学生学业情绪的重要外部因素，亲其师则信其道，学生感受到的教师支持有利于融洽亲密的师生关系的建立，有利于积极学业情绪的唤醒，能够降低学生的学业不良风险（雷浩等，2015）。认识信念则是影响学业情绪的重要内部因素，持有成熟认识信念的学生，对于语文知识的发展性和应用性、语文知识与其他知识的关联性、语文学习中的主动性和长期积累的重要性等有比较清晰的认识，能够以饱满的热情和正确的学习方式投入到语文学习中，对于良好语文成绩的提高大有裨益。同时，学生持有的学业情绪对其学业成绩亦有重要影响，学业情绪中的积极情绪可以预测较高的学业成绩，而消极情绪则可以预测不良学业成绩（董妍，俞国良，2010）。因此，感受到较高的教师支持和持有成熟认识信念的学生，能够有效避免学习中产生诸如厌倦、沮丧、心烦疲乏、无助等消极情绪，进而避免消极低唤醒情绪对学业成绩的负向影响。

第二节　青少年数学认识信念发展趋势的实证研究

一、问题提出

数学认识信念是学生在学习数学的过程中形成的对数学知识、数学学习能力和数学知识学习过程等问题的朴素观点或看法（唐剑岚，2007）。舍恩菲尔德认为，学生的数学认识信念是指学生对数学以及数学任务采用何种方法解决的总的看法或认识，而且学生的数学认识信念系统主要包括其对数学与自我学习的关系的认识（Schoenfeld，1989）。缪斯综述了教育心理学界和数学教育领域关于数学认识信念的研究，指出学生的数学认识信念是影响学生数学学习过程和数学学习结果的认识信念系统，是一个从无效到有效的连续体，其成分主要包括数学知识来源的信念、数学知识稳定性的信念、数学知识结构性的信念、数学知识判断的信念、数学学习能力的信念以及数学学习速度的信念等（Muis，2004）。

国内学者的早期研究中常常把数学认识信念翻译为数学观（刘儒德，陈红艳，2002）。刘儒德和陈红艳（2004）通过文献综述推导出：中小学生的数学观由数学知识性质观、数学学习过程观和数学学业自我概念三部分构成。张奠宙等（2003）有着类似的看法，他们认为学生在数学学习中的信念涉及三个方面：关于数学的信念、关于数学学习的信念、关于自己的信念。此后，关于数学认识信念的研究引起了学者的广泛关注，取得了相对丰硕的研究成果，其中既有对学生数学认识信念的研究，也有对教师数学认识信念的关注。譬如，唐剑岚等（2007，2008）的研究表明，我国初中生的数学认识信念具有文化的共性和个性，数学认识信念的结构包括五个因素：知识结构性、知识稳定性、学习能力、学习速度和学习方式。喻平（2014）提出，中学教师的数学教学认识信念由数学认识信念和教学认识信念组成。数学认识信念指教师对数学本体的认识，教学认识信念指教师对教学与学习本质的认识，两者相互交织形成了数学教师特有的认识信念倾向系统。

个体所持有的数学认识信念对其数学学习有重要影响，体现在数学学习情感、学习策略、学习投入、问题解决等诸多方面。如果学生持有积极的数学认识信念，那么他们往往会对数学学习抱有积极情感，乐于在数学学习中花费时间和精力，在学习过程中能体验到成就感和自豪感（Francisco，2013）。他们乐于探究数学公式背后蕴含的数学原理，能够主动使用多种方法和解题策略去解决问题，梳理新旧知识之间的联系，遇到同类问题时能够举一反三，触类旁通，由此形成数学学习中的良性循环（唐剑岚，2007；肖春梅等，2007；Callejo & Vila，2009）。反之，如果学生持有消极的数学认识信念，那么他们往往难以体会数学学习的乐趣，在学习数学的过程中伴随着自卑感和挫败感等不良学业情绪。总体而言，消极的数学认识信念会导致学生对于数学的认识和理解浮于表面（Callejo & Vila，2009；Schommer-Aikins et al.，2005），使其体会不到数学知识的内在联系，更不会以"数学思想"来考虑问题。他们往往对数学知识死记硬背，机械套用数学公式来解决数学问题，由此陷入数学学习的恶性循环（唐剑岚，2007；肖春梅等，2007）。

综上，为了揭示数学认识信念的结构及其对数学学习的影响，学者进行了较为丰富的实证研究，但现有研究缺少关于数学认识信念发展趋势的实证研究，研究者往往局限于分析某一学段的数学认识信念特点，缺乏系统的发展轨迹研究，未能从整体上揭示数学认识信念的发展状况。从小学到大学，学生的数学认识信念发展趋势究竟是怎样的？不同学业水平学生的数学认识信念是否存在差异？这些方面都还缺乏直接的实证证据。基于此，本节探讨学生数学认识信念的发展状况，以及不同学业水平学生在数学认识信念发展过程中的差异。

二、研究方法

（一）研究对象

有效被试为山东省聊城市的小学生 76 名，初中生 62 名，高中生 116 名，聊城大学数学科学学院的大二学生 96 名。请任课的数学教师根据学生平时的数学学习情况，取数学成绩排名前 27% 的学生为学优生，后 27% 的学生为学差生，中间 46% 的学生为中等生，最终学优生有 95 名，中等生有 160 名，学差生有 95 名。

（二）测查工具

研究工具由两部分构成。第一部分取自黄毅英（2002）所使用的研究材料，包括 12 道假设性情境题目，分别是字数估算、时间记录、观察动物、分数比较、长度测量、用计算器进行计算、体重估计、生活中的拼图、观察自然现象、生活中的选择、推理决策、数学图形。请学生判断这 12 种假设性情境是不是在做数学或用数学，回答"是"计 1 分，回答"否"计 0 分。第二部分是改编的数学认识信念问卷，包括三个维度：维度一是对数学知识性质的认识，考察个体对数学知识的确定性问题、简单性问题、社会性问题以及数学的价值等的认识；维度二是对数学学习过程的认识，考察个体对数学学习或问题解决过程、策略及其影响因素（如能力和努力）的认识；维度三是对数学学业体验的认识，考察个体的数学自我概念，涉及个体对自我数学学习和解题能力的认识、对自我与数学学习及应用之间关系的认识以及对自我数学情感体验的认识。整个问卷的 Cronbach's α 系数为 0.864。问卷采用利克特五点计分。第一部分的假设性情境题目可折射出学生对数学的素朴、直观、内隐的看法；第二部分的数学认识信念问卷则可测查出学生在长期的数学学习过程中，以及在与教师的教学互动中所接受和形成的理论上的数学观念系统。两部分结合在一起，可相互补充，更为全面地反映出学生数学认识信念的发展变化趋势。

三、研究结果

（一）被试对假设性情境回答的人数百分比

表 6-4 为被试对假设性情境回答的人数百分比。总体来看，对各题目按照被试认同假设性情境是在做数学或用数学的人数百分比从高到低进行排列，依次为：T5＞T12＞T6＞T4＞T1＞T7＞T2＞T10＞T11＞T8＞T3＞T9。其中 T5、T12、T6、T4、T1 的总体认同程度大于 80%，T7、T2、T10、T11 的认同程度在 50%～80%，而 T8、T3、T9 的认同程度均小于 30%。

表 6-4 被试认同假设性情境是在做数学或用数学的人数百分比 （单位：%）

项目	T1	T2	T3	T4	T5	T6	T7	T8	T9	T10	T11	T12
小学	94.7	73.4	1.3	75.0	98.7	100	68.4	7.9	0	94.7	97.4	98.7
初中	80.6	67.7	4.8	98.4	96.8	93.5	69.4	17.7	4.8	32.3	29.0	85.5
高中	86.2	69.8	11.2	83.6	92.2	88.8	76.7	30.2	9.5	45.7	47.4	79.3

续表

项目	T1	T2	T3	T4	T5	T6	T7	T8	T9	T10	T11	T12
大学	79.2	60.4	16.7	93.8	91.7	72.9	81.2	47.9	12.5	56.2	47.9	93.8
总体	85.1	72.0	9.4	87.1	94.3	87.7	74.9	28.0	7.4	56.9	55.1	88.6

（二）被试认同假设性情境是在做数学或用数学的差异比较

从表 6-5 可以看出，学段越低，认同程度越高的题目主要有 T1、T2、T6、T10、T11、T12，这些题目基本上都是小学生认同程度较高的题目。学段越高，认同程度越高的题目主要有 T3、T4、T8、T9，这些题目基本上都是小学生的认同程度较低的题目。在 T1、T5、T8、T9、T11、T12 几个题目上，基本趋势均是学优生的认同程度显著高于中等生和学差生。

表 6-5 不同学段和不同成绩被试认同假设性情境是在做数学或用数学的差异比较

题目	不同学段 F	LSD 事后比较	不同成绩 F	LSD 事后比较
T1	3.161*	a>b, a>d	5.319**	优>中>差
T2	8.687***	a>b, a>c, a>d	1.728	
T3	4.701**	c>a, d>a, d>b	0.330	
T4	7.744***	b>a, d>a, b>c	1.174	
T5	1.863		5.140**	优>中>差
T6	11.70***	a>c>d, b>d	1.711	
T7	1.661		2.249	
T8	13.90***	d>a, d>b, d>c, c>a	3.766*	优>中>差
T9	3.744**	d>a, c>a	3.263*	优>差
T10	26.63***	a>d>b, a>c	0.487	
T11	32.37***	a>b, a>c, a>d	3.002*	优>中>差
T12	7.225***	a>b, a>c, b>c	6.011**	优>中, 优>差

注：a 代表小学生，b 代表初中生，c 代表高中生，d 代表大学生，下同

（三）被试在数学认识信念问卷各维度的得分情况

从表 6-6 可以看出，被试在数学认识信念问卷各维度上的得分均在临界值 3 分以上。

表 6-6 被试在数学认识信念问卷各维度上的得分（$M\pm SD$）

项目	小学生	初中生	高中生	大学生	学优生	中等生	学差生	总体
数学知识性质	4.35±0.45	4.23±0.52	3.94±0.54	3.96±0.52	4.26±0.40	4.09±0.56	3.83±0.55	4.09±0.54

续表

项目	小学生	初中生	高中生	大学生	学优生	中等生	学差生	总体
数学学习过程	3.99±0.48	3.87±0.49	3.71±0.51	3.95±0.45	4.04±0.40	3.88±0.46	3.61±0.58	3.87±0.49
数学学业体验	4.61±0.60	4.13±0.68	3.27±0.96	3.60±0.73	4.09±0.88	3.86±0.85	3.28±1.02	3.80±0.93
数学认识信念	4.28±0.43	4.05±0.46	3.64±0.52	3.85±0.44	4.12±0.43	3.93±0.50	3.56±0.55	3.91±0.53

（四）被试在数学认识信念问卷各维度得分的差异比较

从表6-6和表6-7可以发现，数学认识信念各维度发展的基本趋势大致呈偏V形，即小学生得分最高，然后依次下降，高中生各维度得分均处于最低水平，到大学阶段，又开始呈上升趋势，即得分又开始出现回升。我们可以从图6-2中更清晰地看出其发展变化趋势。从不同成绩学生的得分差异情况来看，学优生在数学认识信念均分及各维度得分上均显著高于中等生和学差生。

表6-7　不同学段和不同成绩被试在数学认识信念问卷各维度得分的差异比较

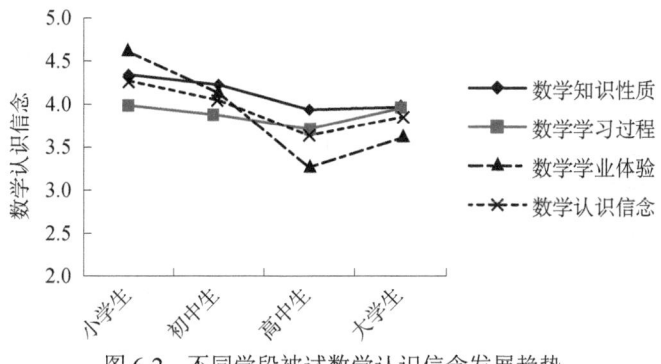

项目	不同学段 F	不同学段 LSD事后比较	不同成绩 F	不同成绩 LSD事后比较
数学知识性质	13.21***	a>c, a>d, b>d, b>c	13.92***	优>中>差
数学学习过程	6.595***	a>c, b>c, d>c	16.98***	优>中>差
数学学业体验	50.92***	a>b>d>c	17.06***	优>中>差
数学认识信念	30.69***	a>b>d>c	25.04***	优>中>差

图6-2　不同学段被试数学认识信念发展趋势

四、分析与讨论

（一）学生数学认识信念的基本情况分析

在假设性情境判断中，认同程度超过 80%的题目所涉及的内容分别是长度测量、数学图形、用计算器进行运算、分数比较、字数估算等，这些内容属于数学课本中基本的必学内容；认同程度小于 30%的题目所涉及的内容为观察动物、生活中的拼图、观察自然现象等，这些内容在数学教材中出现得相对较少；认同程度居中的题目为体重估计、时间记录、生活中的选择等，这些内容在课改后的小学教材中已有所体现，而在课改前的课本中则未曾涉及或很少涉及。

问卷调查的结果显示，学生在各维度上的得分均在 3 分以上，对数学知识性质、数学学习过程、数学学业体验的看法较为成熟，而在假设性情境判断中却把与日常生活中有广泛联系的数学应用，如观察、记录、推理、决策等看作与数学无关的现象。出现这种不一致的原因在于，问卷反映的是学生在学校教育、在与教师的教学互动中接受的一套理论上的观念系统，而在假设性情境判断中反映的则是学生内心所持有的对数学直觉、内隐、素朴的认识，这两种不同层次上的认识导致学生出现了两类不同的回答。我国学者的调查研究中也有过类似的分析（徐速，2006；刘儒德，陈红艳，2002）。

（二）不同学段学生数学认识信念的发展差异分析

在假设性情境判断中，对于 T1、T2、T6、T10、T11、T12 等题目，小学生的认同程度高于中学生与大学生。这些题目代表的是字数估算、时间记录、用计算器进行计算、生活中的选择、推理决策、数学图形。对于这类知识，课改后的小学数学教材中均有所体现。现行小学数学课本包括四大领域：数与代数、空间与图形、统计与概率、实践与综合应用。其中特别加入的统计与概率以及数与代数部分对估算的强调，使得小学生对字数估算、生活中的选择、推理决策等题目的认同程度显著高于其他学段学生。在与学生的访谈中，小学生也多次提到："课本中、练习题中有类似的题目。"而中学生、大学生则提到："这些知识只是生活中的一些常识，太简单了，不符合数学的特点，因而不能算是用数学。"由此可见，学生对数学的认识既与数学课程内容紧密相关，同时也与学生在长期学习过程中形成的对数学内隐的看法紧密相关。

问卷调查的结果显示，数学认识信念各维度发展大致呈偏 V 形趋势。出现这种情况，我们认为主要有两方面的原因：一是课程内容；二是评价方式。从课程内容方面来看，小学数学教材的编排更注重从学生熟悉的生活情境入手，强调情境引入，注意体现数学与实际生活的联系，教材中加入了一些开放性问题（与传统的封闭题型相对而言，这类题指的是条件不完备或答案不唯一的题目）。所有这些都使得小学生对数学知识的动态性，以及数学知识与实际生活的联系有较为清晰的认识，因此他们在数学知识性质维度上的得分较高。从评价方式方面来看，由于小学阶段的升学压力相对较小，学校间、年级内、班级内基本不对或很少对学生进行排名比较，对小学生的数学学习评价并不仅仅以成绩为导向，而是注重从知识与技能、过程与方法、态度情感价值观等多个方面进行评价，加之课程内容较为简单，故而小学生的数学学习自信心及学习兴趣一直保持在较高水平上，这就使得他们在数学学习过程与数学学业体验维度上得分较高。到了高中阶段，从课程内容方面来看，其抽象性、逻辑性较小学、初中阶段更强，层层递进、环环相扣、逐步深化的学习内容，加上高考的巨大压力，使得一些基础稍差的学生感觉数学学习枯燥费力，很多学生努力学习数学仅仅是为了在高考中取得好的分数，数学学习已带有明显的功利性色彩。从评价方式来看，在高中阶段，成绩基本上是唯一的评价指标，学校间、年级内、班级内的成绩排名普遍存在，这就使得高中生的数学学习自信心及学习兴趣下降，对数学知识的性质、数学学习过程的主动性认识不足，学业体验较低，导致其各维度得分均处于最低水平，这与国外学者的研究结论有相似之处（Eccles et al., 1993）。到了大学阶段，从课程内容方面来看，数学专业课程开设较多，能较好地反映出数学知识间的普遍联系，课程学习方式也较为灵活，既有必修课，也有选修课。从评价方式来看，大学教师很少对学生的数学成绩进行评价比较，频繁的班级排名也不复存在。学生在相对宽松自由的环境下建构自己的数学认识信念，对数学知识性质、数学学习过程又有了新的体验，反映在各维度得分上，与高中生相比，大学生的得分又有了显著提高，得分趋于回升。

值得一提的是，虽然大学生与小学生在问卷上的得分都处于较高水平，但两者的认识差距还是非常明显的。结合我们的访谈不难发现，较之小学生，大学生的认识成熟与理性了许多。比如,在数学知识实用性上,大学生更多地提到"数学在经济发展、科技进步方面的巨大作用",而小学生则局限在"买东西算账"等较低层次的表述上。在数学学业体验上,大学生更多地谈到"经过潜心思考,解决问题后的欣喜若狂",而小学生更多地谈到"想出好的做题方法受到老师的表扬,感觉心里高兴"。在数学学习过程上,大学生多谈到"思考后找到问题的解决方案更能锻炼自己的思维,优于直接听老师讲解",小学生多谈到"老师要求我们遇到问题后先思考,再讨论"。当然,这与小学生的年龄特点、认识水平、知识储备有关,但我们也不难发现,大学生的数学认识信念日趋成熟,更趋于理性化,整个数学认识信念的发展呈现出一种"否定之否定"的上升趋势。

(三)不同成绩学生数学认识信念的发展差异分析

假设性情境判断中,不同成绩学生的认同程度存在显著差异的题目有T1、T5、T8、T9、T11、T12。这些题目代表的是字数估算、长度测量、生活中的拼图、观察自然现象、推理决策、数学图形。与常见的数学运算、方程运算、几何作图、几何推理论证相比,这些内容在课本中仍属于所占内容比重较低的部分,比如T12中涉及的场景是"旋转楼梯看上去很像一条正弦曲线"。学优生由于知识面广,涉猎较为广泛,所以对这些题目的认同程度高于其他学生。

问卷调查的结果显示,数学认识信念各维度均存在显著的成绩差异,学优生的得分显著高于学差生及中等生,原因在于:学优生在数学学习过程中投入了更多的精力,具有较高的学习积极性与主动性,从而在学习过程中逐步体会到了知识之间的广泛联系,更倾向于认为知识是主动建构的、相对的、变化发展的,数学知识来源于生活,具有实用价值;学习是通过建构获得的,需要灵活运用各种方法积极主动地进行自我学习。优异成绩的取得又进一步强化了他们良好的学业自我意识,从而使其更倾向于认为学习是有趣的、快乐的和有意义的,对自己有信心,喜欢探索、思考,认为从事数学研究的工作是很有意思和有价值的,喜欢学习数学,这就使得他们比学差生具有更为成熟的数学认识信念。

第三节　数学认识信念和工作记忆对解决不同类型数学应用题的影响

一、问题提出

个体在解决数学应用题的过程中，需要将文字表述转换为数学表达式，这里的转换过程涉及两种心理表征模型：问题模型（problem model）和情境模型（situation model）（Tolar et al., 2012）。一般认为，问题模型表征的是数学逻辑知识，即应用题中各成分之间的关系，储存在长时记忆中，提取时以表示语义关系的关键词，如"一共、多、少"等为基础，其作用是帮助个体解决问题。情境模型表征的是语言和现实世界的经验知识，是未储存在长时记忆中的暂时的、流动的、建议性的算法，其作用是帮助个体理解问题（Thevenot et al., 2007; Coquin-Viennot & Moreau, 2007）。

目前对于情境模型与问题模型的不同作用仍然存在争议。有研究者提出，解决应用题的关键是对问题进行抽象表征，剔除与解决问题无关的信息，建构问题模型（Kintsch & Greeno, 1985）。也有研究者认为，题目中关于事件的情境信息（如原因、结果、时间先后等）能促使个体联系现实生活经验，建构情境模型有助于个体对问题情境的分析（Reusser, 1989）。情境模型有利于认知发展不成熟的个体解决问题（Hudson, 1983）。

国外学者研究了两种类型应用题的解答情况：一种是情境模型与问题模型一致，例如，吉米体重为58千克，吉米比杰克高，他比杰克重6千克，杰克的体重为多少？另一种是情境模型与问题模型不一致，比如，将上面的"吉米比杰克高"改为"吉米比杰克矮"，其他文字描述不变。结果发现，当情境模型与问题模型不一致时，学生的解题错误率更高，这意味着问题模型并不是自动建构的，情境模型在激活问题模型的过程中起到了中间表征的作用（Coquin-Viennot & Moreau,

2007）。有学者采用再认范式研究应用题的心理表征，发现被试表征的是情境中不同元素之间的关系，而不是记忆复制题目中出现的"……比……多"这样的文字（Thevenot，2010）。国内学者发现，在文本中增加情境表述，对小学生数学应用题的解决有促进作用，情境模型和问题模型同样重要（邢强，单永明，2013）。

在影响学生数学应用题解决的内部因素中，认识信念的重要作用前面已有阐述，此处不再赘述。工作记忆是另一个影响学生数学应用题解决的重要因素，工作记忆是大脑暂时性存储和同时性加工有限容量信息的记忆系统，在人类的高级认知活动中起着非常重要的作用（Logie，2011）。工作记忆由语音环路、视觉空间模板和中央执行系统三个部分组成。语音环路负责存储和加工与语言有关的信息；视觉空间模板负责存储和加工与视觉和空间、方位有关的信息；中央执行系统是工作记忆的核心部分，负责统筹协调各个系统，使其相互配合，以完成信息加工过程。随着研究的深入，研究者增加了情节缓冲器作为工作记忆中负责将视觉、听觉和空间的信息与来自长时记忆中的信息相结合的成分，以解决工作记忆如何整合来自不同感觉通道的信息这一问题（Baddeley，2000，2012；Baddeley et al.，2011）。语音环路和视觉空间模板的测量一般采用言语工作记忆广度和视觉-空间工作记忆（以下简称视空工作记忆）广度。这两种广度测量依据双任务加工范式，让被试同时完成两种任务加工，然后对其中一种加工任务进行回忆。中央执行系统包括转换、刷新和抑制三种功能（赵鑫，周仁来，2011），转换功能的常用测验有数字-字母转换任务、卡片分类任务等；刷新功能的常用测验有 N-back 任务、跟踪任务等；抑制功能最经典的测验是 Stroop 测验及其变式（Course-Choi et al.，2017；Liu et al.，2017）。

工作记忆与学业成绩密切相关（Levin et al.，2010），学习障碍儿童在言语工作记忆和视空工作记忆测验上的成绩都低于正常儿童（Swanson & Sachse-Lee，2001），儿童的应用题解决困难与其数字工作记忆能力不足有关（王枫等，2010）。工作记忆的不同成分对问题解决有何影响，目前的研究结果存在不一致之处。安德森发现，言语工作记忆和中央执行系统对小学生问题解决有重要影响，但未发现视空工作记忆的影响（Andersson，2007）。仲宁宁（2009）认为视空工作记忆对小学生问题解决有显著影响，言语工作记忆与中央执行系统的影响不显著。还有学者的研究表明，言语工作记忆、工作记忆和中央执行系统都对数学解题正确率有显著的预测作用（Zheng et al.，2011）。也有研究者提出，不同记忆成分对数学成绩的预测作用与年级（Smedt et al., 2009）和题目难度（孔伟，2009）有关，言语工作记忆对高难度应用题解题成绩的预测作用显著，视空工作记忆则对中、低难度应用题解题成绩的预测作用显著。

综上，已有研究探讨了认识信念和工作记忆对问题解决的影响，为本节研究的深入开展奠定了坚实基础。但已有研究中存在如下问题：一是认识信念对小学生数学问题解决的研究尚存不足，限于小学生的元认知发展水平和认识信念的内隐性，已有研究大多围绕中学生和大学生展开，认识信念对小学生数学应用题的影响研究有待深入。二是工作记忆的不同成分对问题解决的不同预测作用存在分歧，故本节研究将系统探讨言语工作记忆、视空工作记忆和中央执行系统对数学问题解决的影响机制。三是应用题的类型有限，根据问题模型与情境模型的理论争议，按照冲突性和一致性的不同组合，本节研究将应用题分为四类：非冲突一致、冲突一致、非冲突不一致、冲突不一致。其中冲突与非冲突针对的是问题情境。比如，"小亮比小强高，小亮比小强重"为非冲突情境，而"小亮比小强高，小亮比小强轻"为冲突情境。一致与不一致是根据关系词与操作运算是否一致来确定的，比如，"小亮体重50千克，小强比小亮轻5千克，小强体重多少？"此时文字表述中的"轻"对应减法运算，故为一致题目。而"小亮体重50千克，小亮比小强重5千克，小强体重多少？"此时文字表述中的"重"却对应减法运算，故为非一致题目。本节研究将数学应用题划分为四类，以便深入探讨情境模型与问题模型在小学生问题解决中的不同作用，揭示数学认识信念和工作记忆对小学生解决不同类型数学应用题的影响机制。

二、研究方法

（一）研究对象

选取某小学178名四年级学生为研究对象，所有被试智力正常且从未参加过此类实验。

（二）实验设计

采用2（数学认识信念：高、低）×2（工作记忆：高、低）×4（应用题类型：非冲突一致、冲突一致、非冲突不一致、冲突不一致）的混合实验设计。其中数学认识信念和工作记忆为被试间变量，工作记忆分为言语工作记忆、视空工作记忆和中央执行系统三种类型并分别进行测查。应用题类型为被试内变量，因变量为应用题解题成绩和反应时。

（三）实验材料

1. 数学认识信念问卷

采用改编的数学认识信念问卷（周琰，谭顶良，2010b），该问卷包括三个维度：数学知识性质、数学学习过程和数学学业体验，采用利克特五点计分。本书研究中，该问卷的 Cronbach's α 系数为 0.86。

2. 言语工作记忆广度测验

采用宋广文等（2011）编制的测验材料。测验时向被试呈现一位数的加减算术题，其后伴随一个词语同时出现（例如，7+1=8 小时；7-5=3 国家）。测试中的加工任务是让被试判断算式是否正确，储存任务是按呈现顺序回忆算式后的词语。每个广度设计三套同质测验，被试至少在两套测验中的判断和回忆都正确方可进行下一测验，否则停止测验。正式测验共 60 道题目。

3. 视空工作记忆广度测验

采用宋广文等（2011）编制的测验材料。首先向被试呈现变换角度的数字 2、3、4、5、7，数字变换角度有 90°、180°、270°。数字后伴随箭头，箭头方向有 0°、90°、180°、270°四种。测试中的加工任务是让被试说出呈现的数字，储存任务是按呈现顺序回忆数字后箭头的方向。每个广度有三套同质的测验，被试至少在两套测验中的数字读取和箭头方向都回忆正确则可进行下一测验，否则停止测验。正式测验共 60 道题目。

4. 中央执行系统抑制能力测验

采用数值-大小 Stroop 任务进行测查。测查任务包含三种条件：一致条件（数值大小与形状大小一致）、不一致条件（数值大小与形状大小不一致）、中性条件（只有数值大小差别，没有形状大小差异）。采用 E-prime 2.0 编程，要求被试在保证正确率的前提下尽可能快地判断两个数字的数值大小，并进行相应的按键反应，程序自动记录被试的反应时和正确率。被试在不一致条件下需要抑制形状大小与数值大小不一致带来的冲突，抑制能力等于不一致条件下的反应时减去中性条件下的反应时（Hoffmann et al.，2014）。

5. 数学应用题

根据小学生的数学水平，参照已有同类研究中的应用题类型和难度，自编 24 道数学应用题，其中 16 道题目为正式测试题，分为四类：非冲突一致、冲突一致、非冲突不一致、冲突不一致，每类 4 道题目。另外穿插 8 道变化题目，防止被试产生思维定式。

（四）实验程序

首先，以班级为单位完成数学认识信念问卷的测查，计算问卷总分，筛选出排名前 27% 为高数学认识信念组，后 27% 为低数学认识信念组。

其次，采用单独施测的方式完成言语工作记忆广度、视空工作记忆广度和中央执行功能的测查，筛选出高低言语工作记忆广度、高低视空工作记忆广度和高低抑制能力被试。最终的有效被试分配情况如表 6-8 所示。

表 6-8　不同条件下的被试人数　　　　　　　　　　（单位：名）

项目	高言语工作记忆	低言语工作记忆	高视空工作记忆	低视空工作记忆	高抑制能力	低抑制能力
高数学认识信念	20	20	20	21	20	20
低数学认识信念	20	23	23	20	20	23

最后，对被试进行应用题测验，实验采用 E-prime 2.0 软件编程，所有题目随机呈现，软件自动收集被试解决数学应用题的正确率和反应时。被试答对 1 题计 1 分，答错计 0 分。

三、研究结果

（一）数学认识信念和言语工作记忆对不同类型数学应用题正确率的影响

不同数学认识信念和言语工作记忆被试在不同类型应用题上的正确率得分见表 6-9。以数学认识信念、言语工作记忆和应用题类型为自变量，以应用题得分为因变量进行重复测量方差分析，结果发现，数学认识信念的主效应显著（$F=10.58$，$p<0.01$）。应用题类型的主效应显著（$F=40.96$，$p<0.01$）。应用题类型与数学认识信念的交互作用显著（$F=5.13$，$p<0.01$）。应用题类型与言语工作记忆的交互作用

显著（$F=2.84$，$p<0.01$）。其余主效应和交互作用均不显著。进一步的数据分析发现，四种类型应用题的正确率由高到低分别为非冲突一致、冲突一致、非冲突不一致、冲突不一致。对应用题类型与数学认识信念的交互作用进行简单效应分析，结果发现，在非冲突一致（$F=13.42$，$p<0.01$）、冲突一致（$F=15.86$，$p<0.01$）、冲突不一致（$F=9.04$，$p<0.01$）应用题上，高数学认识信念学生的正确率显著高于低数学认识信念学生。对应用题类型与言语工作记忆的交互作用进行简单效应分析后发现，在非冲突不一致应用题上，高言语工作记忆被试的正确率显著高于低言语工作记忆被试（$F=4.02$，$p<0.05$）。

表 6-9　不同数学认识信念和言语工作记忆被试在不同类型应用题上的正确率得分（$M\pm SD$）

项目	高数学认识信念		低数学认识信念	
	高言语工作记忆	低言语工作记忆	高言语工作记忆	低言语工作记忆
非冲突一致	2.35±1.60	2.50±1.50	1.40±1.54	1.22±1.59
冲突一致	2.25±1.61	2.50±1.67	1.15±1.22	1.26±1.48
非冲突不一致	1.60±1.42	1.00±0.91	1.15±1.13	0.74±1.13
冲突不一致	1.20±1.32	0.90±1.25	0.40±0.75	0.39±0.65

（二）数学认识信念和视空工作记忆对不同类型应用题正确率的影响

不同数学认识信念和视空工作记忆被试在不同类型应用题上的正确率得分见表 6-10。以数学认识信念、视空工作记忆和应用题类型为自变量，以应用题得分为因变量进行重复测量方差分析，结果发现，数学认识信念的主效应显著（$F=13.60$，$p<0.01$）。应用题类型的主效应显著（$F=44.26$，$p<0.01$）。数学认识信念与应用题类型的交互作用显著（$F=6.01$，$p<0.01$）。其他主效应和交互作用均不显著。进一步的数据分析发现，四种类型应用题的正确率由高到低分别为非冲突一致、冲突一致、非冲突不一致、冲突不一致。对数学认识信念与应用题类型的交互作用进行简单效应分析后发现，在非冲突一致（$F=10.97$，$p<0.01$）、冲突一致（$F=12.64$，$p<0.01$）、冲突不一致（$F=8.55$，$p<0.01$）应用题上，高数学认识信念学生的正确率显著高于低数学认识信念学生。

表 6-10　不同数学认识信念和视空工作记忆被试在不同类型应用题上的正确率得分（$M\pm SD$）

项目	高数学认识信念		低数学认识信念	
	高视空工作记忆	低视空工作记忆	高视空工作记忆	低视空工作记忆
非冲突一致	2.65±1.59	2.42±1.50	1.47±1.53	1.10±1.58

续表

项目	高数学认识信念		低数学认识信念	
	高视空工作记忆	低视空工作记忆	高视空工作记忆	低视空工作记忆
冲突一致	2.50±1.50	2.47±1.69	1.43±1.50	0.95±1.14
非冲突不一致	1.60±1.23	1.23±1.26	0.86±1.14	1.00±1.16
冲突不一致	0.95±0.88	1.09±1.41	0.26±0.54	0.55±0.82

（三）数学认识信念和中央执行功能对不同类型应用题正确率的影响

不同数学认识信念和中央执行功能被试在不同类型应用题上的正确率得分见表6-11。以数学认识信念、中央执行功能和应用题类型为自变量，以应用题得分为因变量进行重复测量方差分析，结果发现，数学认识信念的主效应显著（$F=12.64$，$p<0.01$）。应用题类型的主效应显著（$F=42.30$，$p<0.01$）。数学认识信念与应用题类型的交互作用显著（$F=4.86$，$p<0.01$）。其余主效应和交互作用均不显著。对数学认识信念与应用题类型的交互作用进行简单效应分析后发现，在非冲突一致（$F=12.03$，$p<0.01$）、冲突一致（$F=14.30$，$p<0.001$）、冲突不一致（$F=8.53$，$p<0.01$）应用题上，高数学认识信念学生的正确率显著高于低数学认识信念学生。

表6-11 不同数学认识信念和中央执行功能被试在不同类型应用题上的正确率得分（$M±SD$）

项目	高数学认识信念		低数学认识信念	
	高中央执行功能	低中央执行功能	高中央执行功能	低中央执行功能
非冲突一致	2.30±1.68	2.70±1.38	1.75±1.61	0.90±1.44
冲突一致	2.35±1.75	2.55±1.43	1.50±1.14	0.95±1.52
非冲突不一致	1.40±1.23	1.50±1.27	1.45±1.31	0.50±0.74
冲突不一致	1.30±1.30	0.80±1.00	0.75±0.85	0.09±0.29

（四）数学认识信念和言语工作记忆对不同类型应用题反应时的影响

不同数学认识信念和言语工作记忆被试在不同类型应用题上的反应时得分见表6-12。以数学认识信念、言语工作记忆、应用题类型为自变量，以应用题反应时为因变量进行重复测量方差分析。结果发现，数学认识信念的主效应显著（$F=14.73$，$p<0.01$）。数学认识信念与言语工作记忆的交互作用显著（$F=6.18$，$p<0.05$）。其余主效应和交互作用均不显著。进一步的数据分析表明，高数学认识信念学生在四种类型应用题上的反应时显著长于低数学认识信念学生（非冲突一

致：$t=2.16$，$p<0.05$；冲突一致：$t=3.51$，$p<0.01$；非冲突不一致：$t=3.55$，$p<0.01$；冲突不一致：$t=3.82$，$p<0.01$）。对数学认识信念与言语工作记忆的交互作用进行简单效应分析后发现，高数学认识信念组的高言语工作记忆学生在非冲突不一致问题上的反应时显著短于低言语工作记忆学生（$F=5.60$，$p<0.05$）。

表 6-12　不同数学认识信念和言语工作记忆被试在
不同类型应用题上的反应时得分（$M\pm SD$）　　（单位：秒）

项目	高数学认识信念		低数学认识信念	
	高言语工作记忆	低言语工作记忆	高言语工作记忆	低言语工作记忆
非冲突一致	109.98±42.53	129.23±51.79	107.90±53.97	87.46±36.15
冲突一致	118.56±28.34	128.04±47.37	101.57±54.05	80.85±32.34
非冲突不一致	115.79±39.95	145.93±37.75	106.84±46.53	90.38±36.51
冲突不一致	131.96±55.57	158.38±51.69	114.60±46.44	90.70±45.80

（五）数学认识信念和视空工作记忆对不同类型应用题反应时的影响

不同数学认识信念和视空工作记忆被试在不同类型应用题上的反应时得分见表 6-13。以数学认识信念、视空工作记忆、应用题类型为自变量，以应用题反应时为因变量进行重复测量方差分析。结果表明，数学认识信念的主效应显著（$F=11.97$，$p<0.01$）。其余主效应和交互作用均不显著。独立样本 t 检验的结果表明，在冲突一致（$t=3.27$，$p<0.01$）、非冲突不一致（$t=3.18$，$p<0.01$）、冲突不一致（$t=3.68$，$p<0.01$）问题上，高数学认识信念学生的反应时显著长于低数学认识信念学生。

表 6-13　不同数学认识信念和视空工作记忆被试在
不同类型应用题上的反应时得分（$M\pm SD$）　　（单位：秒）

项目	高数学认识信念		低数学认识信念	
	高视空工作记忆	低视空工作记忆	高视空工作记忆	低视空工作记忆
非冲突一致	108.56±41.10	124.67±51.80	91.85±45.20	103.07±47.54
冲突一致	124.77±42.51	116.84±34.65	85.06±38.38	96.94±51.07
非冲突不一致	118.21±39.95	135.51±40.33	93.53±41.31	103.37±42.99
冲突不一致	140.06±56.77	146.32±53.42	91.30±48.32	113.95±43.89

（六）数学认识信念和中央执行系统对不同类型应用题反应时的影响

不同数学认识信念和中央执行功能被试在不同类型应用题上的反应时得分见

表6-14。以数学认识信念、中央执行功能、应用题类型为自变量,应用题反应时为因变量进行重复测量方差分析。结果发现,数学认识信念的主效应显著(F=12.22, p<0.01)。其余主效应和交互作用均不显著。独立样本 t 检验结果发现,在冲突一致(t=3.28, p<0.01)、非冲突不一致(t=3.17, p<0.01)、冲突不一致(t=3.70, p<0.01)问题上,高数学认识信念学生的反应时显著长于低数学认识信念学生。

表6-14 不同数学认识信念和中央执行功能被试在不同类型应用题上的反应时得分($M±SD$) （单位：秒）

项目	高数学认识信念		低数学认识信念	
	高中央执行功能	低中央执行功能	高中央执行功能	低中央执行功能
非冲突一致	113.62±50.61	121.78±44.59	99.00±42.53	95.07±51.27
冲突一致	115.01±39.56	128.87±36.17	91.73±51.55	91.34±38.95
非冲突不一致	129.54±48.98	125.54±32.29	96.95±41.25	99.23±44.48
冲突不一致	138.96±61.49	151.30±45.70	105.18±47.39	102.37±46.65

四、分析与讨论

（一）数学认识信念和工作记忆对解决不同类型应用题正确率的影响

1. 对问题模型与情境模型之争的检验

从数据分析的结果来看,在解题正确率方面,题目类型的主效应均显著,说明题目类型对小学生应用题的解题正确率有重要影响。进一步的数据分析发现,四种类型应用题的正确率由高到低分别为非冲突一致、冲突一致、非冲突不一致、冲突不一致。其中,非冲突一致问题代表的是运算关系与文字表述不冲突（比如,题目中的"多"字恰好对应"加法"运算),并且情境一致（比如,身高高的恰好体重也重),此类应用题是小学生最为熟悉的题目,由于题目表述与运算关系和生活情境均无冲突,不需要进行运算关系和情境信息的转换,故解题正确率最高。冲突不一致问题则完全相反,代表的是运算关系与文字表述冲突（比如,题目中出现"多"字,正确运算却是"减法"运算),并且情境也不一致（比如,小亮比小明高,体重却比小明轻),此类应用题由于题目表述与运算关系及生活情境均存在冲突,需要进行运算关系和情境信息的双重转换,给小学生带来较大的认知负荷,故此类问题的解题正确率最低。

从四种应用题解题正确率的顺序来看，排在前两位的为非冲突一致和冲突一致，均为一致性问题；排在后两位的为非冲突不一致和冲突不一致，均为不一致问题。这意味着问题的一致与不一致在小学生解决数学应用题的过程中起着十分重要的作用，小学生在解题过程中首先构建的是问题模型而非情境模型，问题模型中对于关系的正确表征是小学生正确解决数学应用题的关键（Coquin-Viennot & Moreau，2003；李晓东等，2002）。总体来看，小学生在解决不一致问题时发生错误的概率更高，这种错误不是计算错误，而是对于变量关系的表征错误，比如，见到文字表述中的"……比……多"时就选用加法运算。

在文字表述与算术运算一致的前提下，比较排在前两位的一致性问题的正确率，可以发现非冲突一致问题的正确率高于冲突一致问题；在文字表述与算术运算不一致的前提下，比较排在后两位的非一致问题的正确率，可以发现非冲突不一致问题的正确率高于冲突不一致问题。也就是说，在文字表述与算术运算关系相同的背景下，非冲突应用题的解题正确率总是高于冲突应用题，这说明情境的冲突与否对小学生解决应用题还是存在一定影响的。总之，构建情境模型可以促进小学生的数学问题解决，但相比于问题模型，情境模型依然是一种弱势模型。

2. 数学认识信念对不同类型应用题正确率的影响

统计分析发现，在非冲突一致、冲突一致、冲突不一致问题上，高数学认识信念学生的正确率显著高于低数学认识信念学生，说明数学认识信念的确是影响小学生解决应用题的重要因素。持有积极数学认识信念的学生在解答问题时注意题目细节，善于抓住关键信息，积极进行认知加工和信息监控（Callejo & Vila，2009）。他们通常持有数学能力的增长观和数学学习的渐进观，如"数学学习的能力是在长期的思考中不断提高的""数学问题的解决并不是一蹴而就的"等积极信念，当遇到较难的数学问题时，他们有足够的耐心去思考，如在情境冲突、问题不一致的应用题上，他们会花费较长时间，这可以从反应时的差异中窥见一斑，但同时他们解题的正确率也会更高。而持有消极数学认识信念的学生，往往在看到题目中出现"比……多"的文字表述时就直接用加法，看到"比……少"的文字表述就直接用减法，尤其对于冲突不一致问题，他们可能会受到问题冲突和情境不一致的双重困扰，解题正确率会也受到影响（Callejo & Vila，2009）。

3. 工作记忆的不同类型对数学应用题解决的影响

在工作记忆的不同成分对数学应用题的解题正确率影响方面，本书研究未发现视空工作记忆和中央执行功能对小学生解决数学应用题的正确率有显著影响，但是言语工作记忆和应用题类型之间存在交互作用。对其交互作用进行简单效应分析后发现，在非冲突不一致应用题上，高言语工作记忆学生的正确率显著高于低言语工作记忆学生，说明高工作记忆学生对非冲突不一致问题具有信息加工优势，更善于进行文字表述与数学算法之间的正确转换（魏亚楠，2019）。

从四种类型应用题正确率的平均得分来看，冲突一致应用题的正确率随言语工作记忆广度的降低出现了缓慢上升趋势，与其他三类问题的变化趋势不一致。究其原因，或许是因为低言语工作记忆学生对于语言文字信息的加工缺乏敏感性，加之其言语工作记忆容量有限，尽管在开始读到题目中的冲突情境信息时感到困惑，但当读完整道题目时，他们可能会把精力转移到问题的关系表征上，忽视了之前读到的情境冲突信息，即他们的工作记忆中只保存了题目的部分信息而非全部信息（马艳云，2019）。此时问题关系的一致性又会使他们直接利用加减法进行列式计算，所以他们的正确率会高一些。这说明，低言语工作记忆的学生可能没有利用情境模型而只是构建了问题模型。

（二）数学认识信念和工作记忆对解决不同类型应用题反应时的影响

不同数学认识信念水平的小学生在解决数学应用题的反应时上存在差异，尤其是在冲突一致、非冲突不一致、冲突不一致问题上，高数学认识信念学生的反应时显著长于低数学认识信念学生。与学生接触最多的非冲突一致应用题相比，这三类应用题要么存在问题情境的冲突，要么存在文字表述与算法的不一致，这些冲突信息的存在加重了学生的认知负荷。持有积极数学认识信念的学生在遇到这些冲突信息时，会更加认真、审慎地审题，仔细阅读和辨析题目条件，对文字信息与数学算法进行有效转化，进而找到正确的解答方法，还会在列算式的过程中对算式的正确性进行核查。这类学生在解题过程中会维持较高的元认知监控和调节状态，随时监控自己的认知过程，发现错误时会及时矫正（Callejo & Vila, 2009）。所以，高数学认识信念学生在解决含有情境或关系冲突的应用题时花费的时间较长，但是其正确率相对来说也更高。而持有消极数学认识信念的学生由于对数学学习过程中的学习能力和学习速度持有不正确的信念，在解题过程中会受到能力先天性和学习快捷性等错误观念的困扰，如"在困难的数学问题上花费时间，只有聪明的学生才值得这么做，才会有回报""做数学题，要么很快就想到解法,要么想不到,对于不能快速找到解法的题目,再想也是白费时间"。错误的信念导致他们常常会走马观花式地审题,不仔细阅读分析题目中的细节信息,甚至没有发现题目中的冲突信息而仓促作答,导致其反应时变长,正确率降低。

从工作记忆的影响来看,视空工作记忆和中央执行功能对被试解决应用题的反应时的影响不显著,只有言语工作记忆的影响显著,说明工作记忆的不同成分对于小学生解决数学问题的影响存在差异。对言语工作记忆与数学认识信念的交互作用进行简单效应分析后发现,在高数学认识信念水平上,高言语工作记忆学生在非冲突不一致应用题上的反应时显著短于低言语工作记忆学生。如前所述,言语工作记忆主要负责对与语言文字相关的信息进行储存和加工,高言语工作记忆的学生对于题目中的文字信息比较敏感,加工速度较快,故反应时较短。

五、小结

本节研究的结论如下:①小学生解题过程中首先构建的是问题模型,问题模型中对于关系的正确表征是解决数学应用题的关键。构建情境模型可以促进小学生的数学问题解决,但相比于问题模型,情境模型依然是一种弱势模型。②数学认识信念对小学生解决应用题有重要影响,高数学认识信念学生的解题正确率显著高于低数学认识信念学生,且在难度较大的三类应用题上的反应时显著长于低数学认识信念学生。③言语工作记忆广度对于小学生解题有重要影响,在非冲突不一致应用题上,高言语工作记忆学生的正确率显著高于低言语工作记忆学生。视空工作记忆和中央执行功能对小学生解决应用题的影响不显著。

第四节 英语认识信念对学习焦虑和英语成绩的影响

英语认识信念是学生在学习英语过程中形成的对英语知识、英语学习能力等问题的朴素观点或看法。霍维斯(Horwitz)通过归纳成年人学习外语的一些认识误区,总结出外语学习信念的维度为外语学习的本质、外语学习的难度、外语学习的天生能力、外语交流、外语学习的动机与期望（Horwitz，1988）。但霍维斯对外语学习信念的结构划分缺少理论基础和实证研究的支持，更多的是一种现象描述。莫利（Mori）通过对美国大学生日语学习的研究，编制了外语学习信念问卷，经探索性因素分析后得到六个维度：学习困难性、学习简单性、学习方法、准确性要求、避免模糊、母语依赖（Mori，1999）。宋志燕和王耘（2013）的调查表明，高中生的英语学习信念包括六个维度：天生能力（学习的可控性）、努力作用、快速学习、知识联系性（知识结构）、知识简单性、准确性要求（表达或使用英语是否需要做到完全正确）。

已有研究表明，学生所持有的认识信念与其成就目标显著相关，持有快速学习信念的个体更少地采用掌握目标，更多地采用成绩接近目标或成绩回避目标，持有知识确定性信念的个体更少地采用掌握目标（Bråten & Strømsø，2004）；相信知识发展性和知识来源于权威的学生更倾向于使用成绩目标定向（Kizilgunes et al.，2009）。学生所持有的能力增长观、知识发展性和认识的判断对掌握目标定向有直接和间接影响，学生所持有的能力固定观、知识来源和知识确定性等则对成绩目标定向有直接和间接影响（Chen & Pajares，2010）。基于成就目标定向的三分法理论模型（掌握目标定向、成绩接近目标定向、成绩回避目标定向），潘考察了认识信念和成就目标等诸多因素对学业表现的影响（Phan，2009）。但是，已有研究是在成就目标定向的二分法和三分法的基础上进行的。目前，成就目标定向的四分法已得到了学界的广泛认可，在此框架下探讨认识信念对目标定向的影响具有一定的理论价值。基于此，本节基于成就目标定向的四分法，考察英语认识信念对目标定向、英语学习焦虑和英语成绩的影响，以期为促进青少年英语认识信念的发展、减少学习中的焦虑情绪、提高英语成绩提供借鉴。

一、研究方法

选取山东省一所普通中学的338名高中生进行问卷调查，剔除无效问卷后的最终有效被试302人。其中男生153人，女生149人；高一91人，高二120人，高三91人。研究工具包括英语认识信念量表、成就目标定向量表和英语课堂焦虑量表。成就目标定向量表包括掌握接近、掌握回避、成绩接近和成绩回避四个维度。所有工具的信效度指标良好，本书研究中，英语认识信念量表和英语课堂焦虑量表的 Cronbach's α 系数分别为 0.885 和 0.959，成就目标定向量表四个维度的 Cronbach's α 系数分别为 0.807、0.813、0.825 和 0.848。

二、研究结果

（一）高中生英语认识信念的现状

统计分析发现，高中生英语认识信念得分的最小值为 1.780，最大值为 4.670，均值为 3.103，标准差为 0.698，说明高中生英语认识信念尚不成熟。其中男生的平均分为 2.864，女生的平均分为 3.367，独立样本 t 检验的结果表明，男女生得分差异显著（$t=-6.978$，$p<0.001$）。高一学生的英语认识信念平均分为 2.738，高二学生为 3.130，高三学生为 3.434，方差分析的结果表明，年级差异显著（$F=26.649$，$p<0.001$），进一步的事后检验结果表明，高三学生的得分显著高于高二和高一学生，高中生英语认识信念随年级升高而逐渐成熟。

（二）各变量之间的相关分析

英语认识信念、成就目标定向、英语焦虑和英语成绩的相关分析见表 6-15。由此可知，英语认识信念和掌握接近目标定向、成绩接近目标定向、英语成绩均呈显著正相关，和掌握回避目标定向、成绩回避目标定向、英语焦虑均呈显著负相关。

表 6-15 英语认识信念、成就目标定向、英语焦虑和英语成绩的相关分析

变量	英语认识信念	掌握接近	掌握回避	成绩接近	成绩回避	英语焦虑	英语成绩
英语认识信念	1						
掌握接近	0.649**	1					
掌握回避	−0.356**	−0.097	1				
成绩接近	0.237**	0.507**	0.239**	1			
成绩回避	−0.619**	−0.319**	0.576**	0.146*	1		
英语焦虑	−0.765**	−0.623**	0.525**	−0.213**	0.583**	1	
英语成绩	0.485**	0.363**	−0.428**	0.146*	−0.481**	−0.607**	1

（三）英语认识信念作用机制的模型建构

为进一步考察英语认识信念对目标定向、英语焦虑和英语成绩的作用机制，用 AMOS 23.0 构建了结构方程模型（图 6-3），结果表明，模型拟合指标较好：χ^2/df=2.591，GFI=0.986，AGFI=0.933，IFI=0.991，CFI=0.991，TLI=0.970，RMSEA=0.073。英语认识信念对成就目标定向、英语焦虑、英语成绩的直接或间接效应值见表 6-16。

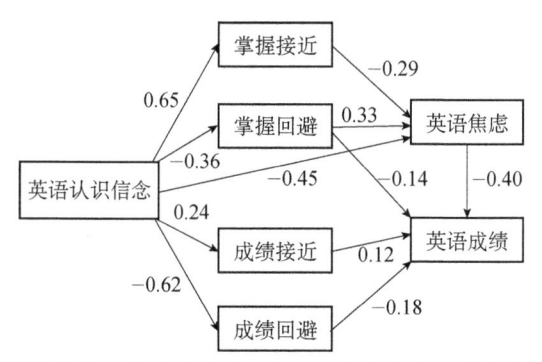

图 6-3 英语认识信念影响成就目标定向、英语焦虑和英语成绩的路径图

表 6-16 英语认识信念对成就目标定向、英语焦虑、英语成绩的直接或间接效应分析

作用路径	直接效应值	间接效应值
英语认识信念—掌握接近	0.65	
英语认识信念—掌握回避	−0.36	
英语认识信念—成绩接近	0.24	
英语认识信念—成绩回避	−0.62	
英语认识信念—英语焦虑	−0.45	
英语认识信念—掌握接近—英语焦虑		−0.19
英语认识信念—掌握回避—英语焦虑		−0.12
英语认识信念—掌握接近—英语焦虑—英语成绩		0.08
英语认识信念—掌握回避—英语焦虑—英语成绩		0.05
英语认识信念—掌握回避—英语成绩		0.05
英语认识信念—英语焦虑—英语成绩		0.18
英语认识信念—成绩接近—英语成绩		0.03
英语认识信念—成绩回避—英语成绩		0.11
英语焦虑—英语成绩	−0.40	

三、分析与讨论

（一）高中生英语认识信念的现状

高中生英语认识信念的平均得分低于 4 分，说明高中生英语认识信念尚不成熟，学生对于英语知识性质和学习过程以及英语学习能力的认识尚有待提高。高中生英语认识信念的性别差异分析发现，女生的英语认识信念得分显著高于男生。相比之下，女生在英语学习中的精力投入往往高于男生，在语言考试中获得的分数也常常高于男生（Halpern, 2000），更容易体会到英语知识的互联性、英语学习过程中的自主性和能动性以及英语能力的发展性，更易形成积极的英语认识信念。高中生英语认识信念的年级差异分析发现，英语认识信念随年级升高而逐渐成熟，未发现高二时的发展低谷现象，这与以往的研究结论存在分歧（宋志燕等，2008）。从我们的调查情况来看，随着英语学习经验的日渐丰富，高中生对于英语知识性质和自身努力建构在英语学习中的作用等问题的认识日渐成熟，逐步发展起更为积极的英语认识信念。英语认识信念的发展并未像一般认识信念和数学认识信念的发展一样出现明显的低谷，究竟是学科性质的原因还是其他因素所致，尚需未来研究进一步的深入探讨。

（二）高中生英语认识信念影响成就目标定向、英语焦虑和英语成绩的路径分析

数据分析的结果发现，英语认识信念对掌握接近目标定向和成绩接近目标定向有正向预测作用，对掌握回避目标定向和成绩回避目标定向有负向预测作用。英语认识信念对掌握接近目标定向和成绩回避目标定向的预测作用与前人研究结论一致，对成绩接近目标定向的预测作用与前人研究结论存在一定的分歧（Bråten & Strømsø, 2004; Chen & Pajares, 2010; Phan, 2009）。掌握回避目标定向是四分目标结构理论中最新提出的一种目标定向，持有该目标定向的学生会尽力避免出现不能掌握、理解所学内容的情况。对于掌握回避目标定向的作用，学界一直存在分歧，其积极作用是使个体对掌握知识与技能有不懈追求，其消极作用是这类目标定向的个体有完美主义、非乐观的动机倾向，易产生焦虑情绪，本书研究也发现该目标定向对学习焦虑有正向预测作用，且对学业成绩有负向预测作用。英

语认识信念对成绩接近目标定向和成绩回避目标定向有不同的预测作用，虽然持有这两种目标定向的个体都关注成绩和能力比较，但由于存在追求成功和避免失败的心理差异，他们在能力信念、归因方式等方面会出现分歧（周琰，2010），这两类目标定向对学业成绩的预测作用也截然不同。英语认识信念能负向预测英语焦虑，持有成熟英语认识信念的个体对于英语知识的性质和英语学习过程中的主动建构性有较为深刻的认识，更认可英语学习能力的后天发展性，认可英语学习的循序渐进性，较少产生英语学习焦虑。英语认识信念通过成就目标定向和英语焦虑的中介作用间接影响英语成绩，这与潘（Phan，2009）和吕厚超（2014）的研究结论既有相似之处，也有不同之处。他们的研究发现，认识信念不但能直接影响学业表现，还能通过对个体的成就目标定向、学习认知加工策略的选择等进而对学业表现产生间接作用。我们未发现英语认识信念对学业成绩的直接预测作用，英语认识信念更像是深藏在认知过程背后的无形之手，通过影响个体的成就目标定向和英语学习焦虑进而对学业成绩产生间接作用。

第五节　英语认识信念影响交际意愿的作用机制

一、问题提出

英语学习的目的之一是能够运用英语进行沟通交流。如何培养学生的英语交流能力，使学生能够在特定情境中乐于用英语表达自己的意图，是英语教育面临的重要挑战。在这种背景下，外语交际意愿的研究引起了学界的广泛关注。外语交际意愿是语言学习者在某一特定时刻用外语与他人进行交谈的倾向（MacIntyre et al.，2011）。外语交际意愿这一概念可以解释为什么有的人已经掌握了丰富的外语知识，但是在需要的场合还是羞于或惧于外语表达，尽量避免用外语与他人进行交流。在学校教育中，学生的英语学习更多地聚焦于记单词和分析语法，英语的交际功能常常被忽视，学生的外语交际意识相对薄弱。因此，研究学生外语交际意愿的现状及影响因素，具有一定的理论意义和重要的实践价值。

学生的外语交际意愿受到个体的内部因素和教学环境等外部因素的影响。在外部因素方面，教师支持是影响个体英语交际意愿的重要因素，课堂环境中的教师支持和任务导向的教学方式对大学生的课堂交际意愿具有显著的促进作用（Mai & Fan，2021）。在内部因素方面，个体的认识信念和外语愉悦（foreign language enjoyment，FLE）是两个重要的影响因素。学生在外语学习过程中对知识获得和学习体验的感受会影响其外语交际意愿。已有研究表明，学生所持有的认识信念能对包括其学习情感体验在内的诸多因素产生影响（Buehl & Alexander，2001）。在积极心理学背景下，研究者对外语学习中的情感关注逐步从消极情感转移到积极情感。外语愉悦就是个体在外语学习过程中克服学习困难、完成学业任务、满足心理需求后感受到的积极情感（Dewaele & MacIntyre，2014）。拥有成熟的知识和学习信念的学生，倾向于相信语言学习能力可以通过努力而改变，在学习过程中更可能体验到愉悦感等积极情感，较少受到外语焦虑等消极情感的干扰。目前，尽管国内外的已有研究对外语交际意愿的影响因素进行了探讨，但是以理论分析居多，缺少作用机制的实证检验，尚未厘清内外因素的具体作用路径，尤其是英语认识信念在其中的影响机制。此外，新冠疫情以来，长期的英语线上教学对于个体英语交际意愿的影响也有待深入探讨。我们通过实证调查，揭示在线教师支持、认识信念和外语愉悦等内外因素影响外语交际意愿的作用机制，以期为英语学习和英语教学提供参考。

二、研究方法

被试是来自山东省某高校大一、大二年级的 700 名学生，提交有效问卷的被试为 646 人。其中，大一 338 人，大二 308 人；女生 402 人，男生 244 人；文科 295 人，理科 351 人。研究工具包括大学生认识信念问卷、英语在线教学教师支持量表、外语愉悦量表和英语口头交际意愿问卷。英语在线教学教师支持量表包含四个维度：认知支持、交互支持、工具支持、情感支持（刘晓红，郭继东，2021）。外语愉悦量表包含个人外语愉悦、教师相关外语愉悦、课堂氛围相关外语愉悦三个维度（李成陈，2018）。英语口头交际意愿问卷包含影响交际意愿的三个方面：交际情境、交际对象和交际人数。交际情境包括课堂活动、课后活动和日常生活；

交际对象包括教师、朋友、相识者和陌生人;交际人数包括两人交谈和多人交谈(吴旭东,2008)。四个测量工具的信效度指标良好,本书研究中,各量表的Cronbach's α 系数分别为0.85、0.95、0.84和0.95。

三、研究结果

(一)英语交际意愿的基本情况

从交际情境来看,大学生在课后活动(M=3.24)和日常生活(M=3.26)中的英语口头交际意愿显著高于课堂活动(M=2.93)中的交际意愿(F=50.12,p<0.001)。从交际对象来看,交际意愿从高到低依次是朋友(M=3.67)、相识者(M=3.53)、陌生人(M=3.18)、教师(M=2.91)(F=148.21,p<0.001)。从交际人数来看,大学生在两人情境中的交际意愿(M=3.26)显著高于多人情境(M=3.13)(t=9.44,p<0.001)。

(二)在线教师支持、认识信念、外语愉悦、交际意愿的相关分析

对在线教师支持、认识信念、外语愉悦、交际意愿进行相关分析,结果如表6-17所示。

表6-17 在线教师支持、认识信念、外语愉悦和交际意愿的相关分析

变量	在线教师支持	认识信念	外语愉悦	交际意愿
在线教师支持	1			
认识信念	0.40**	1		
外语愉悦	0.43**	0.37**	1	
交际意愿	0.24**	0.34**	0.54**	1

由表6-17可知,在线教师支持、认识信念、外语愉悦、交际意愿两两之间均呈显著正相关。

(三)各变量影响英语口头交际意愿的作用机制

为探究认识信念、外语愉悦在在线教师支持和交际意愿之间的中介作用,利用AMOS 26.0构建结构方程模型,结果如图6-4所示,模型中各路径系数均达到

显著水平。模型拟合指数符合心理测量学的标准，具体的拟合指数为：χ^2/df=4.21，GFI=0.93，CFI=0.94，NFI=0.92，IFI=0.94，TLI=0.91，RMSEA=0.08。

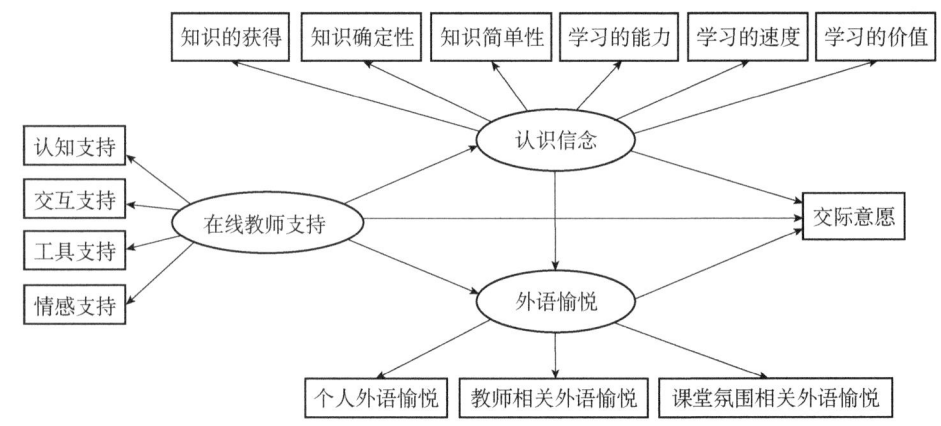

图6-4 在线教师支持、认识信念、外语愉悦与交际意愿的结构模型图

采用Bootstrap法抽样5000次，检验中介效应的显著性。结果显示，在线教师支持→交际意愿直接效应的95%置信区间为[0.01, 0.29]，在线教师支持→认识信念→交际意愿中介效应的95%置信区间为[0.08, 0.38]，在线教师支持→外语愉悦→交际意愿中介效应的95%置信区间为[0.02, 0.21]，在线教师支持→认识信念→外语愉悦→交际意愿链式中介效应的95%置信区间为[0.03, 0.16]。以上路径的置信区间均不包含0，说明模型中的直接效应和间接效应均显著。

四、分析与讨论

（一）英语交际意愿的现状分析

大学生的英语交际意愿受到不同交际情境、不同交际对象和不同交际人数的影响。从交际情境来看，大学生在课后活动和日常生活中的交际意愿显著高于课堂活动中的交际意愿。从交际对象来看，大学生与朋友的交际意愿最高，与教师的交际意愿最低。从交际人数来看，大学生在两人情境中的交际意愿显著高于多人情境，说明大学生更愿意在人数较少时用英语沟通交流，对于多人交流还是存在一定的回避和惧怕心理。在课堂活动中和在面对教师时的低交际意愿可以用中国课堂环境下的英语交际意愿理论加以解释（Wen & Clément，2003）。该理论认为学生存在较强的交际需求，但是在儒家文化的影响下，受权威支配的自我与顺从的学习方式使学生表现出较强的面子观念和服从权威的意识，学生在课堂情境中常常担心因为发音不标准、表达不流畅而受到他人嘲笑，因为害怕丢脸而不愿表现出交际行为。对于学生来说，教师是权威的代表，所以在被问及是否愿意用英语和老师沟通交流时，大多数学生选择了"非常不愿意"。为了促进学生的交际需求发展为交际意愿，学者认为可以从四个方面入手：社会环境（群体凝聚力、教师支持）、性格因素（对冒险的恐惧程度、歧义容忍度）、动机指向（归属感、任务指向）和情感意识（对监控的抑制、对积极评价的期望）（Wen & Clément, 2003）。

（二）各变量影响英语口头交际意愿的作用机制分析

相关分析的结果表明，在线教师支持、认识信念、外语愉悦和交际意愿两两之间均呈显著正相关。后续的统计分析结果表明，在线教师支持不仅能直接影响交际意愿，还能通过认识信念的中介作用、外语愉悦的中介作用以及它们的链式中介作用间接影响交际意愿。首先，教师在网络教学中应尽可能给学生提供各类支持，这既包括传统的线下教学中的认知支持和情感支持，还需特别注意网络环境下的师生互动支持以及在线课程中的工具性支持。学生感知到的在线教师支持越多，越容易参与线上课堂的互动，其课堂口语交际意愿也会随之提升，并且能够迁移到课堂外的其他情境中。其次，认识信念在教师支持和交际意愿之间发挥中介作用。在影响学生认识信念发展的外部因素中，影响最大的莫过于教师与学生共处的教学环境。良好的教师支持有助于构建包容、和谐的教学环境，浸润其中的学生更容易发展起成熟的认识信念。对于知识和学习拥有成熟认知的学生，更能意识到学习的价值和知识的作用，相信自己的语言表达能力可以通过努力而改变，从而激发交际意愿。再次，外语愉悦在教师支持和交际意愿之间发挥中介作用。如果教师给予学生更多的支持，学生在学习过程中就会体验到更多的获得感和愉悦感，从而更愿意运用英语去交际（刘晓红，郭继东，2021）。控制-价值理论系统阐释了情绪的"前因后果"，即个体对学习过程中相关活动和结果的可控性评估与价值评估会影响学业情绪，同时学业情绪也会影响后续的学业活动或结果（Pekrun & Linnenbrink-Garcia, 2014）。因此，体验到外语愉悦等积极情绪的学生，更愿意参与课堂活动及其他交际活动，从而有更高的外语交际意愿。最后，本书研究发现认识信念可以影响外语愉悦，链式中介作用成立。从控制-价值理论的视角来看，持有成熟认识信念的学生对知识的价值有更深刻的认识，在学习过程和学习能力上体验到更高的可控性，更容易产生积极的情感体验，这种情感体验又会对课堂活动、交际活动等产生促进作用，增强其交际意愿。从认识信念和外语愉悦在教师支持和交际意愿之间的两条路径所占的效应比例来看，认识信念的中介作用要大于外语愉悦的中介作用。这说明在线教师支持更多地通过影响个体认识信念这类认知因素来影响交际意愿。

第六节 科学认识信念的现状调查

一、问题提出

科学技术的飞速发展带来了学习和生活方式的巨大变革，也使得科学素养的重要地位日益凸显。科学素养是与科学有关的知识、能力和思维习惯的修养。科学素养体现在个体对科学内容、科学本质、科学与社会相互关系的了解，以及具有应用科学知识解决问题的基本能力，具有科学的情感态度和价值观，这与个体的科学认识信念的发展密不可分。科学认识信念是个体对科学知识的性质、科学知识的来源、科学知识的发展性及科学知识与其他知识的关联等持有的信念，包括来源维度、确定性维度、发展性维度、证明维度。来源维度指科学知识是独立于自身之外的还是起源于或存在于外部权威的；确定性维度是指关于科学知识是否有唯一正确答案的信念；发展性维度是指关于科学知识是否是进化和变化的信念；证明维度与个体使用证据和评价的方式有关，是指个体对实验的作用以及个体怎样证明科学知识的认识（Conley et al., 2004）。杜秀芳（2009）编制的小学生科学认识信念问卷，包括科学知识的来源、科学知识的发展性和科学知识的确定性三个维度。孙燕青和张建伟（2003）曾用问卷法，从六个维度（科学的动态性、科学的有限性、科学的客观性、科学的理论价值取向、科学的公众性以及对科学的态度）考察了中学生科学观的现状。

国内的科学素养测查一般包含三个组成部分，即对于科学知识、科学研究的过程和方法以及科学技术对社会和个人所产生的影响的了解程度。从科学素养的内涵来看，公民对科学本质的看法、对科学与社会的关联等均属于科学认识信念的研究内容。PISA2015 的调查结果表明，中国四省（市）（北京、上海、江苏和广东）中，科学素养低于基准水平的学生占 16.2%，这些学生在适应未来工作和生活时会遇到较大困难，需要补偿教育才能适应。PISA2015 的测查中包含学生对科学的兴趣和未来从事科学相关事业的期望、对科学知识的性质和起源的信念（科学认识信念），要求学生回答他们对科学的认识问题，包括他们对科学推理的积极态度、致力于使用经验证据作为信念的基础，以及将批判性思维作为确定科学概念有效性的手段，这些信息综合起来构成了认识论信念指数。PISA2015 的调查结果发现，中国学生的相对优势主要体现在对物理系统知识掌握较好、科学成绩高于平均水平的国家（地区）、对科学话题的兴趣较高、参与科学活动较多、认同合作的价值等。中国学生的相对弱势主要体现在对科学的认识信念较低，科学认识信念指数为-0.08；未来愿意从事科学事业的学生所占比例较低，30 岁时期望从事科学相关职业的学生占比为 17%，不到两成的学生希望从事与科学相关的职业，显著低于 OECD 平均水平；学习科学的乐趣和对科学的自我效能较低等（张娜，王玥，2019）。我国几次大规模的科学素养调查结果也表明，公众科学素养水平还较低，与发达国家和组织（欧盟国家、美国和日本）相比仍处于落后地位；公众科学素养发展状况不平衡；公众科学素养提高的速度远不及我国经济发展增长的速度（谭小琴，2008）。国内公众科学素养的大规模调查中，被试的年龄跨度为 18~69 岁（中国科普研究所，2004）。目前，对于高中生的科学素养研究尚显薄弱。高中生是未来国家建设的主力军，是未来科学研究的后备力量，其科学素养水平对于国家未来的科技发展和个人生活质量的提升均具有重要影响。因此，有必要对高中生的科学素养进行研究。

二、研究方法

选取聊城一中的 236 名高中生进行问卷调查，删去无效问卷后，有效被试为 229 人。其中高一学生 115 人，高二 114 人；男生 129 人，女生 100 人。研究工具包括三部分。第一部分选自孙燕青和张建伟（2003）的科学观问卷，用于测查高中生的科学认识信念。本书研究选择该问卷中的科学的动态性、科学的有限性、科学的客观性、科学的公众性以及对科学的态度维度。该问卷采用利克特五点计分，要求被试选择对有关科学的各种表述的同意程度。已有研究表明，该问卷具有良好的信效度指标（孙燕青，张建伟，2003）。第二部分为科学知识问卷，选自中国公众科学素养调查问卷（中国科普研究所，2004）中的题目，通过判断"地心的温度非常高""电子比原子小"等10道题目的对错来考察学生对科学知识的了解程度。第三部分为科学方法问卷（张红霞，郁波，2004），考察学生对科学研究的过程和方法的理解，如通过让学生选择"认真细致的分析和解释可以弥补观察步骤的缺失""在下列给出的四种研究内容中选出一个最适合于实验法探究的内容"等问题，考察学生对观察法、实验法等科学方法的理解和运用。

三、调查结果

（一）科学认识信念问卷的调查结果

科学认识信念问卷的调查结果如表6-18所示，高中生科学认识信念各维度得分从高到低依次为科学的公众性、科学的动态性、科学的客观性、对科学的态度、科学的有限性。为了解被试在科学观问卷上得分的性别差异和年级差异，本书研究进行了独立样本 t 检验，结果如表6-19所示，男生在对科学的态度维度上的得分显著高于女生，其余维度不存在显著的性别差异；高一学生在科学的公众性维度上的得分显著高于高二学生，其余维度不存在显著的年级差异。

表6-18　高中生科学认识信念的总体得分情况

项目	min	max	M	SD
科学的动态性	2.50	5.00	4.18	0.47
科学的有限性	1.86	5.00	3.38	0.56
科学的客观性	2.50	5.00	4.07	0.46
科学的公众性	2.50	5.00	4.21	0.52
对科学的态度	1.50	5.00	3.57	0.70

表6-19　科学观问卷得分的性别差异和年级差异情况（$M\pm SD$）

项目	性别 男生	性别 女生	t	年级 高一	年级 高二	t
科学的动态性	4.21±0.51	4.15±0.42	0.968	4.22±0.49	4.14±0.46	1.305
科学的有限性	3.44±0.55	3.32±0.57	1.643	3.38±0.55	3.39±0.57	−0.095

续表

项目	性别			年级		
	男生	女生	t	高一	高二	t
科学的客观性	4.05±0.47	4.10±0.46	−0.828	4.09±0.46	4.05±0.47	0.807
科学的公众性	4.24±0.54	4.17±0.50	1.081	4.33±0.48	4.09±0.54	3.576***
对科学的态度	3.69±0.71	3.42±0.66	2.992***	3.66±0.70	3.48±0.69	1.945

为比较不同学业成绩的高中生在科学观问卷上得分的差异情况，本书研究选取三次统考中的物理、化学、生物成绩，在年级内进行 Z 分数转换，把得分居于前 15% 的学生划分为成绩优秀组，把得分居于后 15% 的学生划分为成绩差组，把其余同学划分为成绩中等组。以科学认识信念各维度得分为因变量，以不同成绩类型为自变量进行单因素方差分析，结果见表 6-20。

表 6-20 不同成绩高中生科学认识信念差异分析

项目	优	中	差	F	事后比较
科学的动态性	4.36±0.42	4.12±0.481	4.25±0.44	4.557*	优>中
科学的有限性	3.36±0.59	3.39±0.56	3.39±0.54	0.030	—
科学的客观性	4.32±0.47	4.04±0.43	3.93±0.53	8.167***	优>差，中>差
科学的公众性	4.33±0.56	4.17±0.51	4.27±0.53	1.880	—
对科学的态度	4.07±0.68	3.54±0.60	3.21±0.81	17.241***	优>中>差

由表 6-20 可知，不同成绩类型的高中生在科学的动态性、科学的客观性和对科学的态度三个维度上存在显著差异。进一步的事后检验结果表明，在科学的动态性维度上，成绩优秀学生的得分显著高于成绩中等的学生；在科学的客观性维度上，成绩优秀学生和成绩中等学生的得分均显著高于成绩差的学生；在对科学的态度维度上，成绩优秀学生的得分显著高于成绩中等的学生，成绩中等学生的得分显著高于成绩差的学生。

（二）科学知识问卷的调查结果

在科学知识问卷的 10 道题目中，全体学生的正确率分别为 95.7%、90.5%、83.5%、73.2%、76.6%、89.2%、96.5%、91.8%、98.7%、90%。除第四题（激光因汇聚声波而产生）和第五题（电子比原子小）的正确率低于 80% 以外，其余题目的正确率均较高。

（三）科学方法问卷的调查结果

在科学方法问卷中，全体学生在其 4 道题目上的正确率分别为 26.4%、12.1%、

61.9%、10.4%，正确率都较低，即使在成绩优秀的学生中，4 道题目的正确率也仅为 46.2%、12.8%、79.5%、12.8%，反映出学生在对科学研究过程和方法的理解方面还有待深入。

四、讨论

（一）高中生科学认识信念问卷的调查结果分析

调查发现，高中生在科学的公众性维度上得分最高，其次是科学的动态性、科学的客观性、对科学的态度，在科学的有限性维度上得分最低。调查结果反映出高中生最认同科学的公众性，即认同科学进步与公众生活息息相关，认为公众应该了解科学的实质及其所为，相信大众可以理解科学，而且最终可以受益于科学。高中生对科学的有限性认识水平最低。事实上，科学只能基于对自然现象的实验观察来解释有关自然现象的问题，科学是有限的，并不能解决所有问题，也不能为所有问题找到正确答案。学校教育中，高中生看到的是科学在人类发展进步中的巨大作用，较易形成"科学无所不能"的错觉。

科学认识信念问卷的性别差异分析显示，男生在对科学的态度维度上的得分显著高于女生，男生更倾向于认为做科学家，或者从事需要科学知识和思维的工作是很有意思和有价值的，更喜欢做科学研究工作。结合我们的访谈可以发现，学科的性别刻板印象在学生和教师中普遍存在，很多学生和教师依然认为科学研究工作更适合男性，女性并不擅长。部分女生感觉自己在科学相关类课程上的投入与产出不成比例，却未在学习方法等方面寻找原因，而是认定自己不是学理科的料，对科学的态度也相对较为消极。科学认识信念得分的年级差异分析表明，高一学生在科学的公众性维度上的得分显著高于高二学生。随着学习难度的加大，学生感受到科学与公众之间有了一定的距离，更倾向于认为公众不易理解科学的实质。不同成绩类型的高中生在科学的动态性、科学的客观性和对科学的态度三个维度的上得分存在显著差异，成绩优秀的学生在学习中投入更多，对科学的认识更为成熟，更认同科学理论、定律是对真理的逼近，它们是会不断变化的，而不是永远不变的真理；在科学活动中，一个人必须具有理智性的诚实品质，要以客观观察为依据，能够在证据充分的情况下改变原来的立场。成绩优秀的学生对科学的态度较为积极，认为做科学家，或者从事需要科学知识和科学思维的工作是很有意思、很有价值的事，喜欢做科学研究工作。成绩差的学生更倾向于认为从事需要科学知识和思维的工作是很枯燥无味的，科学研究只是高智力者的游戏。

（二）高中生科学知识问卷的调查结果分析

总体来看，高中生在科学知识问卷上的正确率较高，这与学生接受的系统的学校教育有关。科学知识问卷中的题目选自中国公众科学素养调查问卷，这些问题都与学生学习的课本知识密切相关。个别学生即便不理解问题背后蕴含的科学原理，也会通过记忆的方式记住结论，故在该问卷上的正确率普遍较高。

（三）高中生科学方法问卷的调查结果分析

高中生在科学方法问卷上的正确率较低，即使在成绩优秀的学生中，也有三道题目的正确率在50%以下，反映出学生对科学研究的过程和方法的理解与运用不容乐观。比如，在"自然科学研究方法往往要求具有下列哪一个特性"这一题目中，很多学生选择"代表国家需求""经济节约"等选项，对于"别人可以重复"这一本质特点的认识不足。此外，高中生对于观察法和实验法的选择及其适用范围和设计要求的了解也存在明显的不足之处。

五、建议

（一）认识提高科学素养的重要意义

学校教育是培养和提高科学素养的主要途径，高中阶段是学生接受科学知识、形成正确科学观的黄金时期，不能因为教学任务的繁重而忽视对学生科学素养的培养。《普通高中物理课程标准（实验）》《普通高中化学课程标准（实验）》《普通高中生物课程标准（实验）》中均强调"提高学生的科学素养"这一基本理念。从国家战略的角度看，践行这一基本理念是培养拔尖创新人才的基础，是国家科技发展的有力保障。从公众个人的角度看，具有一定科学素养是每个公民所必需的，是现代社会中必须具备的基本素养。具有一定的科学素养有助于人们提升生活质量，也有助于大众理解科学的局限性，减少人们对科学片面的盲目崇拜或对其持刻意排斥态度。

（二）重视科学过程与方法的体验

本书研究结果发现，高中生在科学方法问题上的正确率较低，高中生存在对科学的本质、科学的过程和方法等方面认识不足等问题。高中阶段面临高考的巨大压力，学校教学中普遍存在重视知识的传授和对做题方法的归纳总结，却忽视对科学探究过程与科学方法体验的强调等问题。《普通高中物理课程标准（实验）》中明确提出，在课程目标上要注重提高全体学生的科学素养，"为学生终身发展、应对现代社会和未来发展的挑战奠定基础"。本着这一指导思想，教师在教学过程中不能仅仅重视科学知识的传授，更应关注科学知识的探索与发现过程。PISA的调查结果表明，教师要设计结构良好的实验活动，帮助学生在实践活动、科学观念和现实生活问题之间建立联系，使学生既动手又动脑，由此开展的实验和探究才能取得良好的效果。如果教师经常向学生解释科学概念的来龙去脉，引导学生用科学的方法认识各种现象，正确看待科学的有效性和局限性，体会实验和证据以及批判性思维的作用，那么学生不仅在科学测试中得分较高，而且更有可能培养出成熟的认识信念，未来期望追求与科学相关的事业（张娜，王玥，2019）。

（三）关注全体学生科学素养的提升

成绩优秀学生的科学素养水平相对高于成绩中等和成绩较差的学生，男生在对科学的态度维度上的得分显著高于女生，这些研究结果反映出学生科学素养发展的不平衡性。调动全体学生对科学学习的积极性，激发他们的科学探索精神，改变理科学习中的性别刻板印象，提升全体学生的科学素养是学校教育的长期目标。对于成绩中等和成绩较差的学生，科学教育首先要重视激发学生对科学的好奇心和求知欲，培养他们对科学的兴趣。中国学生学习科学的工具性动机指数非常高，而工具动机指数的增加反而降低了学生的科学素养表现得分（赵德成，黄亮，2018）。因此，在鼓励学生参加科学活动时，要引导学生享受获取科学知识和探索科学问题的乐趣，而不是一味强调"科学的重要性""因有用而学习科学"。对于成绩优异的学生，学校应尽量提供多种机会，让他们能够参与科学研究实践，在实践中获得科学家的指导，发扬科学家精神熏陶、学术引领和人格塑造的积极力量。社会舆论也应大力宣传科学认识论思想和新时代科学形象，引导成绩优异的学生未来能够积极主动地投入到科学研究事业中。

参考文献

柏拉图. 2002. 柏拉图全集（第一卷）. 王晓朝译. 北京：人民出版社.
柏拉图. 2003. 柏拉图全集（第二卷）. 王晓朝译. 北京：人民出版社.
陈萩卿, 张景媛. 2007. 知识信念影响学习运作模式之验证. 教育心理学报, 39（1）：23～43.
程炳林, 林清山. 2002. 学习历程前决策与后决策阶段中行动控制的中介角色. 教育心理学报, 34（1）：43～60.
邓晓芒, 赵林. 2005. 西方哲学史. 北京：高等教育出版社.
丁培书. 2018. 认识论信念干预对创新表现的影响. 华东师范大学硕士学位论文.
董妍, 俞国良. 2007. 青少年学业情绪问卷的编制及应用. 心理学报, 39（5）：852～860.
董妍, 俞国良. 2010. 青少年学业情绪对学业成就的影响. 心理科学, 33（4）：934～937.
杜威. 2010. 我们怎样思维. 伍中友译. 北京：新华出版社.
杜威. 2019. 民主与教育. 俞吾金, 孔慧译. 上海：华东师范大学出版社.
杜秀芳. 2009. 小学高年级学生科学认识论信念的结构与特点. 中国特殊教育, 34（1）：52～57.
高洁. 2016. 外部动机与在线学习投入的关系：自我决定理论的视角. 电化教育研究, （10）：64～69.
谷振诣, 刘壮虎. 2006. 批判性思维教程. 北京：北京大学出版社.
怀特海. 2002. 教育的目的. 徐汝舟译. 北京：生活·读书·新知三联书店.
黄秦安. 2004. 数学教师的数学观和数学教育观. 数学教育学报, 13（4）：24～27.
黄毅英. 2002. 数学观研究综述. 数学教育学报, 11（1）：1～8.
贾兆丰. 2016. 自主性动机量表的编制与影响机制. 山东师范大学硕士学位论文.
康德. 2004. 纯粹理性批判. 李秋零译. 北京：中国人民大学出版社.
孔伟. 2009. 工作记忆、问题表征对小学生问题解决的影响. 曲阜师范大学硕士学位论文.
邝怡, 施俊琦, 蔡雅琦等. 2005. 大学生认知需求量表的修订. 中国心理卫生杂志, （1）：57～60.
雷浩, 徐瑰瑰, 邵朝友等. 2015. 教师关怀行为与学生学业成绩的关系：学习效能感的中介作用. 心理发展与教育, 31（2）：188～197.
雷玉菊, 周宗奎, 田媛. 2017. 网络学习环境下学习者的动机信念对学习投入的影响. 中国电化教育，（2）：82~88.

李成陈. 2018. 积极心理学视角下中国学生情绪智力、课堂情绪及英语学习成绩研究. 厦门大学博士学位论文.

李红霞，张佳佳，赵霞等. 2019. 大学生认识论信念、自我调节学习与学业拖延的联系：有调节的中介模型. 心理发展与教育，35（5）：557~565.

李其维. 1999. 破解"智慧胚胎学"之谜——皮亚杰的发生认识论. 武汉：湖北教育出版社.

李晓东，张向葵，沃建中. 2002. 小学三年级数学学优生与学困生解决比较问题的差异. 心理学报，34（4）：400~406.

梁永平，王林琴. 2008. 基于认识论信念发展的理科教科书设计. 化学教育，（2）：10~12.

林文毅，张静，李广政. 2018. 文本-信念一致效应及其消除. 心理科学进展，26（5）：789-795.

林文毅，张静，徐强. 2017. 从一般领域到特殊主题：认识论信念的层次之分. 心理学探新，37（5）：387~391.

刘靖东，钟伯光，姒刚彦. 2013. 自我决定理论在中国人人群的应用. 心理科学进展，21（10）：1803~1813.

刘儒德. 2002. 大学生的学习观. 高等教育研究，（4）：74~78.

刘儒德，陈红艳. 2002. 小学生数学学习观调查研究. 心理科学，25（2）：194~197.

刘儒德，陈红艳. 2004. 论中小学生的数学观. 北京师范大学学报（社会科学版），（5）：39~43.

刘儒德，邓利. 2002. 小学生语文学习观调查研究. 心理发展与教育，18（1）：54~58.

刘儒德，高丙成，和美君等. 2009. 论学习信念的形成. 北京师范大学学报（社会科学版），（5）：20~24.

刘儒德，宗敏，刘治刚. 2005. 论学生学习观的结构. 华东师范大学学报（教育科学版），（3）：49~54.

刘晓红，郭继东. 2021. 外语在线教学教师支持与学生交互投入和学习愉悦的关系. 解放军外国语学院学报，（5）：34~42.

刘烨，王劲玉. 2007. 苏格拉底的智慧：苏格拉底教化哲学解读. 北京：中国电影出版社.

卢忠耀，陈建文. 2017. 大学生批判性思维倾向与学习投入：成就目标定向、学业自我效能的中介作用. 高等教育研究，38（7）：69~77.

吕厚超. 2014. 青少年时间洞察力研究. 北京：科学出版社.

伦道夫·史密斯. 2010. 挑战你的成见——心理学批判性思维（第二版）. 方双虎，王维娜等译. 北京：中国人民大学出版社.

马艳云. 2019. 关键信息对正确解决数学应用问题的影响研究. 中国特殊教育，（7）：82~90.

马颖，刘电芝. 2005. 中学生学习主观幸福感及其影响因素的初步研究. 心理发展与教育，21(1)：74~79.

茆东莲. 2022. 学业过渡期大学生认识论信念特征的实证研究. 宁波大学学报（教育科学版），44

（3）：114~123.

牟志华. 2019. 初中生认识信念、感知教师支持、自主性动机与学习主观幸福感的关系研究. 聊城大学硕士学位论文.

欧阳丹. 2005. 教师期望、学业自我概念、学生感知教师支持行为与学业成绩之间的关系研究. 广西师范大学硕士学位论文,

彭美慈, 汪国成, 陈基乐等. 2004. 批判性思维能力测量表的信效度测试研究. 中华护理杂志, 39（9）：644~647.

皮亚杰. 1981. 发生认识论原理. 王宪钿等译. 北京：商务印书馆.

皮亚杰，英海尔德. 1980. 儿童心理学. 吴福元译. 北京：商务印书馆.

任中棠. 2008. 认识信念研究模型及其测量工具述评. 求是学刊, 35（4）：5~10.

桑青松, 夏萌. 2010. 初中生认识论信念及其与学习方式、学业成就的关系. 心理学探新, 30（4）：70~75.

师保国, 许晶晶. 2008. 小学高年级儿童认知需求及其与班级气氛的关系. 中国特殊教育,（10）：87~92.

石向实. 2006. 认识论与心理学. 北京：东方出版社.

宋广文, 何文广, 孔伟. 2011. 问题表征、工作记忆对小学生数学问题解决的影响. 心理学报, 43（11）：1283~1292.

宋志燕, 王耘. 2013. 学生英语学习信念及其与英语学习动机、英语学习行为的关系. 教学与管理,（30）：80~83.

宋志燕, 王耘, 侯怀银. 2008. 高中生英语学习信念及其与英语学习行为的关系. 山西师大学报（社会科学版），35（1）：143~146.

孙小红, 谭顶良. 2017. 中学生学习幸福感的测评研究. 华东师范大学学报（教育科学版），（2）：83~91.

孙燕青, 张建伟. 2003. 初二学生的科学观及其与科学发现学习的关系. 心理发展与教育, 19（2）：47~52.

索玉贤. 2015. 大学生自我效能感、自我决定动机、学业拖延的关系研究. 华中师范大学硕士学位论文.

苏倩. 2018. 高中生认识信念、认知需求与批判性思维倾向的关系研究. 聊城大学硕士学位论文.

谭小琴. 2008. 从公众科学素养看科学全球化中的中国教育. 自然辩证法研究, 24（1）：85~89.

唐剑岚. 2007. 学生数学认识信念的研究述评. 数学教育学报, 16（1）：29~33.

唐剑岚, 黄国稳, 周莹. 2008. 初中生数学认识信念量表模型的进一步研究. 广西师范大学学报（自然科学版），26（1）：58~61.

唐剑岚, 蒋蜜蜜, 肖宝莹. 2014. 数学认识信念：影响数学学习过程的重要变量. 课程·教材·教法, 34（6）：61~66.

唐剑岚, 周莹, 黄国稳. 2007. 初中生数学认识信念量表的数学模型. 广西师范大学学报(自然科学版), 25(3): 60~63.

王枫, 匡华, 王娟等. 2010. 小学低年级儿童数学应用题解决能力与工作记忆的关系研究. 中国学校卫生, 31(4): 471~473.

王宽明. 2016. 高中生批判性思维能力现状调查. 教育导刊, (12): 42~45.

王婷婷. 2004. 关于我国高中生认识信念的初步研究. 华东师范大学硕士学位论文.

王婷婷, 沈烈敏. 2007. 高中生认识论信念调查研究. 心理科学, 30(6): 1486~1488.

王婷婷, 吴庆麟. 2008. 个人认识论理论概述. 心理科学进展, 16(1): 71~76.

王晓朝. 2011. 论西方古代知识论的主流——柏拉图、西塞罗、奥古斯丁对知识的探究. 求是学刊, 38(1): 31~36.

王学臣, 周琰. 2008. 大学生的学习观及其与学习动机、自我效能感的关系. 心理科学, 31(3): 732~735.

王源生. 2004. 关于批判性思维. 求索, (7): 138~140.

魏顺平. 2012. 在线学习行为特点及其影响因素分析研究. 开放教育研究, (4): 81~90.

魏亚楠. 2019. 四年级学生数学情境问题解决能力的调查研究. 南京师范大学硕士学位论文.

吴才智, 荣硕, 朱芳婷等. 2018. 基本心理需要及其满足. 心理科学进展, 26(6): 1063~1073.

吴红顺, 连榕. 2005. 中学生知识学习观研究. 心理与行为研究, 3(4): 291~295.

吴旭东. 2008. 中国学生外语学习环境下的口头交际能力自评与交际意愿. 现代外语, (3): 280~290.

武宏志. 2015. 认识论信念的发展与批判性思维教学. 延安大学学报(社会科学版), (1): 5~21.

夏欢欢, 钟秉林. 2017. 大学生批判性思维养成的影响因素及培养策略研究. 教育研究, 38(5): 67~76.

肖春梅, 喻平, 颜丽增. 2007. 高中生数学认识信念的现状及对学习的影响. 数学教育学报, 8(3): 40~43.

谢圣英. 2014. 中学数学教师认识信念系统量表的编制与信效度检验. 数学教育学报, 23(4): 47~54.

辛伟豪, 刘春玲, 王晶莹. 2018. 国际教师信念研究可视化分析. 外国中小学教育, (9): 51~60.

邢静. 2012. 初中生学习幸福现状调查研究——以天津市某初中为例. 天津师范大学硕士学位论文.

邢强, 单永明. 2013. 文本表述和结构对小学生数学应用题表征的影响. 心理发展与教育, 29(3): 292~298.

徐洁, 周宁. 2010. 认知需求对个体信息加工倾向性的影响. 心理科学进展, 18(4): 685~690.

徐瑞康. 1988. 哲学史上克服唯理论和经验论片面性的重大尝试——康德的认识论. 武汉大学学报(社会科学版), (4): 72~78.

徐速. 2006. 中小学生数学知识观的调查研究. 心理科学, 29（3）: 698～700.

闫国利, 熊建萍, 臧传丽等. 2013. 阅读研究中的主要眼动指标评述. 心理科学进展, 21（4）: 589～605.

杨小洋. 2006. 中学生个人认识论的特点及与自我提问、创造性思维的关系. 北京师范大学博士学位论文.

杨小洋, 申继亮. 2009. 中学生个人认识论的理论构建与测量. 心理发展与教育, 25（4）: 115～121.

杨小洋, 李歆瑶, 周晖. 2012. 中学生个人认识论对创造性思维的影响: 自我提问的调节作用分析. 心理发展与教育, 28（6）: 603～610.

姚梅林, 项丽娜. 2004. 不同经验群体的学习观比较. 心理发展与教育, 20（1）: 43～47.

叶甲生, 朱祖林, 郭允建. 2015. 现代远程教育质量测评: 学习性投入的视角. 中国电化教育,（7）: 60～65.

喻平. 2007. 教师的认识信念系统及其对教学的影响. 教师教育研究, 19（4）: 18～22.

喻平. 2014. 中学教师的数学教学认识信念的调查研究. 教师教育学报, 1（2）: 62～69.

喻平, 唐剑岚. 2007. 个体认识论的研究现状与展望. 心理科学进展, 15（3）: 443～450.

袁维新. 2009. 概念转变理论及其对当代科学教育的启示. 外国教育研究,（11）: 11～16.

张奠宙, 李士锜, 李俊. 2003. 数学教育学导论. 北京: 高等教育出版社.

张红霞, 郁波. 2004. 小学科学教师科学素养调查研究. 教育研究,（11）: 68-73.

张建伟. 1998. 概念转变模型及其发展. 心理学动态, 6（3）: 33～37.

张建伟, 孙燕青. 1997. 初中学生的知识观与学习观的初步研究. 心理发展与教育, 13（4）: 11～16.

张景焕, 刘桂荣, 师玮玮等. 2011. 动机的激发与小学生创造思维的关系: 自主性动机的中介作用. 心理学报, 43（10）: 1138～1150.

张娜, 王玥. 2019. PISA2015科学素养优异学生特点比较——基于PISA2015中国四省市、美国和日本学生的数据. 教育发展研究, 22: 32～37.

张巧明, 王爱云, 闫国利. 2013. 大学生阅读知觉广度影响因素的回归分析. 心理与行为研究, 11（2）: 190～194.

张思, 刘清堂, 雷诗捷等. 2017. 网络学习空间中学习者学习投入的研究——网络学习行为的大数据分析. 中国电化教育,（4）: 24～30.

张菀芯. 2011. 大学生工作记忆、知识信念与阅读说明文标题、主题句的眼动模式及阅读理解表现之关系. 屏东教育大学硕士学位论文.

张燕. 2020. 工作记忆和数学认识信念对小学生解决应用题与真实问题的影响研究. 聊城大学硕士学位论文.

张羽, 王存宽. 2020. PISA2021创造性思维测试述评. 比较教育研究, 42（1）: 19～25.

赵德成，黄亮. 2018. 中国四省市与新加坡学生科学素养表现之比较——基于PISA2015数据的分析. 北京师范大学学报（社会科学版），（2）：23～31.

赵鑫，周仁来. 2011. 工作记忆中央执行系统不同子功能评估方法. 中国临床心理学杂志，（6）：748～752.

郑金婷. 2011. 大学生认识信念对信息查询行为影响的实证研究. 图书馆论坛，31（3）：22～25.

中国科普研究所. 2004. 中国科普报告2004. 北京：科学普及出版社.

仲宁宁. 2009. 小学高年级儿童应用题表征水平、工作记忆对问题解决的影响. 中国特殊教育，（4）：77～81.

周琰. 2010. 初三学生成就目标定向与课堂目标结构的实证研究. 教育测量与评价（理论版），（11）：42～44.

周琰. 2011. 大学生认识信念研究. 南京师范大学博士学位论文.

周琰. 2018. 网络学习投入影响因素与应对策略——基于自我决定理论的视角. 中国电化教育，38（6）：115～122.

周琰，谭顶良. 2010a. 初中数优生、数困生的数学学习投入研究. 中国特殊教育，35（12）：53～57.

周琰，谭顶良. 2010b. 学生数学观发展状况的调查研究. 数学教育学报，19（4）：27～30.

周琰，谭顶良. 2011. 学生认识信念研究新进展. 南京师大学报（社会科学版），（2）：103～107.

周琰，谭顶良. 2013. 大学生的认识信念影响学习过程的整体模式建构：行动控制的中介作用. 中国特殊教育，38（6）：74～78.

周琰，谭顶良. 2016. 大学生认识信念问卷的编制. 心理学探新，36（3）：281～286.

周琰，王学臣. 2010. 中学生的学习观及其对学业成绩的影响路径. 心理学探新，30（6）：69～74.

宗亚义. 2019. 大学生主题认识信念、阅读任务对多文本阅读理解的影响机制研究——来自眼动研究的证据. 聊城大学硕士学位论文.

Vonèche J，李其维. 2000. 皮亚杰理论，新皮亚杰学派及其他——Jacques Vonèche教授访谈录. 心理科学，23（4）：470～476.

Alexander P A, Jetton T L. 2000. Learning from text: A multidimensional and developmental perspective. In: Kamil M L, Mosenthal P B, Pearson P D, et al (Eds.). Handbook of Reading Research (pp. 285～310). Mahwah: Erlbaum.

Andersson U. 2007. The contribution of working memory to children's mathematical word problem solving. Applied Cognitive Psychology，21（9）：1201～1216.

Anmarkrud Ø, Bråten I, Strømsø H I. 2014. Multiple-documents literacy: Strategic processing, source awareness, and argumentation when reading multiple conflicting documents. Learning and Individual Differences，30：64～76.

Baddeley A D. 2000. The episodic buffer: A new component of working memory? Trends in Cognitive Sciences, 4: 417~423.

Baddeley A D. 2012. Working memory: Theories, models, and controversies. Annual Review of Psychology, 63: 1~29.

Baddeley A D, Allen R, Hitch G J. 2011. Binding in visual working memory: The role of the episodic buffer. Neuropsychologia, 49: 1393~1400.

Banas S, Sanchez C A. 2012. Working memory capacity and learning underlying conceptual relationships across multiple documents. Applied Cognitive Psychology, 26 (4): 594~600.

Barzilai S, Eshet-Alkalai Y. 2015. The role of epistemic perspectives in comprehension of multiple author viewpoints. Learning & Instruction, 36 (36): 86~103.

Beker K, Jolles D, Lorch R F, et al. 2016. Learning from texts: Activation of information from previous texts during reading. Reading & Writing, 29 (6): 1161~1178.

Belenky M R, Clinchy B M, Goldberger N R, et al. 1986. Women's Ways of Knowing: The Development of Self Voice and Mind. New York: Basic Books.

Bendixen L D, Feucht F C. 2010. Personal Epistemology in the Classroom: Theory, Research, and Implications for Practice. Cambridge: Cambridge University Press.

Bendixen L D, Hartley K. 2003. Successful learning with hypermedia: The role of epistemological beliefs and metacognitive awareness. Journal of Educational Computing Research, 28 (1): 15~30.

Bendixen L D, Rule D C. 2004. An integrative approach to personal epistemology: A guiding model. Educational Psychologist, 39 (1): 69~80.

Berry J, Sahlberg P. 1996. Investigating pupils' ideas of learning. Learning and Instruction, 6 (1): 19~36.

Braasch J L, Bråten I. 2017. The discrepancy-induced source comprehension (D-ISC) model: Basic assumptions and preliminary evidence. Educational Psychologist, 52 (3): 167~181.

Braasch J L, McCabe R M, Daniel F. 2016. Content integration across multiple documents reduces memory for sources. Reading and Writing, 29 (8): 1571~1598.

Braasch J L, Rouet J F, Vibert N, et al. 2012. Readers' use of source information in text comprehension. Memory & Cognition, 40 (3): 450~465.

Bråten I. 2008. Personal epistemology, understanding of multiple texts, and learning within internet technologies. In: Khine M S (Ed.). Knowing, Knowledge and Beliefs: Epistemological Studies across Diverse Cultures (pp. 351~376). New York: Springer.

Bråten I, Strømsø H I. 2004. Epistemological beliefs and implicit theories of intelligence as predictors of achievement goals. Contemporary Educational Psychology, 29 (4): 371~388.

Bråten I, Strømsø H I. 2006. Effects of personal epistemology on the understanding of multiple texts. Reading Psychology, 27 (5): 457~484.

Bråten I, Strømsø H I. 2010. When law students read multiple documents about global warming: Examining the role of topic-specific beliefs about the nature of knowledge and knowing. Instructional Science, 38 (6): 635~657.

Bråten I, Strømsø H I. 2011. Measuring strategic processing when students read multiple texts. Metacognition & Learning, 6 (2): 111~130.

Bråten I, Salmerón L, Strømsø H I. 2016. Who said that? Investigating the plausibility-induced source focusing assumption with Norwegian undergraduate readers. Contemporary Educational Psychology, 46: 253~262.

Bråten I, Strømsø H I, Samuelstuen M S. 2008. Are sophisticated students always better? The role of topic-specific personal epistemology in the understanding of multiple expository texts. Contemporary Educational Psychology, 33 (4): 814~840.

Bråten I, Anmarkrud Ø, Brandmo C, et al. 2014. Developing and testing a model of direct and indirect relationships between individual differences, processing, and multiple-text comprehension. Learning & Instruction, 30 (2): 9~24.

Bråten I, Britt M A, Strømsø H I, et al. 2011. The role of epistemic beliefs in the comprehension of multiple expository texts: Toward an integrated model. Educational Psychologist, 46 (1): 48~70.

Britt M A, Aglinskas C. 2002. Improving students' ability to identify and use source information. Cognition & Instruction, 20 (4): 485~522.

Britt M A, Sommer J. 2004. Facilitating textual integration with macro-structure focusing tasks. Reading Psychology, 25 (4): 313~339.

Bromme R, Pieschl S, Stahl E. 2010. Epistemological beliefs are standards for adaptive learning: A functional theory about epistemological beliefs and metacognition. Metacognition and Learning, 5 (1): 7~26.

Buehl M M, Alexander P A. 2001. Beliefs about academic knowledge. Educational Psychology Review, 13 (4): 385~418.

Buehl M M, Alexander P A. 2005. Motivation and performance differences in students' domain specific epistemological belief profiles. American Educational Research Journal, 42 (4): 697~726.

Buehl M M, Alexander P A, Murphy P K. 2002. Beliefs about schooled knowledge: Domain specific or domain general? Contemporary Educational Psychology, 27 (3): 415~449.

Burton C, Daneman M. 2007. Compensating for a limited working memory capacity during reading: Evidence from eye movements. Reading Psychology, 28 (2): 163~186.

Cacioppo J T, Petty R E. 1982. The need for cognition. Journal of Personality and Social Psychology, 42(1): 116~131.

Cain K, Oakhill J. 2006. Profiles of children with specific reading comprehension difficulties. British Journal of Educational Psychology, 76(4): 683~696.

Callejo M L, Vila A. 2009. Approach to mathematical problem solving and students' belief systems: Two case studies. Educational Studies in Mathematics, 72(1): 111~126.

Cano F. 2005. Epistemological beliefs and approaches to learning: Their change through secondary school and their influence on academic performance. British Journal of Educational Psychology, 75(2): 203~221.

Carretti B, Borella E, Cornoldi C, et al. 2009. Role of working memory in explaining the performance of individuals with specific reading comprehension difficulties: A meta-analysis. Learning and Individual Differences, 19(2): 246~251.

Cavallo A M L, Rozman M, Blickenstaff J, et al. 2003. Learning, reasoning, motivation, and epistemological beliefs: Differing approaches in college science courses. Journal of College Science Teaching, 33(3): 18~23.

Chai C S, Teo T, Lee C B. 2009. The change in epistemological beliefs and beliefs about teaching and learning: A study among pre-service teachers. Asia-Pacific Journal of Teacher Education, 37(4): 351~362.

Chan K W. 2003. Hong Kong teacher education students' epistemological beliefs and approaches to learning. Research in Education, 69(1): 36~50.

Chan K W. 2007. Hong Kong teacher education students' epistemological beliefs and their relations with conceptions of learning and learning strategies. The Asia-Pacific Education Researcher, 16(2): 199~214.

Chan K W. 2010. The role of epistemological beliefs in Hong Kong preservice teachers' learning. The Asia-Pacific Education Researcher, 19(1): 7~24.

Chan K W, Elliott R G. 2002. Exploratory study of Hong Kong teacher education students' epistemological beliefs: Cultural perspectives and implications on beliefs research. Contemporary Educational Psychology, 27(3): 392~414.

Chan K W, Elliott R G. 2004. Epistemological beliefs across cultures: Critique and analysis of beliefs structure studies. Educational Psychology, 24(2): 123~142.

Chan N M. 2007. Epistemological Beliefs and Critical Thinking among Chinese Students. Master Thesis of the University of Hong Kong.

Chan N M, Ho I T, Ku K Y L. 2011. Epistemic beliefs and critical thinking of Chinese students. Learning and Individual Differences, 21(1): 67~77.

Chen C C, Chang C Y. 2008. The effect of a teaching program on changing students' epistemological beliefs and learning. International Journal of Learning, 15 (3): 161~168.

Chen J A, Pajares F. 2010. Implicit theories of ability of grade 6 science students: Relation to epistemological beliefs and academic motivation and achievement in science. Contemporary Educational Psychology, 35 (1): 75~87.

Chen K, Jang S. 2010. Motivation in online learning testing: A model of self-determination theory. Computers in Human Behavior, 26 (4): 741~752.

Chen P, Chen C. 2014. The relationship of epistemological beliefs, need for closure in classroom, and learning strategies among Chinese high school students. Advances in Psychology, 4 (6): 788~798.

Cheng M M H, Chan K W, Tang S Y F, et al. 2009. Pre-service teacher education students' epistemological beliefs and their conceptions of teaching. Teaching and Teacher Education, 25 (2): 319~327.

Chi M T H, Slotta J D, De Leeuw N. 1994. From things to processes: A theory of conceptual change for learning science concepts. Learning and Instruction, 4 (1): 27~43.

Chiu Y L, Liang J C, Tsai C C. 2013. Internet-specific epistemic beliefs and self-regulated learning in online academic information searching. Metacognition and Learning, 8: 235~260.

Cho M H, Heron M L. 2015. Self-regulated learning: The role of motivation, emotion, and use of learning strategies in students learning experiences in a self-paced online mathematics course. Distance Education, 36 (1): 80~99.

Conley A M, Pintrich P R, Vekiri I, et al. 2004. Changes in epistemological beliefs in elementary science students. Contemporary Educational Psychology, 29 (2): 186~204.

Coquin-Viennot D, Moreau S. 2003. Highlighting the role of the episodic situation model in the solving of arithmetical problems. European Journal of Psychology of Education, 18 (3): 267~279.

Coquin-Viennot D, Moreau S. 2007. Arithmetic problems at school: When there is an apparent contradiction between the situation model and the problem model. British Journal of Educational Psychology, 77 (1): 69~80.

Corno L. 1989. Self-regulated learning: A volitional analysis. In: Zimmerman B J, Schunk D H(Eds.). Self-Regulated Learning and Academic Achievement: Theory, Research, and Practice(pp.111~141). New York: Springer-Verlag.

Corno L, Anderman E M. 2016. Handbook of Educational Psychology (third edition). New York: Routledge.

Course-Choi J, Saville H, Derakshan N. 2017. The effects of adaptive working memory training and mindfulness meditation training on processing efficiency and worry in high worriers. Behaviour

Research and Therapy, 89: 1~13.

Covington M V. 1998. The Will to Learn: A Guide for Motivating Young People. Cambridge: Cambridge University Press.

Daneman M, Carpenter P A. 1980. Individual differences in working memory and reading. Journal of Verbal Learning and Verbal Behavior, 19 (4): 450~466.

Davis D S, Huang B, Yi T. 2017. Making sense of science texts: A mixed-methods examination of predictors and processes of multiple-text comprehension. Reading Research Quarterly, 52 (2): 227~252.

DeBacker T K, Crowson H M. 2006. Influences on cognitive engagement: Epistemological beliefs and need for closure. British Journal of Educational Psychology, 76: 535~551.

Deci E L, Ryan R M. 2008. Self-determination theory: A macrotheory of human motivation, development, and health. Canadian Psychology, 49 (3): 182~185.

Deci E L, Ryan R M. 2012. Motivation, personality, and development within embedded social contexts: An overview of self-determination theory. In: Ryan R M (Ed.). The Oxford Handbook of Human Motivation (pp. 85~107). Oxford: Oxford University Press.

Dewaele J M, MacIntyre P D. 2014. The two faces of Janus? Anxiety and enjoyment in the foreign language classroom. Studies in Second Language Learning and Teaching, 4: 237~274.

Dole J A, Sinatra G M. 1998. Reconceptualizing change in the cognitive construction of knowledge. Educational Psychologist, 33 (2-3): 109~128.

Duell O K, Schommer-Aikins M. 2001. Measures of people's beliefs about knowledge and learning. Educational Psychology Review, 13 (4): 419~449.

Eccles J, Wigfield A, Harold R D, et al. 1993. Age and gender differences in children's self and task perceptions during elementary school. Child development, 64 (3): 830~847.

Ecker U K H, Swire B, Lewandowsky S. 2014. Correcting misinformation: A challenge for education and cognitive science. In: Rapp D N, Braasch J L G (Eds.). Processing Inaccurate Information: Theoretical and Applied Perspectives from Cognitive Science and the Educational Sciences (pp. 13~18). Cambridge: MIT Press.

Elby A, Hammer D. 2001. On the substance of a sophisticated epistemology. Science Education, 85: 554~567.

Ennis R A. 1985. A logical basis for measuring critical thinking skills. Educational Leadership, 43(2): 44~48.

Fenollar P, Román S, Cuestas P J. 2007. University students' academic performance: An integrative conceptual framework and empirical analysis. British Journal of Educational Psychology, 77: 873~891.

Ferguson L E, Bråten I. 2013. Student profiles of knowledge and epistemic beliefs: Changes and relations to multiple-text comprehension. Learning and Instruction, 25: 49~61.

Francisco J M. 2013. The mathematical beliefs and behavior of high school students: Insights from a longitudinal study. The Journal of Mathematical Behavior, 32(3): 481~493.

Giesbers B, Rienties B, Tempelaar D, et al. 2013. Investigating the relations between motivation, tool use, participation, and performance in an e-learning course using web-video conferencing. Computers in Human Behavior, 29(1): 285~292.

Gil L, Bråten I, Vidal-Abarca E, et al. 2010a. Understanding and integrating multiple science texts: Summary tasks are sometimes better than argument tasks. Reading Psychology, 31(1): 30~68.

Gil L, Bråten I, Vidal-Abarca E, et al. 2010b. Summary versus argument tasks when working with multiple documents: Which is better for whom? Contemporary Educational Psychology, 35(3): 157~173.

Gill M G, Ashton P T, Algina J. 2004. Changing preservice teachers' epistemological beliefs about teaching and learning in mathematics: An intervention study. Contemporary Educational Psychology, 29(2): 164~185.

Goldman S R, Braasch J L G, Wiley J, et al. 2012. Comprehending and learning from internet sources: Processing patterns of better and poorer learners. Reading Research Quarterly, 47(4): 356~381.

Greene J A, Muis K R, Pieschl S. 2010. The role of epistemic beliefs in students' self-regulated learning with computer-based learning environments: Conceptual and methodological issues. Educational Psychologist, 45(4): 245~257.

Grolnick W S, Farkas M S, Sohmer R, et al. 2007. Facilitating motivation in young adolescents: Effects of an after-school program. Journal of Applied Developmental Psychology, 28: 332~344.

Guilford J P. 1967. The Nature of Human Intelligence. New York: McGraw-Hill.

Hagen Å M, Braasch J L, Bråten I. 2014. Relationships between spontaneous note-taking, self-reported strategies and comprehension when reading multiple texts in different task conditions. Journal of Research in Reading, 37(1): 141~157.

Hakan K, Munire E. 2012. Profiling individual differences in undergraduates' epistemological beliefs: gender, domain and grade differences. Procedia Social and Behavioral Sciences, 31: 738~744.

Halpern D F. 2000. Sex Differences in Cognitive Abilities. Mahwah: Lawrence Erlbaum.

Henrie C R, Halverson L R, Graham C R. 2015. Measuring student engagement in technology-mediated learning: A review. Computers & Education, (90): 36~53.

Hidi S, Harackiewicz J M. 2000. Motivating the academically unmotivated: A critical issue for the 21st century. Review of Educational Research, 70(2): 151~179.

Hinze S R, Slaten D G, Horton W S, et al. 2014. Pilgrims sailing the titanic: Plausibility effects on memory for misinformation. Memory & Cognition, 42（2）：305~324.

Hofer B K. 2001. Personal epistemology research：Implications for learning and teaching. Educational Psychology Review, 13（4）：353~383.

Hofer B K. 2004a. Introduction：Paradigmatic approaches to personal epistemology. Educational Psychologist, 39（1）：1~3.

Hofer B K. 2004b. Epistemological understanding as a metacognitive process：Thinking aloud during online searching. Educational Psychologist, 39（1）：43~55.

Hofer B K. 2006a. Beliefs about knowledge and knowing：Integrating domain specificity and domain generality：A response to Muis, Bendixen, and Haerle. Educational Psychology Review, 18(1)：67~76.

Hofer B K. 2006b. Domain specificity of personal epistemology：Resolved questions, persistent issues, new models. International Journal of Educational Research, 45（1-2）：85~95.

Hofer B K. 2008. Personal epistemology and culture. In：Khine M S(Ed.). Knowing, Knowledge and Beliefs：Epistemological Studies across Diverse Cultures（pp. 3~22）. New York：Springer.

Hofer B K, Pintrich P R. 1997. The development of epistemological theories：Beliefs about knowledge and knowing and their relation to learning. Review of Educational Research, 67（1）：88~140.

Hofer B K, Pintrich P R. 2002. Personal Epistemology：The Psychology of Beliefs about Knowledge and Knowing. Mahwah：Lawrence Erlbaum.

Hoffmann D, Pigat D, Schiltz C. 2014. The impact of inhibition capacities and age on number-space associations. Cognitive Processing, 15（3）, 329~342.

Horwitz E K. 1988. The beliefs about language learning of beginning university foreign language students.The Modern Language Journal, 72（3）：283~294.

Hudson T. 1983. Correspondences and numerical differences between disjoint sets. Child Development, 54（1）：84~90.

Hynd C R. 2001. Refutational texts and the change process International. Journal of Educational Research, 35（7）：699~714.

Kardash C M, Howell K L. 2000. Effects of epistemological beliefs and topic-specific beliefs on undergraduates' cognitive and strategic processing of dual-positional text. Journal of Educational Psychology, 92（3）：524~535.

Kember D, Biggs J, Leung D Y P. 2004. Examining the multidimensionality of approaches to learning through the development of a revised version of the learning process questionnaire. British Journal of Educational Psychology, 74（2）：261~279.

Kendeou P, Muis K R, Fulton S. 2011. Reader and text factors in reading comprehension processes. Journal of Research in Reading, 34（4）：365~383.

Kendeou P, Walsh E K, Smith E R, et al. 2014. Knowledge revision processes in refutation texts. Discourse Processes, 51 (5-6): 374~397.

Khine M S. 2008. Knowing, Knowledge and Beliefs: Epistemological Studies across Diverse Cultures. New York: Springer.

Kienhues D, Bromme R, Stahl E. 2008. Changing epistemological beliefs: The unexpected impact of a short-term intervention. British Journal of Educational Psychology, 78 (4): 545~565.

King P M, Kitchener K S. 2002. The reflective judgment model: Twenty years of research on epistemic cognition. In: Hofer B K, Pintrich P R(Eds.). Personal Epistemology: The Psychology of Beliefs about Knowledge and Knowing (pp. 37~61). Mahwah: Lawrence Erlbaum.

King P M, Kitchener K S. 2004. Reflective judgment: Theory and research on the development of epistemic assumptions through adulthood. Educational Psychologist, 39 (1): 5~18.

Kintsch W, Greeno J G. 1985. Understanding and solving word arithmetic problems. Psychological Review, 92 (1): 109~129.

Kizilgunes B, Tekkaya C, Sungur S. 2009. Modeling the relations among students' epistemological beliefs, motivation, learning approach, and achievement. The Journal of Educational Research, 102 (4): 243~256.

Kline R B. 1998. Principles and Practice of Structural Equation Modeling. New York: The Guilford Press.

Kuhl J. 2000. A functional-design approach to motivation and self-regulation: The dynamics of personality systems and interactions. In: Boekaerts M, Pintrich P R (Eds.). Handbook of Self-Regulation (pp. 111~169). San Diego: Academic Press.

Kuhn D. 2001. How do people know? Psychological Science, 12 (1): 1~8.

Kuhn D, Udell W. 2003. The development of argument skills. Child Development, 74 (5): 1245~1260.

Kuhn D, Weinstock M. 2002. What is epistemological thinking and why does it matter? In: Hofer B K, Pintrich P R(Eds.). Personal Epistemology: The Psychology of Beliefs about Knowledge and Knowing (pp. 121~144). Mahwah: Lawrence Erlbaum.

Kuhn D, Cheney R, Weinstock M. 2000. The development of epistemological understanding. Cognitive Development, 15 (3): 309~328.

Kurby C A, Britt M A, Magliano J P. 2005. The role of top-down and bottom-up processes in between-text integration. Reading Psychology, 26 (4-5): 335~362.

Le Bigot L, Rouet J F. 2007. The impact of presentation format, task assignment, and prior knowledge on students' comprehension of multiple online documents. Journal of Literacy Research, 39 (4): 445~470.

Lefèvre N, Lories G. 2004. Text cohesion and metacomprehension: Immediate and delayed judgments. Memory & Cognition, 32 (8): 1238~1254.

Lerch C M. 2004. Control decisions and personal beliefs: Their effect on solving mathematical problems. Journal of Mathematical Behavior, 23 (1): 21~36.

Levin D S, Thurman S K, Kiepert M H. 2010. More than just a memory: The nature and validity of working memory in educational settings. In: Davies G M, Wright D B (Eds.). Current Issues in Applied Memory Research (pp. 72~95). New York: Psychology Press.

Lewandowsky S, Ecker U K, Seifert C M. 2012. Misinformation and its correction: Continued influence and successful debiasing. Psychological Science in the Public Interest, 13 (3): 106~131.

Li J. 2003. US and Chinese cultural beliefs about learning. Journal of Educational Psychology, 95(2): 258~267.

Limón M. 2006. The domain generality-specificity of epistemological beliefs: A theoretical problem, a methodological problem or both? International Journal of Educational Research, 45(1): 7~27.

List A, Alexander P A. 2017a. Analyzing and integrating models of multiple text comprehension. Educational Psychologist, 52 (3): 143~147.

List A, Alexander P A. 2017b. Cognitive affective engagement model of multiple source use. Educational Psychologist, 52 (3): 182~199.

Liu Z X, Lishak V, Tannock R, et al. 2017. Effects of working memory training on neural correlates of Go/Nogo response control in adults with ADHD: A randomized controlled trial. Neuropsychologia, 95: 54~72.

Logie R H. 2011. The visual and spatial of a multicomponent working memory. In: Vandierendonck A, Szmalec A (Eds.). Spatial Working Memory (pp. 19~45). New York: Psychology Press.

Lonka K, Lindblom-Ylänne S. 1996. Epistemologies, conceptions of learning, and study practices in medicine and psychology. Higher Education, 31 (1): 5~24.

Louca L, Elby A, Hammer D, et al. 2004. Epistemological resources: Applying a new epistemological framework to science instruction. Educational Psychologist, 39 (1): 57~68.

MacIntyre P D, Clément Z, Dörnyei Z, et al. 2011. Conceptualizing willingness to communicate in a L2: A situational model of L2 confidence and affiliation. The Modern Language Journal, 82 (4): 545~562.

Maggioni L, Parkinson M M. 2008. The role of teacher epistemic cognition, epistemic beliefs, and calibration in instruction. Educational Psychology Review, 20 (4): 445~461.

Magliano J P, Trabasso T, Graesser A C. 1999. Strategic processing during comprehension. Journal of Educational Psychology, 91 (4): 615~629.

Magolda M B B. 2004. Evolution of a constructivist conceptualization of epistemological reflection. Educational Psychologist, 39（1）: 31~42.

Mai X P, Fan Y. 2021. An empirical study of the willingness to communicate in college English classes from an ecological perspective. Creative Education, 12: 2056~2065.

Maier J, Richter T. 2013. Text belief consistency effects in the comprehension of multiple texts with conflicting information. Cognition & Instruction, 31（2）: 151~175.

Maier J, Richter T. 2014. Fostering multiple text comprehension: How metacognitive strategies and motivation moderate the text-belief consistency effect. Metacognition and Learning, 9（1）: 51~74.

Markey A, Chin A, Vanepps E M, et al. 2014. Identifying a reliable boredom induction. Perceptual & Motor Skills, 119（1）: 237~253.

Marton F, Dallalba G, Beaty E. 1993. Conceptions of learning. International Journal of Educational Research, 19（3）: 277~300.

Mason L, Boldrin A. 2008. Epistemic metacognition in the context of information searching on the web. In: Khine M S（Ed.）. Knowing, Knowledge and Beliefs: Epistemological Studies across Diverse Cultures（pp. 377~404）. New York: Springer.

Mason L, Bromme R. 2010. Situating and relating epistemological beliefs into metacognition: Studies on beliefs about knowledge and knowing. Metacognition and Learning, 5（1）: 1~6.

Mason L, Scirica F. 2006. Prediction of students' argumentation skills about controversial topics by epistemological understanding. Learning and Instruction, 16（5）: 492~509.

Mason L, Scrivani L. 2004. Enhancing students' mathematical beliefs: An intervention study. Learning and Instruction, 14（2）: 153~176.

Mason L, Scrimin S, Tornatora M C, et al. 2017. Emotional reactivity and comprehension of multiple online texts. Learning & Individual Differences, 58: 10~21.

Mateos M, Solé I, Martín E, et al. 2016. Epistemological and reading beliefs profiles and their role in multiple text comprehension. Electronic Journal of Research in Educational Psychology, 14（2）: 226~252.

McVay J C, Kane M J. 2012. Drifting from slow to "d'oh!": Working memory capacity and mind wandering predict extreme reaction times and executive control errors. Journal of Experimental Psychology: Learning, Memory, and Cognition, 38（3）: 525~549.

Mori Y. 1999. Epistemological beliefs and language learning beliefs: What do language learners believe about their learning? Language Learning, 49（3）: 377~415.

Muis K R. 2004. Personal epistemology and mathematics: A critical review and synthesis of research. Review of Educational Research, 74（3）: 317~380.

Muis K R. 2007. The role of epistemic beliefs in self-regulated learning. Educational Psychologist, 42 (3): 173~190.

Muis K R. 2008. Epistemic profiles and self-regulated learning: Examining relations in the context of mathematics problem solving. Contemporary Educational Psychology, 33 (2): 177~208.

Muis K R, Franco G M. 2009. Epistemic beliefs: Setting the standards for self-regulated learning. Contemporary Educational Psychology, 34: 306~318.

Muis K R, Gierus B. 2014. Beliefs about knowledge, knowing, and learning: Differences across knowledge types in Physics. The Journal of Experimental Education, 82 (3): 408~430.

Muis K R, Bendixen L D, Haerle F C. 2006. Domain-generality and Domain-specificity in personal epistemology research: Philosophical and empirical reflections in the development of a theoretical framework. Educational Psychology Review, 18 (1): 3~54.

Muis K R, Chevrier M, Singh C A. 2018. The role of epistemic emotions in personal epistemology and self-regulated learning. Educational Psychologist, 53 (3): 165~184.

Muis K R, Pekrun R, Sinatra G M, et al. 2015. The curious case of climate change: Testing a theoretical model of epistemic beliefs, epistemic emotions, and complex learning. Learning & Instruction, 39: 168~183.

Naumann A B, Wechsung I, Krems J F. 2009. How to support learning from multiple hypertext sources. Behavior Research Methods, 41 (3): 639~646.

Nussbaum E M, Bendixen L D. 2003. Approaching and avoiding arguments: The role of epistemological beliefs, need for cognition, and extraverted personality traits. Contemporary Educational Psychology, 28: 573~595.

Oh S A, Chung E K, Han E R, et al. 2016. The relationship between medical students' epistemological beliefs and achievement on a clinical performance examination. Korean Journal of Medical Education, 28 (1): 29~34.

Patall E A, Cooper H, Robinson J C. 2008. The effects of choice on intrinsic motivation and related outcomes: A meta-analysis of research findings. Psychological Bulletin, (2): 270~300.

Pekrun R. 2006. The control-value theory of achievement emotions: Assumptions, corollaries, and implications for educational research and practice. Educational Psychology Review, 18 (4): 315~341.

Pekrun R, Linnenbrink-Garcia L. 2014. International Handbook of Emotions in Education. London: Routledge.

Pekrun R, Elliot A J, Maier M A. 2009. Achievement goals and achievement emotions: Testing a model of their joint relations with academic performance. Journal of Educational Psychology, 101 (1): 115~135.

Pekrun R, Vogl E, Muis K R, et al. 2017. Measuring emotions during epistemic activities: The epistemically-related emotion scales. Cognition & Emotion, 31 (6): 1268-1276.

Phan H P. 2008a. Exploring epistemological beliefs and learning approaches in context: A sociocultural perspective. Electronic Journal of Research in Educational Psychology, 16, 6 (3): 793~822.

Phan H P. 2008b. Multiple regression analysis of epistemological beliefs, learning approaches, and self-regulated learning. Electronic Journal of Research in Educational Psychology, 6 (1): 157~184.

Phan H P. 2008c. Predicting change in epistemological beliefs, reflective thinking and learning styles: A longitudinal study. British Journal of Educational Psychology, 78 (1): 75~93.

Phan H P. 2009. Amalgamation of future time orientation, epistemological beliefs, achievement goals and study strategies: Empirical evidence established. British Journal of Educational Psychology, 79 (1): 155~173.

Pieschl S, Stahl E, Bromme R. 2008. Epistemological beliefs and self-regulated learning with hypertext. Metacognition and Learning, 3 (1): 17~37.

Pintrich P R, Marx R W, Boyle R A. 1993. Beyond cold conceptual change: The role of motivational beliefs and classroom contextual factors in the process of conceptual change. Review of Educational Research, 63 (2): 167~199.

Pintrich P R, Smith D A, Garcia T, et al. 1993. Reliability and predictive validity of the motivated strategies for learning questionnaire (MSLQ). Educational and Psychological Measurement, 53 (3): 801~813.

Posner G J, Strike K A, Hewson P W, et al. 1982. Accommodation of a scientific conception: Toward a theory of conceptual change. Science Education, 66 (2): 211~227.

Rapp D N, Braasch J L G. 2014. Accurate and inaccurate knowledge acquisition. In: Rapp D N, Braasch J L G (Eds.). Processing Inaccurate Information: Theoretical and Applied Perspectives from Cognitive Science and the Educational Sciences (pp. 1~9). Cambridge: MIT Press.

Rapp D N, Hinze S R, Kohlhepp K, et al. 2014. Reducing reliance on inaccurate information. Memory & Cognition, 42 (1): 11~26.

Rashid T, Asghar H M. 2016. Technology use, self-directed learning, student engagement and academic performance: Examining the interrelations. Computers in Human Behavior, 63: 604~612.

Ratelle C F, Guay F, Vallerand R J, et al. 2007. Autonomous, controlled and amotivated types of academic motivation: A person-oriented analysis. Journal of Educational Psychology, 99 (4): 734~746.

Ravindran B, Greene B A, Debacker T K. 2005. Predicting pre-service teachers' cognitive engagement with goals and epistemological beliefs. Journal of Educational Research, 98 (4): 222~232.

Reusser K. 1989. From text to situation to equation: Cognitive simulation of understanding and solving mathematical word problems: Learning and instruction in an international context. Instructional Science, 2 (2): 477~498.

Richter T. 2011. Cognitive flexibility and epistemic validation in learning from multiple texts. In: Elen J, Stahl E, Bromme R, et al (Eds.). Links between Beliefs and Cognitive Flexibility (pp. 125~140). Berlin: Springer.

Richter T, Maier J. 2017. Comprehension of multiple documents with conflicting information: A two-step model of validation. Educational Psychologist, 52 (3): 148~166.

Richter T, Schmid S. 2010. Epistemological beliefs and epistemic strategies in self-regulated learning. Metacognition and Learning, 5 (1): 47~65.

Rouet J, Britt M A. 2011. Relevance processes in multiple document comprehension. In: McCrudden M T, Magliano J P, Schraw G (Eds.). Text Relevance and Learning from Text (pp. 19~52). Charlotte: Information Age.

Rouet J F, Britt M A, Durik A M. 2017. RESOLV: Readers' representation of reading contexts and tasks. Educational Psychologist, 52 (3): 200~215.

Royer J M, Carlo M S, Dufresne R, et al. 1996. The assessment of levels of domain expertise while reading. Cognition and Instruction, 14 (3): 373~408.

Ruzek E A, Hafen C A, Allen J P, et al. 2016. How teacher emotional support motivates students: The mediating roles of perceived peer relatedness, autonomy support, and competence. Learning and Instruction, (42): 95~103.

Ryan R M, Connell J P. 1989. Perceived locus of causality and internalization: Examining reasons for acting in two domains. Journal of Personality and Social Psychology, (5): 749~761.

Ryan R M, Deci E L. 2000. Self-determination theory and the facilitation of intrinsic motivation, social development, and well-being. American Psychologist, 55 (1): 68~78.

Ryan R M, Deci E L. 2017. Self-Determination Theory: Basic Psychological Needs in Motivation, Development, and Wellness. New York: The Guilford Press.

Schaufeli W B, Salanova M, González-Romá V, et al. 2002. The measurement of engagement and burnout: A two sample confirmatory factor analytic approach. Journal of Happiness Studies, 3 (1): 71~92.

Schoenfeld A H. 1989. Explorations of students' mathematical beliefs and behavior. Journal for Research in Mathematics Education, 20 (4): 338~355.

Schommer M. 1990. Effects of beliefs about the nature of knowledge on comprehension. Journal of

Educational Psychology, 82 (3): 498~504.

Schommer M. 1993a. Comparisons of beliefs about the nature of knowledge and learning among postsecondary students. Research in Higher Education, 34 (3): 355~370.

Schommer M. 1993b. Epistemological development and academic performance among secondary students. Journal of Educational Psychology, 85 (3): 406~411.

Schommer M, Calvert C, Gariglietti G, et al. 1997. The development of epistemological beliefs among secondary students: A longitudinal study. Journal of Educational Psychology, 89 (1): 37~40.

Schommer M, Crouse A, Rhodes N. 1992. Epistemological beliefs and mathematical text comprehension: Believing it is simple does not make it so. Journal of Educational Psychology, 84 (4): 435~443.

Schommer-Aikins M. 2004. Explaining the epistemological belief system: Introducing the embedded systemic model and coordinated research approach. Educational Psychologist, 39 (1): 19~29.

Schommer-Aikins M, Duell O K. 2013. Domain specific and general epistemological beliefs: Their effects on mathematics. Journal of Educational Research, 31 (3): 317~330.

Schommer-Aikins M, Easter M. 2006. Ways of knowing and epistemological beliefs: Combined effect on academic performance. Educational Psychology, 26 (3): 411~423.

Schommer-Aikins M, Hutter R. 2002. Epistemological beliefs and thinking about everyday controversial issues. The Journal of Psychology, 136 (1): 5~20.

Schommer-Aikins M, Duell O K, Hutter R. 2005. Epistemological beliefs, mathematical problem-solving beliefs, and academic performance of middle school students. The Elementary School Journal, 105 (3): 289~304.

Schraw G. 2001. Current themes and future directions in epistemological research: A commentary. Educational Psychology Review, 13 (4): 451~464.

Schraw G, Sinatra G M. 2004. Epistemological development and its impact on cognition in academic domains. Contemporary Educational Psychology, 29 (2): 95~102.

Schraw G, Bendixen L D, Dunkle M E. 2002. Development and validation of the epistemic belief inventory (EBI). In: Hofer B K, Pintrich P R (Eds.). Personal Epistemology: The Psychology of Beliefs about Knowledge and Knowing (pp. 261~275). Mahwah: Lawrence Erlbaum.

Sheldon K M. 1995. Creativity and self-determination in personality. Creativity Research Journal, 8 (1): 25~36.

Sidney D, Dieterle E, Duckworth A. 2017. Advanced, analytic, automated (AAA) measurement of engagement during learning. Educational Psychologist, 52 (2): 104~123.

Simpson M L, Nist S L. 1997. Perspectives on learning history: A case study. Journal of Literacy Research, 29 (3): 363~395.

Smedt B D, Janssen R, Bouwens K, et al. 2009. Working memory and individual differences in mathematics achievement: A longitudinal study from first grade to second grade. Journal of Experimental Child Psychology, 103（2）: 186~201.

Southerland S A, Sinatra G M, Matthews M R. 2001. Belief, knowledge, and science education. Educational Psychology Review, 13（4）: 325~351.

Stadtler M. 2017. The art of reading in a knowledge society: Commentary on the special issue on models of multiple text comprehension. Educational Psychologist, 52（3）: 225~231.

Stadtler M, Babiel S, Rouet J F, et al. 2014. Ninth grade students possess good sourcing skills, but do not apply them spontaneously while reading. Paper Presented at the Annual Meeting of the American Educational Research Association, Philadelphia.

Sternberg R J. 2006. The nature of creativity. Creativity Research Journal,（18）: 87~98.

Strike K A, Posner G J. 1992. A revisionist theory of conceptual change. In: Duschl R A, Hamilton R J（Eds.）. Philosophy of Science, Cognitive Psychology, and Educational Theory and Practice（pp. 147~176）. New York: State University of New York Press.

Strømsø H I. 2017. Multiple models of multiple-text comprehension: A commentary. Educational Psychologist, 52（3）: 216~224.

Strømsø H I, Bråten I. 2009. Beliefs about knowledge and knowing and multiple-text comprehension among upper secondary students. Educational Psychology, 29（4）: 425~445.

Strømsø H I, Bråten I, Britt M A. 2010. Reading multiple texts about climate change: The relationship between memory for sources and text comprehension. Learning and Instruction, 20（3）: 192~204.

Swanson H L, Sachse-Lee C. 2001. Learning disabled readers working memory: What does or does not develop? Unpublished manuscript, University of California.

Tabak I, Weinstock M. 2008. A socio-cultural exploration of epistemological beliefs. In: Khine M S（Ed.）. Knowing, Knowledge and Beliefs: Epistemological Studies across Diverse Cultures（pp. 177~195）. New York: Springer.

Tang J L. 2010. Exploratory and confirmatory factor analysis of epistemic beliefs questionnaire about mathematics for Chinese junior middle school students. Journal of Mathematics Education, 3（2）: 89~105.

Thevenot C. 2010. Arithmetic word problem solving: Evidence for the construction of a mental model. Acta Psychologica, 133（1）: 90~95.

Thevenot C, Devidal M, Barrouillet P, et al. 2007. Why does placing the question before an arithmetic word problem improve performance? A situation model account. The Quarterly Journal of Experimental Psychology, 60（1）: 43~56.

Thiede K W, Anderson M C M, Therriault D. 2003. Accuracy of metacognitive monitoring affects learning of texts. Journal of Educational Psychology, 95 (1): 66~73.

Thoermer C, Sodian B. 2002. Science undergraduates' and graduates' epistemologies of science: The notion of interpretive frameworks. New ideas in Psychology, 20 (2-3): 263~283.

Tolar T D, Fuchs L, Cirino P T, et al. 2012. Predicting development of mathematical word problem solving across the intermediate grades. Journal of Educational Psychology, 104(4): 1083~1093.

Topcu M S. 2013. Preservice teachers' epistemological beliefs in physics, chemistry, and biology: A mixed study. International Journal of Science & Mathematics Education, 11 (2): 433~458.

Trautwein U, Lüdtke O. 2007a. Epistemological beliefs, school achievement, and college major: A large-scale longitudinal study on the impact of certainty beliefs. Contemporary Educational Psychology, 32 (3): 348~366.

Trautwein U, Lüdtke O. 2007b. Predicting global and topic-specific certainty beliefs: Domain-specificity and the role of the academic environment. British Journal of Educational Psychology, 77 (4): 907~934.

Trevors G J, Muis K R, Pekrun R, et al. 2017. Exploring the relations between epistemic beliefs, emotions, and learning from texts. Contemporary Educational Psychology, 48: 116~132.

Tsai C C. 2002. Nested epistemologies: Science teachers' beliefs of teaching, learning and science. International Journal of Science Education, 24 (8): 771~783.

Tu Y W, Shih M, Tsai C C. 2008. Eighth graders' web searching strategies and outcomes: The role of task types, web experiences and epistemological beliefs. Computers & Education, 51(3): 1142~1153.

Tyson L M, Venville G J, Harrison A G, et al. 1997. A multidimensional framework for interpreting conceptual change events in the classroom. Science Education, 81 (4): 387~404.

Valanides N, Angeli C. 2005. Effects of instruction on changes in epistemological beliefs. Contemporary Educational Psychology, 30 (3): 314~330.

Van Strien J L, Brand-Gruwel S, Boshuizen H P. 2014. Dealing with conflicting information from multiple nonlinear texts: Effects of prior attitudes. Computers in Human Behavior, 32(1): 101~111.

Venville G J, Treagust D F. 1998. Exploring conceptual change in genetic using a multidimensional interpretive framework. Journal of Research in science teaching, 35 (9): 1031~1055.

Vosniadou S, Brewer W F. 1992. Mental models of the earth: A study of conceptual change. Cognitive Psychology, 24 (4): 535~585.

Wade-Stein D, Kintsch E. 2004. Summary street: Interactive computer support for writing. Cognition and instruction, 22 (3): 333~362.

Wen W P, Clément R. 2003. A Chinese conceptualisation of willingness to communicate in ESL. Language, Culture and Curriculum, 16 (1): 18~35.

White S, Chen J, Forsyth B. 2010. Reading-related literacy activities of American adults: Time spent, task types, and cognitive skills used. Journal of Literacy Research, 42 (3): 276~307.

Whitmire E. 2003. Epistemological beliefs and the information seeking behavior of undergraduates. Library & Information Science Research, 25: 127~142.

Whitmire E. 2004. The relationship between undergraduates' epistemological beliefs, reflective judgment, and their information seeking behavior. Information Processing and Management, 40: 97~111.

Wiley J, Voss J F. 1999. Constructing arguments from multiple sources: Tasks that promote understanding and not just memory for text. Journal of Educational Psychology, 91 (2): 301~311.

Wineburg S. 1991. Historical problem solving: A study of the cognitive processes used in the evaluation of documentary and pictorial evidence. Journal of Educational Psychology, 83 (1): 73~87.

Wineburg S. 1998. Reading Abraham Lincoln: An expert/expert study in the interpretation of historical texts. Cognitive Science, 22 (3): 319~346.

Wolfe M B, Goldman S R. 2005. Relations between adolescents' text processing and reasoning. Cognition and Instruction, 23 (4): 467~502.

Woolfolk A E. 2004. Educational Psychology (nineth edition). Boston: Pearson Education, Inc.

Wu C H, Parker S K, De Jong J P J. 2014. Need for cognition as an antecedent of individual innovation behavior. Journal of Management, 40 (6): 1511~1534.

Yang F Y, Huang R T, Tsai I J. 2016. The effects of epistemic beliefs in science and gender difference on university students' science-text reading: An eye-tracking study. International Journal of Science and Mathematics Education, 14 (3): 473~498.

Zhang P, Ding L. 2013. Large-scale survey of Chinese precollege students' epistemological beliefs about physics: A progression or a regression? Physical Review Physics Education Research, 9 (1): 100~110.

Zheng X H, Swanson H L, Marcoulides G A. 2011. Working memory components as predictors of children's mathematical word problem solving. Journal of Experimental Child Psychology, 110 (4): 481~498.

Zhou Y, Tan D L, Zhu Y Z. 2011. A study on the development of students' epistemological beliefs about mathematics. Journal of Mathematics Education, 4 (2): 115~129.